改革开放40周年丛书

温州人经济研究中心

U0743942

温州工业经济竞争力比较研究

Comparative Study on Industrial Economic Competitiveness of Wenzhou

张战仁 徐剑光 著

浙江工商大学出版社
ZHEJIANG GONGSHANG UNIVERSITY PRESS

图书在版编目(CIP)数据

温州工业经济竞争力比较研究 / 张战仁，徐剑光著．
—杭州：浙江工商大学出版社，2018.10
ISBN 978-7-5178-3026-9

Ⅰ．①温… Ⅱ．①张… ②徐… Ⅲ．①地方工业经济
－经济发展－竞争力－研究－温州 Ⅳ．①F427.553

中国版本图书馆CIP数据核字(2018)第254127号

温州工业经济竞争力比较研究

张战仁　徐剑光　著

策划编辑	郑　建	
责任编辑	徐　凌　谭娟娟	
封面设计	林朦朦	
责任印制	包建辉	
出版发行	浙江工商大学出版社	
	（杭州市教工路198号　邮政编码310012）	
	（E-mail：zjgsupress@163.com）	
	（网址：http://www.zjgsupress.com）	
	电话：0571-88904980，88831806（传真）	
排　　版	杭州彩地电脑图文有限公司	
印　　刷	虎彩印艺股份有限公司	
开　　本	710mm×1000mm 1/16	
印　　张	14.25	
字　　数	224.8千	
版 印 次	2018年10月第1版　2018年10月第1次印刷	
书　　号	ISBN 978-7-5178-3026-9	
定　　价	49.00元	

本著作是以下项目资助成果：

温州市哲学社会科学规划课题"温州工业竞争力比较研究"（编号18wsk373）

浙江省哲学社会科学规划课题"浙商回归创业的竞合关系及其网络治理机制对创新绩效影响：嵌入性视角研究"（编号15NDJC098YB）

前　言

　　温州是一片神奇的土地，"温州模式"讲述了一个中国工业化先发地区的成功故事，工业经济是温州区域经济"起飞"的主引擎。尽管21世纪以来，温州先于全国起步的工业经济优势有所弱化，但工业仍是现阶段温州经济发展的支柱产业，是温州参与新一轮区域竞争的主导力量。在这一前提下，本书要讨论的，是随着宏观经济环境、城市间竞争主导要素和格局的变迁，如何综合分析、客观认识温州工业经济竞争力的优势和不足，以便有的放矢、补差创优，实现工业竞争力的再造。

　　工业竞争力是区域内各主体在市场竞争过程中形成并表现出来的争夺资源或市场的能力，这种能力只有通过市场竞争才能够形成并展现，并且会在动态的竞争过程中不断发生变化。中国经济发展进入新时代，供给侧结构性改革深入推进，产业发展的要素环境、政策环境都发生了重大变化，温州面临的是新的市场竞争格局。全面的"短缺市场"一去不复返，商品的消费理念、消费需求、科技水平、文化品牌内涵等都对工业生产提出新的更高的要求；城市间的竞争也全面升级，而温州在地理区位、人才资源等领域的劣势愈发明显。重新审视温州工业经济的竞争力，需要系统梳理工业竞争力研究的基础理论，建立有效的评价方法；同时，也需要将温州工业经济发展指标与可类比的城市做全面深入的比较，通过这种比较，更易获得直观的政策启示。

　　虽然学者尚未形成对工业经济竞争力研究的统一的理论框架，但我们依然可以从马克思的竞争力理论以及传统的绝对优势理论、比较优势理论、要素禀赋理论、新贸易理论等理论，以及国家竞争优势理论、产业区理论、集群创新理论、产品生命周期理论、熊彼特的技术创新理论、区域竞争力理论等现代竞争力理论中找到本研究的理论基础。区域工业的发展是多因素系统作用的结果，影响区域工业发展的因素既包括自然资源、区位、交通基础设施等一些硬环境因素，也包括制度、文化等一些软环境因素；在现代经济体系的构建过程中，工业竞争力更是受到当地的人口素质、创新能力、开放程度、环境规制等因素的影响。

本书构建了一个评价城市工业竞争力的钻石框架模型，这一评价指标体系由城市工业增长力、城市资源配置力、城市工业创新力、城市人力资源供给力及城市政府政策供给力共同构成。同时，作者选择了国内东南沿海主要的工业经济城市作为比较研究的对象，包括浙江省内的杭州、宁波、绍兴、嘉兴、台州、金华，浙江省外的深圳、东莞、佛山、苏州、无锡、常州、厦门、福州、泉州、青岛、大连。温州城市工业竞争力的综合评价结果显示，温州同国内标杆城市及省内先进城市的工业竞争力差距比较明显，这种差距是综合性的。但作者也发现，温州配置和使用各种经济资源进行工业生产活动以获得最佳经济效率的能力比较强。

与对比城市进行全方位比较后，可以发现温州工业竞争力的一些具体不足。比如企业的规模结构偏小，工业领域的创新投入不足，由于土地等主要生产要素缺乏导致的企业外迁，土地、资本、劳动力的产出效率不高等。温州的开放型经济发展也有所滞后，在实际利用外资规模和大项目招商方面表现得最为明显。现阶段，资源与环境使用的物质成本和制度成本都在快速上涨，温州一些传统的资源环境依赖型产业也受到明显的发展制约。另外，在企业上市、产业平台能级、产业政策力度等方面，温州与对比城市也有差距。

党的十九大以来，中国经济进入高质量发展新阶段，工业经济竞争力的全面提升是温州经济高质量发展的题中之义。本书认为温州的当务之急是认清不足，加快集聚适应产业升级的人才，留住新型产业工人群体，以全面创新为工业经济构筑新引擎，加快构建若干高能级的产业战略平台，促进工业经济用地空间高效配置，优化企业规模结构，鼓励民营企业做大做强，还要加大政策力度，鼓励工业经济领域制度与模式创新，招引带动性强的产业项目，增加工业有效投资以增强发展后劲，加快"新旧动能"转换。

区域经济的起伏变迁历来有之，温州正处于工业经济竞争力重构的攻坚和阵痛阶段，相信温州会在新时代的高质量发展大潮中再造新优势，再创新辉煌。

PREFACE

Wenzhou is a magical land,the Wenzhou Model tells the success story of a Chinese industrialized start-up area.The industrial economy is the main engine of the takeoff of the Wenzhou regional economy.Despite the weakening of Wenzhou's industrial economic advantages starting from the beginning of this century,industry is still the pillar industry of Wenzhou's economic development at this stage and the leading force for Wenzhou to participate in a new round of regional competition.Under this premise, this book will discuss how to comprehensively analyze and objectively understand the advantages and disadvantages of Wenzhou's industrial economic competitiveness with the changes of macroeconomic environment, the dominant factors of competition and pattern among cities, so as to make up for the deficiencies and achieve the reconstruction of industrial competitiveness.So as to have a definite aim,make up the gap and promote the advantage and achieve the reengineering of industrial economy.

Industrial competitiveness is the ability of each subject in a region to compete for resources or markets in the process of market competition.This ability can only be formed and displayed through market competition, and will constantly change in the process of dynamic competition.As China's economic development has entered a new era,the supply-side structural reform has been further advanced,and the institutional environment and policy environment of industrial development have undergone major changes,Wenzhou is facing a new market competition pattern.The comprehensive shortage market has gone forever,the consumption concept, consumption demand,scientific and technological level and cultural brand connotation of commodities all put forward new and higher requirements for industrial production.With the overall upgrading of competition between cities,Wenzhou's disadvantages in geographical location, human resources and other fields have become more and more obvious.To re-examine the competitiveness of wenzhou's industrial economy,it is necessary to systematically study the basic theory of industrial competitiveness and establish an effective evaluation method.Meanwhile,it is also necessary to make a comprehensive and in-depth comparison between the industrial and economic development indicators of Wenzhou and the cities that can be compared with each other, which is easier to obtain intuitive policy inspiration.

Although scholars have not yet formed a unified theoretical framework for the study of industrial economic competitiveness,however,we can still find the theoretical basis of this study from Marx's theory of competitiveness,the traditional theory of absolute advantage,comparative advantage theory,the factor endowment theory,new trade theory and other competitive theories.As well as the national competitive advantage theory,the industrial zone theory,the cluster innovation theory,the product life cycle theory,the schumpeter's theory of technology innovation,and the theory of regional competitiveness in the modern competitive theory.The development of regional industry is the result of multi-factor system.Hard environmental factors like natural resources,location,tran-sportation infrastructure,including some soft environment factors such as system and culture will influence the development of regional industry.In the construction process of modern economic system,industrial competitiveness is also affected by local population quality,innovation ability,openness,environmental regulation and other factors.

This book constructs a diamond framework model to evaluate the competitiveness of urban industry.The evaluation index system is composed of urban industrial growth,urban resource allocation,urban industrial innovation,urban human resource supply and urban government policy supply.At the same time, the main industrial and economic cities along the southeast coast of China were selected as the objects of comparative study,including Hangzhou,Ningbo,Shaoxing,Jiaxing,Taizhou,Jinhua in Zhejiang Province,Shenzhen, Dongguan,Foshan,Suzhou,Wuxi,Changzhou,Xiamen,Fuzhou,Quanzhou,Qingdao and Dalian outside Zhejiang Province.The comprehensive evaluation results of the industrial competitiveness of Wenzhou City show that the industrial competitiveness gap between Wenzhou and the benchmark cities in China and the advanced cities in the province is obvious and comprehensive.But it is also found that Wenzhou has a strong ability to allocate and use various economic resources for industrial production activities in order to obtain the best economic efficiency.

After a comprehensive comparison with the contrast cities,we can find some specific deficiencies of Wenzhou's industrial competitiveness.For example,the scale structure of enterprises is small,the innovation input in the industrial field is insufficient,and the output efficiency of land,capital and labor is not high because of the lack of land and other major factors of production.The development of Wenzhou's open economy has also lagged behind,with the most obvious performance in terms of the actual use of foreign capital and large-scale project investment.At this stage,the material cost and institutional cost of resources and environment use are rising rapidly.Some traditional resource-environment- dependent industries in Wenzhou are also subject to obvious development constraints. In addition,in terms of the listing of enterprises,the level of industrial platform and the strength of industrial policies,Wenzhou still has a gap compared with the comparison city.

Since the 19th CPC National Congress,China's economy has entered a new stage of high-quality development.The key to the high-quality development of Wenzhou's economy is to upgrade the competitiveness of the industrial economy in an all-round way.The book holds that the urgent task for Wenzhou is to recognize the shortage,speed up the gathering of talents to adapt to industrial upgrading,retain new industrial workers,build a new engine for industrial economy with comprehensive innovation,speed up the construction of a number of high-level industrial strategic platforms,promote efficient spatial allocation of industrial economic land,optimize the scale structure of enterprises,and encourage private enterprises to become bigger and stronger.We should also intensify policy efforts,encourage institutional and model innovation in the field of industrial economy,attract highly motivated industrial projects,increase effective industrial investment to enhance development stamina and speed up the transformation of the new and old kinetic energy.

The fluctuation and change of regional economy has always been happening.Wenzhou is in the crucial stage of the reconstruction of industrial economic competitiveness.It is believed that Wenzhou will reestablish new advantages and create new brilliance in the new era of high–quality development.

目　录 >>>>>>

CONTENTS > > > > >

图目录 >>>>>

Figure Contents > > > > >

表目录 >>>>>>

Table Contents >>>>>

第一章
引 言

1.1 研究背景

1.1.1 现实背景

温州市位于浙江东南部,是浙江省三大中心城市之一,也是浙南地区的经济、文化、科技、金融和交通中心。全市陆域面积11784平方公里,海域面积约11000平方公里,辖三区两市六县,常住人口912万人,是浙江省人口最多的城市。温州是中国市场经济改革先锋和民营经济发源地,"温州模式"享誉海内外。

进入21世纪后,温州改革开放的先发优势弱化在工业经济领域表现比较明显。从工业总量来看,2016年,温州全社会工业增加值、规模以上工业增加值、工业总产值分列达1760.47亿元、1149.76亿元、5333.86亿元,分居全省第4位、第5位、第5位;规模以上工业企业利润增长6.1%,低于全省平均水平10%;工业投资占全部固定资产投资的比重为24.6%,比全省平均水平低6.2%;全省A股上市企业353家,温州仅有19家,占全省比重5.4%;全市规模以上企业年平均产值为1.1亿元,低于绍兴、杭州、宁波、嘉兴等地;2016年,全市高新技术产业、装备制造业和战略性新兴产业增加值占规模以上工业比重分别为39.3%、44.5%和9.0%,同比分别提高0.8%、0.7%和0.1%,工业结构优化的步伐比较缓慢。

参照钱纳里等(1989)对工业化阶段的划分方法和世界上其他国家(地区)经验,温州(先于全国)已总体上进入了工业化后期阶段。根据中国社科院(2014)的判断,中国经济走向新常态的过程,也正是中国步入工业化后期的阶段，国际经验表明，该阶段往往是曲折和极富挑战性的，摆在中国工业经济面前的主要挑战是产能过剩、产业结构转型升级和"新一轮工业革命"。温州面临同样的挑战，而作为一个地方性产业区，温州还面临更多特殊挑战：

一是市场环境的"巨大转变"。中国的人均GDP已经接近10000美元，完全不同于改革开放初期水平。全面的"短缺市场"一去不复返，商品的消费理念、消费需求、科技水平、文化品牌内涵等都对工业生产提出新的更高的要求，技术创新、品牌创新、融入全球生产网络、提升价值链位势等是产业竞争力的新源泉；通过发现"市场缝隙""前店后厂"式生产，依靠低成本劳动力和资源环境换取竞争优势，已经无法适应新的市场环境了。

二是竞争形势的"全面升级"。城市间的竞争已经全面升级，温州的"地理劣势""人才劣势"等愈发明显。而工业经济发达的兄弟城市"八仙过海、各显神通"，有的凭借区位优势快速崛起（如长三角地区的苏州、无锡、常州和嘉兴等城市），有的凭借政策优势导入资源（如国家级新区、自贸区城市），有的凭借科技创新和人才优势占据新经济时代发展先机（如深圳、杭州、青岛等城市），有的搭乘"一带一路"和内陆开放快车培育优势产业（如重庆、郑州等城市）。温州一向以民营经济为主导，加上国家本来的政策就少，只能依靠地方自力更生发展经济。当"自下而上的诱致性制度变迁"转向"自上而下的强制性制度变迁"时，温州更是处于不利的竞争格局中。

三是传统产业的"路径依赖"。产业结构的变迁总是呈现路径依赖的特征，这与制度变迁的情况类似，发展路径一旦被设定在一个特定的进程上，网络外部性、组织的学习过程，以及源自历史的主观模型，就将强化这一过程。长久以来形成的产业要素投入、技术知识、文化理念、发展思路、管理模式等方面的固化，使产业的更替需要一个过程，几十年来，占据温州主导地位的产业并无太大变化，路径依赖以及由此形成的产业结构锁定成为温州战略性新兴产业发展的一个重要挑战，新旧动能的"青黄不接"是当前最大的困境。

四是高端要素的"导入障碍"。王瓒在为《弘治温州府志》做的序中写道："温为东瓯古壤，在浙东极处，枕江界溟，天设奇胜，危峰层峦，环控四境，蟠幽宅阻，一巨都会。"这句话表明，温州地理位置是何等偏僻。"核心—外围"结构是经济地理学的一个重要规律，浙江大学赵伟教授在谈到这一问题时说：

"外围意味着什么？意味着一有风吹草动，集聚起来的资本和优质要素有可能流失。高端人力资本和投资，有向核心集聚的倾向。"欧洲经济危机首先冲击的是东南欧的外围国家；新常态下长三角地区经济减速，但上海、杭州仍有源源不断的资本和人才涌入，而温州则面临着优质生产要素的流失。以人才为例，人力资本的积累和升级是工业经济升级的重要条件，但温州人才等高端要素导入存在障碍，温州每万人拥有人才数量低于全省平均水平的20%左右。全市制造业单位从业人员中，具有大专以上学历的员工不足两成，仅占从业人员的14.9%。同时，近年来每年有35%左右的温籍应届毕业生流向外地，其中制造业急需的理工科学生和专业技术型人才外流严重。

五是愈发严格的"政策制约"。中国经济迈入新时代，供给侧结构性改革深入推进，产业发展的要素环境发生重大变化。例如生态环境对工业发展的约束力显著趋紧，温州制革等产业的衰落，就是无法继续将污染治理成本外部化的结果。2017年年底开始的海涂围垦政策收紧，更是堵上了温州通过大面积围海造地拓展工业用地空间的路子，让本来就缺少土地要素供给的温州更加难以解决企业用地难的问题。

当然，面对这些挑战，温州也从未停止过转型升级的脚步，"千淘万漉虽辛苦，吹尽狂沙始到金"，温州所处的是"工业化后期"阶段，不是"后工业化"阶段，工业经济仍是地方经济的主导，但毋庸置疑的是，工业经济已进入"提质增效升级"的转型关键期。习近平总书记在浙江工作时曾指出："温州作为国家和浙江省多项改革的'试验区'，是个敢于创新、善于创新的地方，是个能出经验、出好经验的地方。我对温州有一个很大的希望，就是希望温州把这部创新史继续写下去，探索新的规律，创造新的业绩，总结新的经验，为全省带好头，为全国做示范。"[1]面对发展优势弱化的形势，温州正在积极探索破题之道，"知不足而后进"，差距和短板究竟在哪里？这需要全面深入分析，特别是围绕工业经济竞争力这一主线，在与兄弟城市对标比较中找准短板、开准药方、着力补上、赶超发展，这正是本书将要重点探讨的核心问题。

---

[1]胡宏伟、杨亚东：《温州模式是如何横空出世？读懂温州不死的中国价值》，澎湃新闻，2015年5月11日，http://news.66wz.com/system/2015/05/11/104443687.shtml。

1.1.2 理论背景

今年是中国改革开放40周年，40年弹指一挥间，作为一个制度变迁的成功模式，温州向全世界讲述了一个中国工业化先发地区的成功故事。传统的"温州模式"类似于最初的马歇尔产业区（The Classical Marshallian Industrial District，MID），即利用外部规模经济获得竞争优势的小企业在区域上集聚。"温州模式"实际上代表了一种成功的区域发展路径：以小规模制造和市场导向的灵活生产、内生化增长为特征的家庭企业为中心，并辅以本地分销网络、多年的本地资本积累和地方"厚"制度等条件（Wei，2007）。20世纪70年代，产业区重构问题开始被西方学者关注，当时西方世界的纺织、钢铁、煤炭、造船等许多老产业区出现衰退现象，面临韩国等低劳动力成本国家的竞争，而之前他们已经经历了长期的经济增长（Norton，1979）；而同时，"硅谷"、德国南部巴登-符腾堡、"第三意大利"等产业区又纷纷兴起。学术界一般认为，产业区不是一个静态的发展模式，具有结构上的不稳定性，变化是其本质（Storper and Walker，1989；Harrison，1992；Asheim，2000；Wei，2007），甚至可以将其看成"工业化进程中的特定阶段"（Dimou，1994）。我们可以把温州看作一个地方性产业区，其工业发展所面临的问题，则类似于正在经历产业区的重构。

21世纪以来，温州经济增长乏力，国内学术界对温州的关注即从"学习经验"转向"诊断问题"，从2003年开始，国内（特别是浙江）学术界对"温州模式"的困境及其"是否过时"开展大讨论[①]，这一讨论一直延续至今。讨论的焦点问题之一，是温州实体经济（主要是工业经济）的发展问题。在新经济快速发展、新市场环境不断调整、区域竞争格局愈发激烈、高端要素资源配置条件不断变化的背景下，温州是否还有工业经济竞争力？产业升级路在何方？

总体上看，学术界和决策咨询领域比较侧重对温州工业发展阶段、结构、行业、布局、效率、要素供给等方面的探讨，但缺乏对表面数据背后原因的分析（或是分析原因但缺乏数据的支撑）以及工业经济历史与面板数据的深入挖掘，

---

① 见《浙江社会科学》2004年第2期。

也缺乏与国内、省内兄弟城市的横向比较研究。本研究除了进行全面的数据和案例比较分析外，也将通过工业竞争力的综合评价体系量化温州与兄弟城市的工业竞争力差距，更深入地考察温州这一工业先发城市的"产业重构"问题，并提出一系列"破除锁定"的对策。

1.2 概念界定

竞争力是竞争主体（国家、地区和企业等）在市场竞争中争夺资源或市场的能力。这种能力是竞争主体在竞争过程中逐步形成并表现出来的，是竞争主体多方面因素和实力的综合体现。根据不同的标准，竞争力可以被划分为不同的层次，通常可分为国家竞争力、区域竞争力、产业竞争力、企业竞争力和产品竞争力。现代竞争力理论主要是从对企业竞争力的探讨和对国家竞争力的研究发展起来的。而后许多学者将企业竞争力和国家竞争力的理论方法应用到产业或区域等层面，逐步发展产业竞争力理论和区域竞争力理论，并由此产生了许多新的竞争力理论假说和研究方法。

现代竞争力理论早期有代表性的学说是熊彼特的"创新说"，他在《经济发展理论》一书中提出了经济创新的概念，是第一个突破了近代关于竞争力的"绝对优势""比较优势"和"要素禀赋"等古典学说的学者。他认为"创新"对企业竞争力具有决定性作用，当竞争对手无法或没有迅速察觉新的竞争趋势时，最先发明创新的企业可能因此改写彼此的竞争态势，也就是说，不断创新的企业会具有强大的竞争力（熊彼特，1990）。波特认为国家竞争力取决于四大要素：生产因素，需求条件，相关产业和支援产业的表现，企业的策略、结构和竞争对手。其"钻石模型"较系统地展示了各竞争力因素之间的关系（波特，1988）。魏后凯（2000）提出，区域产业竞争力与企业的核心竞争力是紧密联系在一起的，它既决定于宏观层次的区域比较优势，即区域资源禀赋差异，又决定于微观层次的企业竞争优势，是两者综合作用的结果。他基于单个企业的核心竞争力及其群体优势，构建了地区工业竞争力的评价模型，包括市场影响力、工业增长力、资源配置力、结构转换力和工业创新力五个方面。

结合上述观点，本书提出的"工业经济竞争力"，即工业产业的竞争力，主要是指工业某一行业或整体工业经济通过对生产要素和资源的高效配置及转换，稳定持续地生产出比竞争对手更多财富的能力。它不仅表现为市场竞争中现实的产业实力，而且还表现为可预见未来的发展潜力。

1.3 研究目的与主要内容

本研究的核心是"比较"，目的是通过对温州与国内主要工业经济城市进行全方位比较，找到温州工业经济竞争力的不足，并借鉴兄弟城市的产业政策和举措，提出破题之策。重点解决四个问题：

一是梳理工业经济竞争力的基础理论、评价方法等，并对温州工业经济竞争力的研究文献进行综述，重点是温州工业经济的发展形成与历史变迁，竞争优势来源，温州工业经济竞争力的弱势与原因，温州工业经济竞争力的比较与评价等。

二是围绕工业经济竞争力来源的各个方面，将温州与选定的兄弟城市做全面比较，包括企业规模、科技创新、企业成长性、要素效率、开放型经济、工业可持续发展、企业制度与模式、政策与平台等方面，分析温州在上述领域中，哪些方面落后了，落后的原因是什么，别的城市是怎么干的。

三是做温州与对比城市工业经济竞争力的实证分析，构建城市工业竞争力评价指标体系和指数测算模型，通过比较城市工业竞争力综合评价指数，对温州的工业经济竞争力有更为深入的、指标化的认识，进而在工业增长力、工业资源配置力、政府竞争力、工业创新能力、工业人才供给力五个方面分析温州的工业经济综合竞争力优劣势。

四是根据上面三个部分的定性和量化比较研究，遵循"问题导向"，借鉴先进城市经验，充分探讨本研究的政策启示，针对性提出对策建议；重点就工业化阶段的认识、人才和产业工人的集聚、工业经济发展动力的转换、企业规模的升级、产业政策的运用、增加工业有效投资、构筑高能级的产业战略平台、优化工业经济发展空间、创新制度模式等提出建议，以期这些结论和建议能对温州政府决策者起到启发和参考作用。

1.4 研究方法

1.4.1 方法选择

本书主要采取比较分析方法，主要包括三种方式：

一是工业经济数据的描述性统计比较。通过工业经济发展特征指标的数据比较，分析温州工业经济竞争力各方面情况。

二是对比城市间的案例比较。通过对比城市培育工业经济竞争力的成功经验，类比温州对应的不足，找到问题和对策的着力点。

三是综合评价指标体系的实证比较。构建指标体系，以评价温州工业经济竞争力的综合排名。

1.4.2 数据来源

本书分析数据的获取以中国城市统计年鉴、各地统计年鉴和年度统计公报数据为准，部分使用了新闻报道数据和研究文献数据。鉴于数据的可获得性和准确性，工业数据除了特殊说明，一般为规模以上工业。

1.4.3 对比城市选择

中国大陆（含港澳地区）目前有4个直辖市，2个特别行政区（两个城市），283个地级市和374个县级市，一共有661个城市。不是所有城市都适合用于对比，本书选择的与温州进行工业经济竞争力对比的城市标准主要是：

一是具有可比性的城市。主要考虑经济实力（GDP）大致与温州相当的地级市，以沿海城市为主，原则上不选择省会城市[①]、中西部和东北地区的城市。

二是工业经济相对发达的城市。由于本研究关注的焦点是工业经济，因此主要选择工业经济比较发达的城市，集中在长三角地区（如苏州、无锡、常州）、

① 从习惯上考虑，将杭州、福州两个与温州地理最为接近的省会城市列入比较。

珠三角地区（如深圳、东莞、佛山）、海西区（如福州、厦门、泉州）、环渤海地区（如大连、青岛）等。

三是浙江省内的兄弟城市。主要选择省内的杭州、宁波、绍兴、嘉兴、台州、金华共六个相对发达的城市。

四是温州习惯上的"对标城市"。例如，早在2012年，温州便提出缩小与"杭甬青厦"的距离，杭州、宁波、青岛、厦门一直是温州的对标城市。

遵循以上四个原则，本研究重点选择以下城市作为温州工业经济竞争力比较研究的对比城市：省内的杭州、宁波、绍兴、嘉兴、台州、金华；省外的深圳、东莞、佛山、苏州、无锡、常州、厦门、福州、泉州、青岛、大连，共17个城市。

1.4.4 研究框架与技术路线

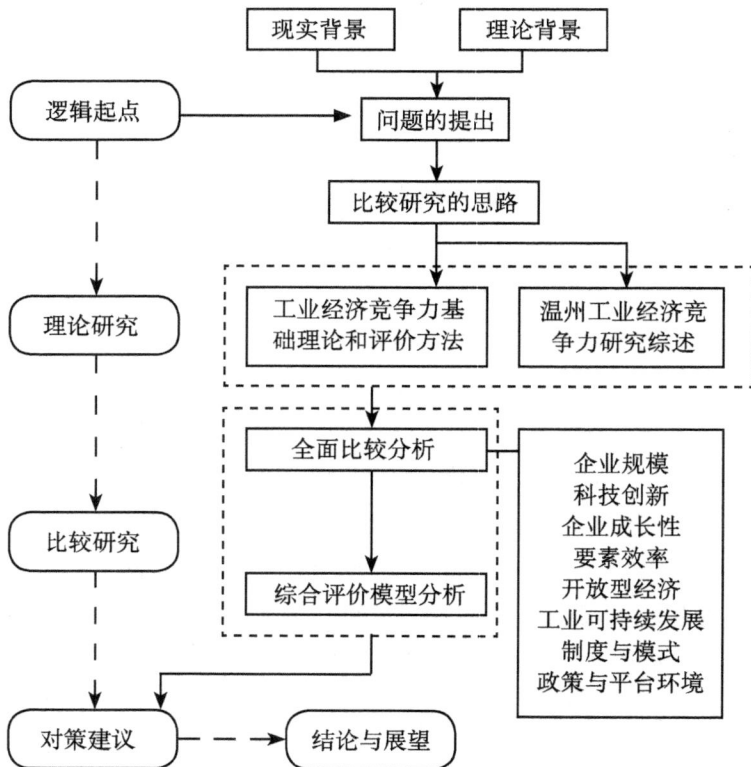

图1-1 研究框架与技术路线图

第二章
工业竞争力基础理论

温州工业竞争力的比较研究，属于区域竞争力比较研究范畴，这一研究既不同于一般概念上的国家竞争力研究，也不同于一般概念上的产业竞争力研究。对温州这一特定区域的工业产业竞争力的研究，是区域竞争力研究加工业产业竞争力研究的综合，需要结合区域范畴和特定的工业产业范畴进行。目前，对特定区域工业产业竞争力研究，已形成古典（传统）和现代两个理论流派。亚当·斯密的绝对比较优势理论，大卫·李嘉图的相对比较优势理论，赫克歇尔-俄林的要素禀赋理论，斯蒂格利茨（Stiglitz）、克鲁格曼（Krngman,P）、赫尔普曼（Helpman,E）的新贸易理论，迈克尔·波特的竞争优势理论等都为本书比较研究温州工业竞争力提供了理论借鉴。本章首先对温州工业竞争力比较研究的相关概念如国家、区域、城市、产业等进行介绍，然后对有关区域工业竞争力比较的理论文献进行梳理，重在厘清温州工业竞争力比较研究的理论发展脉络。

2.1 工业竞争力基础概念

2.1.1 产业与工业概念

（1）产业界定

产业是社会分工的产物，它随着社会分工的产生而产生，并随着社会分工的发展而发展①。在人类文明进化史中，以"畜牧业从农业中分离出来，手工业从农

---

① 一个产业通常由若干个相关行业组成，尽管这些行业的经营方式、经营形态、企业模式和流通环节有所不同，但是，它们的经营对象和经营范围是围绕着共同产品而展开的，并且可以在构成业态的各个行业内部完成各自的循环。

业中分离出来，商人阶级出现"为标志的三次社会大分工，首次对产业进行了划分。以蒸汽机的广泛应用，电力的广泛应用，原子能、电子计算机、航天技术等重大突破为标志的三次工业革命，使得社会分工进一步深化，产业划分也更加明确。在传统的社会主义经济学理论中，产业主要是指经济社会的物质生产部门，从某种意义上来说，每个部门就是一个相对独立的产业部门，因为每个部门都有专门生产和独立制造的产品，如"工业""农业"等。

产业分类的标准和方法众多。20世纪20年代，国际劳工局最早对产业做了比较系统的划分，即把一个国家的所有产业分为初级生产部门、次级生产部门和服务部门。在这之前，马克思的两大部类分类法、列宁的农轻重产业分类法对产业分类研究也有涉及。随后，三类产业分类法、三次产业分类法以及生产要素集约分类法和标准产业分类法进一步丰富了学者对产业分类标准的认识（芮明杰，2004）。其中，三次产业分类法的应用最为广泛，该理论最初由费希尔（Fisher）于1935年提出，后经克拉克（Clark）的发展与完善、库兹涅茨（Kuzenets）的运用与推广，三次产业分类法逐渐成为在世界范围内通用的产业分类方法（赵玉林，2008）。

所谓三次产业分类法，就是把全部经济活动划分为第一产业、第二产业和第三产业。费希尔将人类经济活动发展分成三个阶段，第一阶段主要发展直接作用于自然生产初级产品的部门，包括农业、畜牧业、林业、渔业和狩猎业等第一产业；第二阶段主要发展对初级产品进行再加工的部门，包括采掘业、制造业和建筑业等第二产业；第三阶段主要发展为生产和消费而提供各种服务的部门，包括电力、供水、金融与保险业、运输业、服务业、公务和其他公益事业等第三产业。众多学者采用三次产业分类法对三次产业结构的变化与经济发展的关系进行了大量的实证分析，总结了三次产业结构的变化规律及其对经济发展的作用。

（2）工业的界定及分类

本书比较的温州工业实际就是一个产业的概念。最初，工业主要指一些简单的手工劳作活动，对区域经济发展的作用不大。但随着人类发展进程的不断演进，工业已成为区域经济发展的重要力量。

工业（Industry）主要是指原料采集与产品加工制造的产业或工程。按照《中国统计年鉴》的定义，工业主要包括：1）对自然资源的开采，如晒盐和采矿等；

2）对采掘品的加工和再加工，如石油加工、炼铁、炼钢、化工生产、机器制造以及电力、水、煤气等能源的生产和供应等；3）对农副产品的加工和再加工，如食品加工、粮油加工、纺织等；4）对工业品的修理和翻新，如机器设备、交通运输工具的修理等。

传统产业经济学往往根据产品单位体积的相对重量将工业划分为轻重工业。产品单位体积重量轻的工业部门就是轻工业，重量重的就属重工业。其中，轻工业即主要提供生活消费品和手工工具的工业，可分为两类：1）直接或者间接以农产品为原料的轻工业，如食品制造、烟草加工、纺织、皮革制作、造纸及印刷等；2）以工业品为基本原料的轻工业，如化学药品制造、文教体育用品制造、日用化学制品、金属制品、医疗器械制造、手工工具制造等。重工业即国民经济部门提供以物质技术为基础的主要生产资料的工业，可分为三类：1）采掘工业，如煤炭开采、石油开采、金属矿开采、非金属矿开采等；2）为国民经济各部门提供基本动力、燃料和材料的工业，如电力、石油和煤炭加工、金属冶炼及加工、化学原料、化工原料等；3）对工业原料进行再加工的工业，如装备机械设备制造业工业、水泥制品、化肥、农药等。

依照国家统计局《国民经济行业分类》①（GB/T4754-2011）中规定的统计标准，工业属于第二产业，包括采矿业、制造业以及电力、热力、燃气及水的生产和供应业等三大门类。采矿业指对固体、液体、气体等自然矿物资源的采掘，以及从事所有原料加工辅助性工作的工业，包括煤炭开采和洗选业、黑色金属矿采选业、非金属矿采选业、石油和天然气开采业等7个大类；制造业指经过物理或化学变化后成为新的产品的工业，包括农副食品加工业、纺织业、医药制造业、金属制品业、非金属矿物制品业、通用设备制造业、汽车制造业以及金属制品、机械和设备修理业等31个大类；电力、热力、燃气及水的生产和供应业指通过生产、转化、蓄积向国民经济各部门提供电能、热能、燃气和水的工业，包括电力、热力的生产和供应业等3个大类。

---

① 《国民经济行业分类》国家标准于1984年首次发布，分别于1994年、2002年、2011年、2017年进行修订。

2.1.2 国家、城市、区域概念

（1）国家

本书对温州工业经济竞争力的比较，专注的是次国家区域的比较，对温州工业竞争力的比较不同于国家间的工业竞争力比较。并且，由于温州从下到上的、半城市化①的推动本区域的工业化发展的过程特点，温州工业竞争力的比较，也不完全等同于对城市工业竞争力的比较，温州工业竞争力的比较是一个同具区域与城市概念的工业竞争力比较。对温州工业竞争力的比较，首先要对国家、城市、区域概念做严格区分。

目前，出于研究的需要，众多学者对国家概念做了界定。马克思出于政治经济学研究的需要，对国家的概念做了定义。马克思认为，国家是社会发展到一定历史阶段出现的，现代国家所扮演的角色是由他们在资本主义社会里的位置所决定的。马克思对国家的经典定义来自恩格斯的《家庭、私有制和国家的起源》一书，书中提到"国家"时表示："这个社会陷入了不可解决的自我矛盾，分裂为不可调和的对立面而又无力摆脱这些对立面。而为了使这些对立面，这些经济利益互相冲突的阶级，不致在无畏的斗争中把自己和社会消灭，就需要有一种表面上驾驭社会之上的力量，这种力量应当缓和冲突，把冲突保持在'秩序'的范围内；这种从社会中产生但又自居于社会之上并且日益同社会脱离的力量，就是国家。"

国内学者对国家的概念也多有界定。从国际贸易地理角度来看，于志达（2006）认为国家是在一个能够保持内部稳定，不受外来干涉和控制，能独立行使主权权力的政府领导下，占有一定地域空间，生活着一定数量人口的有组织的政治地理单元。作为一个国家必须具备四个条件：1）拥有确定领土；2）具有一定数量的定居人口；3）拥有被其国民需要和承认、能行使各种权力的政府；4）拥有主权。

由于划分的标准不同，国家的类型呈现多样性。以领土面积的大小来划分，

---

①半城市化源于地理学概念，是指城市边缘地带由于城市和乡村发展过程交会，产业结构和就业结构的非农化水平不断提高，而产业和人口在空间上集聚程度仍较低的相对特殊的城市化进程。温州村村冒烟、家家点火的工业化进程，推动了本区域的半城市化进程。

可分为大国、中等国家和小国。面积大于35万平方公里的为大国。全世界目前有63个国家和地区陆地面积超过了35万平方公里。按照这个标准，我们心目中的岛国日本，实际是一个领土大国，日本领土面积差不多相当于安徽（14万平方公里）、江苏（10.26万平方公里）、浙江（10.2万平方公里）和上海（6340平方公里）三省一市土地面积的总和。15—35万平方公里的为中等国家，欧洲的意大利、英国均为领土意义上的中等国家。15万平方公里以下的为小国，韩国是一个领土小国（约10万平方公里）和经济大国。2017年，韩国GDP排名全球第1位。从海陆疆域状况划分，分为海陆兼备的国家、内陆国家和岛国。从政治体制划分，分为君主制国家、君主立宪制国家、共和制国家等。从生产资料所有制划分，分为以公有制为主体的社会主义国家和以私有制为主体的资本主义国家。从经济运行机制划分，分为计划经济国家、市场经济国家和混合经济国家。从综合国力划分，分为超级大国、发达国家和发展中国家。发展中国家由于数量众多，各国之间的综合国力又存在很大的差异，又可分为新兴工业化国家（地区）、经济正在转型国家、原料出口国和极端贫困国家。

（2）城市

城市发展到今天，已经历了几千年的演进历史，对城市定义的理解是认识区域的基础。由于城市是一个复杂的综合体，且其自身随着人类社会的发展而处于不断演化之中，所以，不同的学者从不同的研究角度出发，对城市的定义做出了不同的理解。对城市概念的理解仍处于不断的变化发展之中。

目前，学者主要从城市本质特征、自然地理、文化及功能角度，对城市概念进行界定。恩格斯从城市本质特征角度，认为城市本身表明了人口、生产工具、资本、享乐和需求的集中。吴晓军（2005）从人口的角度，强调"城市是有一定人口规模，并以非农业人口为主的居民集居地，是聚落的一种特殊形态"。王志锋、蔡方（2008）站在自然地理角度，认为城市是发生于地表的一种普遍宏观现象，有一定的空间性、区域性和综合性；城市是有中心性能的区域焦点，是第二、三产业人群集中区域，是国民经济与劳动人口的投入点和结合点。美国著名城市理论家刘易斯·芒福德（Lewis Murnford）从文化角度，认为城市不只是建筑物的群体，它更是各种密切相关经济相互影响的各种功能的集合体，它不单是权力的集中，更是文化的归极。吴良镛院士在《中国大百科全书》中，则主要从城市功能角度，将城市定义为：城市是依一定的生产方式和生活方式把一定地域组织起来的居民点，是该地域或更大腹地的经济、政治和文化生活的中心。

总体而言，由于城市的多角度特征，学者站在经济学、地理学、社会学、城市规划学等角度，对城市概念的界定均有涉猎，不一而足。并且，由于关注的集中点不一样，学者对城市概念的界定大相径庭。譬如，按照经济学定义，城市是具有相当面积、经济活动和住户集中，以至在私人企业和公共部门产生规模经济的连片地理区域。而按照社会学的界定，城市则界定为具有某些特征的、在地理上有界的一种特殊社会组织形式。本书对温州城市工业竞争力的比较研究，对城市概念的界定，主要依据经济学概念。

（3）区域

我们知道，国家是更大尺度的地理概念，是由相对独立但又相互连接的区域组成的空间有机体。而区域则是指具有空间接近，自然环境和社会、经济、文化环境相似，且具有一定凝聚力的地理单元（吴贵生，2004），具有同质性和较强内聚力的特点。

实际上，迄今为止，学术界对区域一词并没有明确的定义，其研究对象与范围也完全取决于研究目的和问题的性质。不同的学者从本学科的研究目的出发，对区域的界定和划分往往具有不同的看法（冯宇彤，2015）。在经济学界，目前国内学者大多采用1992年《全俄中央执行委员会直属俄罗斯经济区划问题委员会拟定的提纲》中给区域下的定义，所谓区域应该是国家的一个特殊的、经济上尽可能完整的地区。也就是说，区域是能够在国民经济分工体系中承担一定功能的经济区概念。

然而，对区域的界定实际上呈现出"色谱"特征，比如，地理学家一般把区域定义为地球表壳的地域单元；政治学家则将区域看作是国家管理的行政单元；社会学家将区域定义为具有相同语言、相同信仰和相同民族特征的人类聚落；经济学家则将区域定义为根据一定的目的和原则而划定的地球表面的一定范围的空间，是因自然、经济和社会等方面的内聚力而形成，并具有相对完整的结构、能够独立发挥功能的有机整体（魏后凯，2006）。并且，即使是经济学家，由于关注点的不同，对区域概念的界定也不一样。同为国内知名经济学家，吴殿廷认为区域是地球表面上被某种特征（特别是具有社会经济学意义的特征）所固定的空间系统。孙久文则认为区域是指拥有多种类型的资源、可以进行多种生产性和非生产性社会经济活动的一片相对较大的空间范围。

　　尽管出于研究目的的不同，国内外学者对区域概念的界定不尽相同，但从一般的角度看，区域具有相对完整结构，能够独立发挥功能的有机整体概念正受到越来越多学者的认同。按照魏后凯（2006）的观点，区域至少具有以下几方面的含义：第一，区域既是一个实体概念，又是一个抽象的空间概念，具有典型二重性。我们所说的区域，通常是指地球表面存在的特定范围的空间，即特定的地区。区域是一个客观实际存在，小至均质性社区街道这种具体的、微观角度的地域功能单元，大到全球地域。在理论研究中，区域一词又经常被看成是一个抽象的、观念上的空间概念，没有严格的范围、边界以及确切的方位。正因如此，在区域经济学文献中，区域和空间这两个概念往往可以相互换用，而不必做细致的区别。第二，区域的内聚力、结构、功能、规模和边界是构成一个区域的五个基本要素。其中，内聚力是区域形成和演变的基础，它决定了区域内部的结构和功能，进而决定了区域的规模和边界。正是这种内聚力，在一个区域各组成部分之间形成了一种相互依存的关系，并由此产生了一种共同的区域利益和区域意识。正如美国经济学家胡佛（Edgar Malone Hoover,1990）所指出的："一个区域，他之所以成为一个区域，就在于区域内有一种认识到某种共同区域利益的一般意识。"这种意识是区域所采取一些积极措施、做出共同努力、提高区域福利水平的前提条件。第三，区域具有客观性和动态性两个根本的特征。一方面，区域是一个客观存在的现实现象，由此可以根据一定的目的对其加以描述，进而划分，并揭示其一般规律性。另一方面，区域又处于不断演进变化之中，随着社会经济的发展，区域的内聚力又在不断发生变化，继而导致区域特别是经济区域的结构、功能、规模和边界也随之发生变化。根据区域类型的不同，区域边界可能是一条明确的边界线，也可能是一条相互交叉融合的边界带。由于商品经济的不发达，在两个经济区域之间可能会暂时出现一些空隙地带，即飞地。第四，区域具有一定的等级体系，不同等级区域的规模可能相差甚大。按照地域规模的大小，国内区域大体可分为地带级、大区级、省区级、市级、县级、乡镇级等多个层次。当然，区域并非是无限可分割的，它具有一定的最小规模即单元规模。按照人口标准，城区常住人口50万以下的城市为小城市，城区常住人口50万至100万的城市为中等城市，城区常住人口100万至500万的城市为大城市，城区常住人口500万至1000万的城市为特大城市，城区常住人口1000万以上的城市为超大城市。

2.1.3 竞争力概念

竞争是市场经济的灵魂，竞争力是竞争主体与其竞争对手夺取资源或市场的能力，这种能力是竞争主体在竞争过程中逐步形成并表现出来的（魏后凯，2002）。资源的有限供给必然带给人类社会不断的竞争，竞争已经由最初的生态学术语拓展到了各个领域。对竞争的重要性，学者已经认识到，竞争既是自然生态界演进的法则及基本动力，又是人类社会进步的动力源泉。

"物竞天择，适者生存"，学者对竞争力概念及影响因素的认识是建立在对竞争这个基本概念的认识基础之上的。《新帕尔格雷夫经济学大辞典》对竞争的解释是："个人（或集团）间的角逐，凡两方或多方力图取得并非各方均能获得的某些东西时，就会有竞争。"德国法学家罗伯对竞争的解释是："竞争是各方通过一定的活动来施展自己的能力，为达到各方共同的目的而各自所做的努力，而且竞争行为仅存在于同类商品的供应之间。"而如果需要对竞争赋予一个更一般性的定义，竞争可定义为是两个或两个以上的主体（有意识的个体或群体）在特定的机制、规则下，为达到各方共同的目的而可能对各方产生不同利益结果的较量。

表2-1 国内外关于竞争力的定义综述

学者或机构	竞争力及其相关理论定义
亚当·斯密	竞争力来自生产成本和效率的差异。
大卫·李嘉图	竞争力来源于劳动生产率和生产成本的相对优势。
埃利·赫克歇尔、贝蒂尔·俄林	认为产品竞争力直接取决于产品价格，而价格差异的根本原因在于各国间要素享赋的不同，即要素比例和稀缺程度的差别主导国际贸易的方向。

学者或机构	竞争力及其相关理论定义
迈克尔·波特	国家经济竞争力是指该国获得生产力高水平及持续提高生产力的能力。
IMD和WEF	企业目前和未来在各国的环境中以比他们国内国外的竞争者更有吸引力的价格和质量来进行设计、生产并销售货物以及提供服务的机会和能力。
狄昂照、吴明录	将竞争力分为商品竞争力、企业竞争力、行业竞争力与国家竞争力。
《中国国际竞争力报告》	竞争力是在一定经济体制下的国民经济在国际竞争中表现出来的综合国力的强度，实际上就是企业或企业家们在各种环境中成功地从事经营活动的能力。
金碚	竞争力是指在自由贸易条件下，一国某特定产业的产出品所具有的开拓市场、占据市场并以此获取利润的能力。简单地说，即一国特定产业通过在国际市场上销售其产品反映出来的生产力。
魏后凯	把竞争力定义成竞争主体（国家、地区和企业）等在市场竞争中争夺资源或时间的能力。这种能力是竞争主体在竞争过程中逐步形成并表现出来的，是竞争主体多方面因素和实力的综合体现。
郭晖	工业竞争力是竞争主体在争夺市场资源或市场的过程中体现在市场影响力、资源配置效率、创新能力等方面的综合能力。
李明	竞争力是一个国家或地区工业在市场竞争中比竞争对手更有效地利用资源并取得利益的能力。
杨晓兰、倪鹏飞	强调竞争力是经济、社会和环境等目标的兼容，是生态良好和社会公平的基础上的可持续经济效率的提高。

　　由于"竞争力"概念比抽象的"竞争"概念对区域（或国家）经济发展的影响更直接，学者对竞争力概念及影响因素的研究更多。由于研究的目的不同，目前学者对竞争力概念的界定看法不一。其中《贸易政策术语词典》中对竞争力做出的规定是：一个组织能够在市场经济中始终处于最高地位，不被其他组织打败的能力。《中国国际竞争力报告》将竞争力定义为：在一定经济体制下的国民经济在国际竞争中表现出来的综合国力的强度，实际上就是企业或企业家们在各种

环境中成功地从事经营活动的能力。实际上，竞争力是一个内涵非常广泛的概念，在宏观层次上有国家竞争力，在中观层次上有产业竞争力，在微观层次上有企业竞争力，在亚微观层次上有产品竞争力。总体而言，国内外目前对竞争力的定义较多（见表2-1），其中具有代表性的有如下几种：

1.马克思和恩格斯在分析商品经济和资本主义再生产过程中，科学地揭示了劳动生产率是竞争力最基本的来源这一客观真理。

2.世界经济论坛（WEF）和瑞士洛桑国际管理开发学院（IMD）的《关于竞争力的报告》（1985）站在国际竞争层面，将"竞争力"定义为"企业目前和未来在各国的环境中以比他们国内国外的竞争者更有吸引力的价格和质量来进行设计、生产并销售货物以及提供服务的机会和能力"。而在1994年的《国际竞争力报告》中又将"竞争力"重新定义为："一国或一个企业在全球市场上均衡地生产出比竞争对手更多财富的能力。"

3.《中国国际竞争力报告》（1996）重在从国际竞争角度对竞争力概念做出界定。《中国国际竞争力报告》课题组认为：国际竞争力是在一定经济体制下的国民经济在国际竞争中表现出来的综合国力的强弱程度，实际上也就是企业或企业家们在各种环境中成功地从事经营活动的能力。在《中国国际竞争力报告》中，该课题组把"国家竞争力"修改为"一个国家在世界经济的大环境下，与各国的竞争力相比较，其创造增加值和国民财富持续增长的能力"。

4.美国总统竞争力委员会《关于产业竞争力的报告》认为：产业竞争力是在自由的、良好的市场条件下，能够在国际市场上提供好的产品、好的服务，同时又能提高本国人民生活水平的能力。

还有一些学者从国家、产业等角度也对竞争力的概念做出了阐释。美国经济学家迈克尔·波特（Poter，1990）认为，国家经济竞争力是指该国产业创新和升级的能力，即该国获得生产力高水平及持续提高生产力的能力。金碚（1997）提出竞争力是指在自由贸易条件下，一国某特定产业的产出品所具有的开拓市场、占据市场并以此获取利润的能力。简单地说，即一国特定产业通过在国际市场上销售其产品反映出来的生产力。任海平（1998）认为竞争力是一个国家在国际社会中与他国竞争所具有的相对优势，它实质上反映了综合国力发展的速度。魏后凯（2002）把竞争力定义成是竞争主体（国家、地区和企业）等在市场竞争中争夺资源或时间的能力。这种能力是竞争主体在竞争过程中逐步形成并表现出来的，是竞争主体多方面因素和实力的综合体现。樊纲（2002）指出竞争力是一个涉及国与国之间经济关系的国际经济学概念，是指一国商品在国际市场上所处的地位。王与君（2003）认为竞争力是一国对该国企业创造价值所提供的环境支持能力和企业均衡地生产出比其他竞争对手更多财富的能力，是一国或一企业成功地将现有资产运用于转换过程而创造更多价值的能力。它包括一国或一企业发展的整体现状与水平，拥有的实力和增长潜力。

通过对竞争力相关文献的梳理，本书参考谢立新（2003）等人的分析，发现上述关于竞争力的研究主要强调以下几点：1）竞争力是特定利益主体在国际国内市场上相对于其他利益主体所具有的生存和发展并由此获取收益的能力。从上述的定义分析中，虽然不同机构、组织、个人对"国际竞争力"的理解有较大的差别，但共同的落脚点都放在特定利益主体上。2）对竞争力的研究是多层次的。由于参与竞争的利益主体可以划分为国家、地区、产业、企业等多个层次，因而对竞争力的研究必须有针对性地围绕国家竞争力、地区竞争力、产业竞争力、企业竞争力等层次来进行。3）竞争力不仅包含现实竞争力，更包含潜在竞争力。对竞争力的研究，不仅要研究特定利益主体现有参与市场竞争的能力，还必须要研究特定利益主体相对于其他利益主体的未来发展潜力。4）竞争力的实质是比较生产力。竞争力实际上是一个涉及国家（地区）经济关系的经济学概念，包括着"比较优势"的概念。在这里，比较优势就是国家（地区）间生产力水平的比较。比较生产力在概念上与一般所说的生产力概念没有实质区别，只是更强调与竞争对手相对的比较意义。

2.1.4 产业竞争力概念

产业竞争力以产业为研究对象，构成了竞争力理论的中观层次。在产业竞争力研究中，理论界对于产业概念有两种不同的界定。一种是界定为广义上的"产业"概念。广义上的"产业"是指总体上的"产业"，它比狭义上的"产业"具有更为宽泛的外延。持这种观点的人认为，产业竞争力的研究不仅要研究某种特定产业的竞争力，而且要研究"产业结构竞争力""产业组织竞争力"等方面的内容（余平，2010）。

另一种是狭义上的"产业"概念。持这种观点的人认为，在产业竞争力研究中，不能像通常那样把"产业"概念界定得过于宽泛，而必须将其界定为易于进行同类比较的对象（余平，2010）。以此定义的产业概念的最基本的内涵是"同类产品及其可替代产品"，它可以从不同的角度来理解，如：从产出的角度，产业是同类产品及其可替代产品的集合；从生产的角度，产业是同类产品及其可替代产品的生产活动的集合；从经济实体的角度，产业是生产经营同类产品及其可替代产品的企业的集合，这里所说的产品也应该包括服务。

迈克尔·波特将产业定义为直接相互竞争产品或服务的企业的集合。波特认为产业竞争力是一国在某一产业的竞争力，为一国创造良好的商业环境，使该国企业获得竞争力。他是第一位从产业层次研究竞争力的学者，从中观的产业领域研究竞争力，站在产业这个中观层面上，向上、向下扩展到国家和企业两个层面。Monica Calcagno（1996）提出产业竞争力是企业通过产业因素、资源因素和其他特有因素等一系列能力，获取比竞争对手更高的利润和占据更有利的市场份额的战略结果。

由于我国1978年才逐步走向市场化之路，因此，关于产业竞争力的研究远远落后于西方国家。我国的专家学者从20世纪80年代中期开始对竞争力问题进行研究，他们大多都借鉴了国外的研究成果，并对其在中国的运用进行了适度的调整和修正。在这些研究成果中，很大一部分是关于产业竞争力概念的研究。产业竞争力概念是多层次、多角度、多动态的。我国学者对其进行了深入研究，并各自基于对产业竞争力的理解和认识，对产业竞争力做出了解释。

浙江产业竞争力比较研究课题组将产业竞争力定义为某一产业在区域之间的竞争中，在合理公正的市场条件下提供有效产品和服务的能力。

许多学者基于比较优势的理论，也各自提出对产业竞争力的解释。如裴长洪（1998）认为产业竞争力是指属地产业的比较优势和它的一般市场绝对竞争优势的总和。产业竞争力的实质是产业的比较生产力。所谓比较生产力，是一个企业（行业或整个工业）能够以比其他竞争对手更有效的方式持续生产出消费者（包括生产性消费）愿意接受的产品，并由此获得满意经济收益的综合能力。郝寿义、倪鹏飞（1998）认为竞争力是一个城市在国内市场上与其他城市相比所具有的自身创造财富和推动地区、国家或世界创造更多社会财富的现实的和潜在的能力。金碚（1997）指出产业竞争力是中观层次的竞争力，企业、产业和国家三个层次的竞争力概念不同，竞争主体存在区别，产业竞争力不能简单地被认为是企业竞争力的加总。产业竞争力是在自由贸易条件下，一国特定产业比其他国家具有更高的生产力，向国际市场提供更多符合消费者需求的产品，并持续获利的能力。魏后凯（2002）基于比较优势和竞争优势理论，认为产业竞争力是区域竞争力的表现，是宏观层面的区域比较优势和微观层面的企业竞争优势综合作用的结果。

还有学者从不同角度对产业竞争力的概念进行了阐述。盛世豪（1999）认为产业竞争力是指某一产业在区域之间的竞争中，在合理、公正的市场条件下，能够提供有效产品和服务等能力的综合。此种定义强调了产业的有效供给能力。陈晓声（2002）提出产业竞争力是指某一产业或整体产业通过对生产要素和资源的高效配置及转换，稳定持续地生产出比竞争对手更多财富的能力。此种解释不仅表现为市场竞争中现实的产业实力，而且还表现为可预见未来的发展潜力，这是"产业"的生产特征所决定的。张超（2002）从产业组织效率角度将产业竞争力定义为不同国家同类产业在国际自由贸易条件下最终在市场上的竞争能力，是同类产业生产效率、生产能力和创新能力的比较。郭京福（2004）从要素配置角度指出产业竞争力是指整体产业或某一产业通过对生产要素的高效配置，能够持续地生产比竞争者更多财富的能力，表现在市场竞争比较关系中，产品成本、价格、质量以及品牌等方面所具有的差异化能力。

国内诸多学者还对产业竞争力内涵做了一些系统的归纳。千庆兰、陈颖彪（2006）将产业竞争力内涵的认识归纳为四个方面：从层次性看，产业竞争力是中观层次的竞争力；从空间性看，产业竞争力有国际、国内两个层面；从产业分类看，包括产业总体竞争力和具体产业竞争力；从研究内容看，包括产业结构竞争力和产业组织竞争力。王秉安、晁中、洪文生（2004）将产业竞争力内涵的解释进行了分门别类，即"财富创造论""资源配置论""产品提供论""经济实力论""综合论"。

从以上对产业竞争力的定义来看，产业竞争力的概念内涵可以归纳为以下四点：1）产业竞争力是一个涉及区域或国家之间经济关系的国际经济学概念，并包含着"比较优势"的概念。2）产业竞争力不是指单个企业的竞争力。产业内部企业的相互关系，相关产业和辅助产业的状况以及国内相应经济形势和背景等，都将对产业竞争力产生影响和作用。3）产业竞争力是多种比较优势和竞争能力的综合。4）从最终角度而言，产业竞争力体现在它所提供的产品或服务在国际市场上的份额。这里至少包含着两层意思：首先，国际市场份额是衡量产业竞争力强弱的主要指标；其次，无论是企业还是产业，产业竞争的核心是它为国际市场所能提供的产品和服务。

2.1.5 区域工业竞争力概念

一个国家或地区的竞争力主要表现在其产业竞争力方面，而工业竞争力是其产业竞争力的最集中表现，是形成竞争力的核心。而产业竞争力又有国家竞争力和区域竞争力之分，故区域工业竞争力属于产业竞争力的研究范畴。依据产业竞争力的已有定义，区域工业竞争力可定义为某地区工业在市场经济条件下所具有的争夺资源、开拓并占领市场获得利润的综合能力。

关于区域工业竞争力的概念，国内学者狄昂照（1992）指出各类产业竞争力中，工业竞争力无疑是一个国家或地区竞争力最集中的表现，它指的是在市场经济条件下某个地区中工业行业所具有的获取资源、占据国内外市场并以此获得利润的能力。魏后凯、吴利学（2002）认为地区工业竞争力是地区工业综合实力的体现，它是由市场影响力、工业增长力、资源配置力、结构转换力和工业创新力等五方面因素共同决定的，是这些因素有机构成的整体。聂辰席、聂玮（2005）指出，地区工业竞争力主要是指该地区工业在集聚市场资源、创造价值和促进区域经济发展等方面的一种综合能力。这种能力主要表现在两方面，一方面是地区工业在某一特定时间内吸引资金、科学技术、科技人才、知名品牌等方面的能力，另一方面是地区工业在未来相当长的一段时间里可能具有的发展潜力，后者决定了地区工业在一段时间内的发展水平、地位和竞争实力。张春梅（2006）认为工业竞争力是指一个区域的工业在其区域中表现出来的争夺市场份额和市场资源的能力。站在经济学角度可以将工业竞争力定义为一个区域中的各生产部门在自身区域中进行资源优化和资源配置的能力。因此，工业竞争力的概念应该更加突出各个不同经济主体之间的比较关系。顾海兵、余翔（2007）进一步把工业竞争力定义为一种立足于区域的比较优势，通过与其他地区或部门的较劲和协作，能够进行财富创造的能力。李明（2011）认为工业竞争力是一个国家或地区工业在市场竞争中比竞争对手更有效地利用资源并取得利益的能力。

借鉴学者的观点，本书将区域工业竞争力定义为：区域内各主体在市场竞争的过程中形成并表现出来的争夺资源或市场的能力。这种能力只有通过市场竞争才能够形成和展现，并且在动态的竞争过程中不断发生变化。

2.2 工业竞争力基础理论

国外对工业竞争力的研究一直以一般的竞争力理论为基础。尽管国外的比较优势理论、要素禀赋理论、集群创新网络理论、产业区理论等竞争力理论并不是以直接解释区域或国家工业竞争力的影响因素为目的而产生的，但国外竞争力理论研究一直从工业竞争研究中汲取营养，国外竞争力理论一直从更一般的角度对工业竞争力问题进行研究[1]。工业竞争力研究与一般的产业竞争理论及国家竞争力理论相互促进，相得益彰。总体而言，国外竞争力理论从产生到发展大致经历了三个阶段：古典阶段、新古典的前期阶段和现代阶段。

从古典时代开始，竞争力理论便围绕着国家在贸易竞争中的优势问题开始进入研究者关注的视野。在经济学发展的初期，研究者们并没有针对竞争力问题进行具体研究。在这一阶段，对区域或国家工业竞争力的研究，由于没有系统的竞争力理论指导，研究的系统性、整体性不足。此时对区域或国家工业竞争力的研究主要从绝对优势、比较优势等国际贸易优势理论找到借鉴。

进入到新古典时代尤其是20世纪初以后，西方传统国际贸易分工及优势理论遭遇了前所未有的挑战，竞争力理论转入研究更为现实的问题，研究者们开始从各个侧面关注、探讨原有理论的不足之处并对其进行更贴近现实的修改，研究者们开始借鉴竞争力理论，将影响区域或国家工业竞争力的因素归结为是否具有规模经济，把对区域或国家工业竞争力的研究推向系统化。

---

[1]对工业竞争力的研究，国内外学者尚未形成一个统一的理论框架，大部分研究主要通过借鉴传统贸易理论，对产业（包括工业）特别是国家竞争力进行研究。

20世纪80年代以后，现代竞争力理论在对传统理论进行反思的基础上，研究范畴的深度和广度都有了进一步的发展，更为关注产业、企业，甚至到产品层面，探讨不同国家、不同产业在其客观基础与发展阶段下的竞争力；以及包括区域竞争力、城市竞争力等诸多理论问题以及竞争力的系统评价等实证方法在内的研究范畴。对现代竞争力的理论研究，真正进入了与对区域或国家工业竞争力研究相互促进阶段。

整个竞争力理论从早期的产生到今天，其沿着经济实践的要求及理论本身深度化的路径，形成了一套更为广泛、深刻和科学可行的理论体系与分析方法。这些理论的不断完善和发展，为我们深入研究温州工业竞争力提供了可靠的理论基础。

2.2.1 传统工业竞争力理论

（1）绝对优势理论

国外关于竞争力理论的研究可以追溯到古典经济学时代。英国经济学鼻祖亚当·斯密在1776年提出了绝对优势理论（Theory of Absolute Advantage），开创了学者对国家竞争优势研究的先河。

本着从家庭到国家的研究思路，亚当·斯密的绝对优势理论对国家竞争优势的研究，是建构在劳动分工基础上的。亚当·斯密《国富论》的第一篇从讨论劳动分工的好处开始，"人人都一定能够把自己消费不了的自己的劳动生产物的剩余部分，换得自己所需要的别人的劳动生产物的剩余部分。这就鼓励大家各自委身于一种特定业务，使他们在各自的业务上，磨炼和发挥各自的天赋资质或才能"。亚当·斯密这段话不仅清晰地描述了社会分工的利益，同时也警示学界及政界人士，国家可以通过分工提升自身的竞争力。按照亚当·斯密在《国富论》当中阐述的观点，国家或社会家庭分工的原则是各自集中生产所具有的绝对成本优势或绝对利益的产品。亚当·斯密认为，社会分工既然可以提高劳动生产率，那么每个人专门从事他最有优势的产品的生产，然后通过交换，则每个人都可以从中获利。亚当·斯密认为，国家或社会家庭分工的原则，就是产品社会化生产的绝对成本。

亚当·斯密的社会化分工理论，不仅为学者奠定了分析社会化家庭分工的理论基础，还为学者提供了从家庭到国家，国家如何从跨国贸易中获取竞争优势的分析思路。亚当·斯密在对劳动分工与交换论证的基础上，由家庭推及国家，指出在国际分工的基础上开展国际贸易会为各国都带来收益。他认为，适用于国内个人或家庭的分工原则，同样也适用于世界各国。如果参与国际贸易的两国，在不同产品上具有成本优势，那么通过开展国际贸易，将会提高两国的财富水平。

为论述跨国分工对一国获取竞争优势的利益，亚当·斯密在《国富论》中写道："在每一个私人家庭的行为中是精明的事情，在一个大国的行为中就很少是荒唐的。如果外国能以比我们自己制造还便宜的商品供应我们，那么，我们最好就用我们具有某些优势的行业中生产出来的部分产品向他们购买。"从中可见，亚当·斯密认为每个国家都有自己生产的优势，都具有比其他国家更有生产某种产品的生产条件，如果每个国家都结合自身特点，生产最有优势的产品，然后进行交换活动，这样就可以提高资源利用效率，合理利用劳动力资源，加快劳动生产率的增长。但是，绝对优势理论有一个很明显的缺陷，就是有些国家在市场活动中具有较强的国家竞争力，它能够进行正常的国家贸易，但是它所生产的产品都不具备竞争的能力。

亚当·斯密的绝对优势理论第一次系统地阐述了国际贸易发生的原因，把国际贸易理论纳入了市场经济的理论体系，深入剖析了劳动分工对于提高劳动生产率的意义，肯定了拥有不同优势的国家进行专业化分工、开展自由贸易的双赢性。由此可见，早期对于竞争优势的探讨已经触摸到竞争力框架的主要内容，即挖掘竞争力的来源、寻找影响竞争力的因素。由于研究对象为国民财富，亚当·斯密在微观领域的开创性研究也仅限于贸易产品的竞争优势上，但从国家到产品，再以分工和绝对优势理论将其贯穿起来，亚当·斯密实际上已经创建起竞争力理论的基本轮廓，并确认了竞争力理论所研究的主题。但在现实世界中，如果一些国家在所有方面都具有绝对优势，而一些国家在所有方面都不具备绝对优势，国家间如何分工以及国际贸易将以什么形式开展，亚当·斯密并没有做出回答。

（2）相对比较优势理论

亚当·斯密的绝对比较优势理论，以国家间在某种产品生产具备的绝对成本差异为基础。由于亚当·斯密的绝对优势理论的局限性，无法解释如果一国在所有产品生产中都不具有绝对优势的情况下如何参与国际分工的问题，大卫·李嘉图（David Ricardo）在继承亚当·斯密古典经济学理论的基础上，于1817年发表了《政治经济学及赋税原理》，提出了比较成本贸易理论，被后人称为"比较优势理论"①。大卫·李嘉图认为，跨国分工的基础是生产技术的相对差别（而非绝对差别）。由于在两国之间，劳动生产率的差距并不是在任何产品上都是相等的。每个国家都应集中生产并出口具有比较优势的产品，进口具有比较劣势的产品（即"两优相权取其重，两劣相衡取其轻"）。

大卫·李嘉图从相对效率和成本的角度解释了任何产品都不具备绝对优势的国家，与其他国家发生贸易的原因。大卫·李嘉图的相对优势理论在更普遍的基础上解释了贸易产生的基础和贸易利得，大大发展了绝对优势贸易理论，为跨国贸易奠定了理论基础。其前提条件是假定贸易中只有两个国家和两种商品，生产是在成本不变的前提下进行的且没有运输费用，收入分配也没有变化，不存在规模经济，生产要素市场和商品市场是完全竞争的市场，不存在技术进步、资本积累和经济发展。大卫·李嘉图以这些假定条件为基础，最后论证得到：在跨国贸易中，一国即使在两种商品生产上较之另一国均处于绝对劣势，这国也不需生产所有类别的产品。两国比较，无论一国生产成本是否具有绝对优势，只要存在相对比较优势，国家间的贸易就能使双方均获利。大卫·李嘉图的比较优势理论认为，各国存在劳动生产率和生产成本的相对差别，应该集中生产相对成本较低的产品来换取相对成本较高的产品，竞争力来源于劳动生产率和生产成本的相对优势。

从整体来看，大卫·李嘉图的比较优势理论在加速社会经济发展方面所起的作用是不容置疑的。大卫·李嘉图对国际贸易理论的最大贡献是，首次为自由贸易提供了有力证据，并从劳动生产率差异的角度成功地解释了国际贸易发生的一个重要起因。直到今天，大卫·李嘉图的比较优势理论仍然是许多国家，尤其是发展中国家制定对外经济贸易战略的理论依据。当然，大卫·李嘉图的比较优势理论也存在一定的不足。一方面，在大卫·李嘉图的比较优势理论分析中，比较优势之所以能够成立，完全取决于相互比较的两国在两种商品生产成本对比上"度"的差异。但是，如果只是考察经过高度抽象的"2×2贸易模型"，势必

---

①由于形成国家贸易优势的相对性，为与亚当·斯密的绝对优势理论区别，大卫·李嘉图的比较优势理论亦称为相对比较优势理论。

存在着这样一种情况，即相互比较的两国在两种商品的生产成本对比上不存在"度"的差异。一旦出现此种等优势或等劣势的情况，大卫·李嘉图的比较优势理论将陷入"此优为彼优，无甚可择" 或 "彼劣即此劣，何以权轻"的尴尬境地。另一方面，大卫·李嘉图的比较优势理论，认为世界是静态均衡的观点，也不适合国际产业发展实际。按照大卫·李嘉图的静态分析方法，发达国家主要从事技术或资本密集产品生产而发展中国家主要从事劳动密集产品生产的国际分工格局一旦形成，就很难改变。而实际上，在现实世界中，国际分工格局是经常变化的。即使是处于全球价值链条低端的发展中国家，也可突破大卫·李嘉图强调的"两优取其更优，两劣取其更劣"的国际分工格局，发展一些原来主要局限在经济发达国家的资本或技术密集型行业。

总体来看，大卫·李嘉图的比较优势理论，实际上已更为系统也更为深入地指出了决定国家或区域产业竞争力强弱的因素，在自然资源及生产技术上处于最有利地位的产业，其劳动生产率处于相对较高的水平，那么其产品在国际市场上就具备更高的竞争力。大卫·李嘉图的比较优势理论分析的经济现象涵盖了绝对优势理论研究的经济现象。除了可以应用于国际贸易分析，大卫·李嘉图的比较优势理论还具有广泛的一般适用性，对后来国际贸易的增长与经济全球化理论的发展起到了重要的作用。从19世纪开始，大卫·李嘉图的比较优势理论在西方国际贸易理论中占据了主导地位，成为西方经济发达国家提升本国贸易产业竞争力的理论基础和政策依据。

（3）要素禀赋理论

进入20世纪后，国际贸易进一步发展，国际分工体系逐渐深入，国家之间的竞争与合作关系也逐渐演变成较为完整的国际贸易格局。现实经济与贸易的发展，呼唤学者们对国家间进行国际贸易的根本原因以及国家间进行贸易的根本基础，进行更为深入及系统地研究。李嘉图的比较优势理论中的一些假设不再适合于国际贸易的一些新变化，从而诞生了基于要素禀赋的竞争力理论。要素禀赋论是以绝对优势理论和比较优势理论为代表的古典贸易理论发展到新古典贸易理论的标志性学说。

瑞典经济学家赫克歇尔与俄林两人进一步发扬了比较优势理论，他们的理论被称为赫克歇尔-俄林的要素禀赋理论（Theory of Factor Endowments），即H-O理论。1919年，瑞典经济学家赫克歇尔（E. F. Heckscher）提出了"区域贸易"理论，1933年，他的学生俄林（B. Ohlin）出版了《区域贸易与国际贸易》一书，发展并完善了赫克歇尔的学说。随后，萨缪尔森（P. Samuelson）又补充了这一学说，这些理论被合称为"赫克歇尔-俄林-萨缪尔森定理"。自此，学者们开始注重生产投入要素的资源禀赋衡量和比较。

要素禀赋论以商品价格国际间差异为分析对象，用各个国家的要素禀赋及其导致的要素供给比例解释国际贸易成因，把国际贸易产生的原因归结为两国生产要素禀赋的比例不同和不同产品生产过程中使用的要素比例的不同。其分析逻辑是以要素分布为客观基础，强调各个国家和地区不同要素禀赋和不同商品的不同生产函数对贸易产生的决定性作用。与亚当·斯密的绝对比较优势理论和大卫·李嘉图的相对比较优势理论不同，赫克歇尔-俄林的要素禀赋理论并没有试图去解释贸易国生产率的相对或绝对差异。赫克歇尔-俄林的要素禀赋理论主要是从贸易国初级要素拥有量的差异角度，建构解释国际贸易产生原因[1]。赫克歇尔-俄林要素禀赋理论的研究逻辑，是假定两个国家各个生产部门技术水平相同，两个国家生产要素禀赋的差异也会形成不同的比较优势。按照赫克歇尔-俄林的要素禀赋理论，国际贸易的结果是世界各国出口密集使用本国相对充裕要素的产品，进口那些需要较密集地使用本国稀缺生产要素的商品。

除了上述讨论的从要素禀赋差异到生产要素价格差异最后到两国商品价格差异的解释国际贸易产生的理论外，赫克歇尔-俄林的要素禀赋理论的另一项主要内容为要素均等化学说。俄林在提出要素供给比例理论的同时，还研究了在国际贸易过程中生产要素价格的变化，指出国际贸易将会导致各国生产要素的相对价格和绝对价格的均等化，这就是俄林在研究国际贸易对要素价格影响时得出的著名的要素价格均等化学说。俄林指出，在开放经济中，国际间因生产要素自然禀赋不同而引起的生产要素价格差异将通过要素和商品的国际流动而逐步缩小。赫克

---

①相对于亚当·斯密的绝对比较优势理论和大卫·李嘉图的比较优势理论，要素禀赋理论重在阐明导致跨国贸易国家"优势"形成的要素基础，即它不仅要言明国家贸易是以比较优势为基础的，同时要言明国家优势以国家间的要素禀赋差异为基础。不同产品不同的要素投入结构，是国家进行产品贸易的物质基础。

歇尔-俄林的要素禀赋理论证明，即使生产要素不能通过在国际间自由流动实现最佳配置，国际贸易也可替代要素的国际流动，"间接"推动全球生产要素的跨国最佳配置。

总体而言，赫克歇尔-俄林基于要素禀赋的跨国贸易理论及竞争力理论更深入地探讨了两国商品贸易竞争力的来源，认为在国际贸易中，一国商品的竞争力取决于本国的要素禀赋情况，一国贸易竞争力提高的关键是做到量体裁衣，按照本国的要素禀赋情况确定本国的商品生产结构。在形成对跨国竞争力理论研究的启示方面，赫克歇尔-俄林的要素禀赋理论提出了贸易国在跨国贸易中比较成本优势形成的成因，指出一国资源禀赋的丰缺程度是决定一国的国际贸易分工地位高低及竞争力强弱的基本条件。由于摒弃了相对抽象的生产效率因素，赫克歇尔-俄林的要素禀赋理论相对于仅考虑了劳动分工与劳动生产率的绝对优势理论和比较优势理论，对影响贸易国国际竞争力的因素考虑得更加广泛，对现实的经济解释力更强。

（4）新贸易理论

以20世纪50年代为界，21世纪之前的国际贸易理论大致可以划分成古典贸易理论和新贸易理论两个阶段。古典贸易理论认为贸易的基础是各国之间产品生产的比较优势，即生产的机会成本存在差异。比较优势之所以产生，一方面是因为劳动生产率存在差异（大卫·李嘉图的古典贸易理论），另一方面则是由于国家间要素丰裕度差异和产业间要素差异共同作用的结果（赫克歇尔-俄林的新古典贸易理论）。其主要的理论核心是以技术的绝对和相对差异来解释国际贸易的动因以及国际贸易双方的福利分配，进而指出国际贸易模式应该是发达国家和发展中国家的垂直贸易，各国之间的贸易主要是不同产品之间的贸易，即"产业间贸易"（胡俊文，2006）。

然而，国际贸易的实践表明，第二次世界大战以来，越来越多的贸易发生在资源禀赋、技术水平相似或相近的国家之间，同一产业内同类产品之间的贸易额大大增加，比较优势理论遭到学术界的广泛质疑，传统的古典贸易理论显然无法对此做出解释。尤其是无论是大卫·李嘉图的古典贸易理论，还是赫克歇尔-俄林的新古典贸易理论都只是静态分析贸易行为，而传统的基于静态分析的比较优势理论无法解释，为什么历史上基于比较优势一直是某产品出口国的国家，比如基于比较优势历史上曾经一直是汽车主要生产和出口国的美国，现在是世界上主要的汽车进口国。实践的发展迫切需要对传统的古典（包括新古典）贸易理论做出创新。为解释国际产品内贸易，以迪克西特（Dixit）、斯蒂格利茨（Stiglitz）、克鲁格曼（Krngman，P）、赫尔普曼（Helpman，E）为代表的部分学者，改变了大卫·李嘉图的古典贸易理论及赫克歇尔-俄林的新古典贸易理论中"完全竞争市场"的前提，从规模经济、产品异质性等不完全竞争市场角度，创立了一套新的理论体系，即新贸易理论，从而合理地解释了产业内贸易模式和国家之间双向贸易产生的根本原因①。

迪克西特（Dixit）和斯蒂格利茨（Stiglitz）首先注意到了由规模经济效应引起的国际产业内而不是产业间贸易的问题。1977年，迪克西特和斯蒂格利茨在《垄断竞争和最优产品的多样性》一文中提出了基于规模经济的比较优势贸易理论（简称D-S模型），D-S模型是基于规模经济与消费多样化冲突的理论模型。迪克西特和斯蒂格利茨认为，国际贸易可以通过扩大消费需求的规模，来解决消费多样化和规模经济之间的冲突。在规模经济存在的前提下，在要素禀赋相似和技术水平相当的国家间，仍然可以通过产业专业化分工和国际贸易使参与方获益。国际贸易的产生主要取决于一国在特定行业的规模优势所形成的内生比较优势。

迪克西特和斯蒂格利茨基于规模经济的比较优势贸易理论的创新，在于他们放弃了以外生比较优势的决定因素为研究的出发点，而从规模经济的角度分析了国际分工和贸易产生的原因。克鲁格曼（Krugman,P, 1979）则在斯蒂格利茨基于规模经济的比较优势贸易理论的基础上，结合张伯伦的垄断竞争理论，创立了"新张伯伦模型"，严格地证明了在不完全竞争市场和存在规模经济的条件下，规模报酬递增使得两国在无要素禀赋差别和技术水平差异的情形下，仍然可以通过产品差异化和专业分工，推动贸易的产生，同时使参与国获利。

此后，赫尔普曼（Helpman，1985）和克鲁格曼（Krugman，2001）较系统地提出和阐述了新贸易理论体系，标志着新贸易理论走向成熟。他们将要素禀赋理

---

①按照定义，除完全竞争市场以外的所有的或多或少带有一定垄断因素的市场都被称为不完全竞争市场。新贸易理论主要从可能引起市场不完全竞争的规模经济（内部外部经济）因素角度，阐明跨国贸易形成的基础原因。

论等传统比较优势理论与规模经济、产业内贸易相结合，认为发达国家与发展中国家之间要素禀赋差异的存在，使得这些国家间的产业间贸易仍然广泛存在，比较优势理论依然可以对此做出解释；同时，不完全竞争市场和规模经济的存在，也推动了要素禀赋水平相似的国家间的产业内贸易，国家竞争优势可能不再受要素禀赋等先天决定因素影响，而可能由后天的规模经济因素决定。

由此可见，新贸易理论的主要创新在于，以不完全的竞争市场为基础，论证了在不存在外生比较利益的情况下，一国仍然可以通过规模经济和产品差异化等策略获得产业发展优势。按照布兰德（Brander，1996）和斯潘塞（Spencer，1997）的观点，虽然根据传统比较优势理论，在完全竞争市场的条件下，自由贸易是各国最优的选择，但在现实经济中，完全竞争是不存在的，对于发达国家特别是发展中国家而言，出于培育本国出口企业规模经济优势考虑，应本着不完全竞争的理念，实施战略性贸易政策，保护和扶持本国重要产业内的企业，培育和壮大这些企业和产业的国际竞争力。新贸易理论因此得出了与传统比较优势完全不同的政策结论。

2.2.2 马克思关于竞争力理论

资本与资本之间的竞争关系是资本主义生产关系中极为重要的维度之一。马克思从资本主义生产方式的本质和内在矛盾出发，在研究生产力与生产关系理论、再生产理论和剩余价值学说时就已经涉及了关于竞争力的理论思想，马克思提出的把追求相对剩余价值作为自身增值主要手段的观点，实际上已经集中深刻地揭示了竞争力的实质。

马克思对于竞争力理论的第一个核心贡献，就是提出了在资本主义生产方式下，竞争作为一种外在的强制规律，将迫使资本家把剩余价值系统地投资于技术创新，以提高劳动生产力。马克思提出，资本主义生产方式的基本特征，就在于单个资本对超额剩余价值的追逐，从而实现全部资本对相对剩余价值的追逐。马克思对单个资本对超额剩余价值追逐的分析，肯定了竞争的压力迫使资本家不断地改进技术以提高自身竞争力的可能。

马克思指出，在竞争压力下提升商品竞争力的方法就是降低商品的社会必要劳动时间，提高商品的劳动生产率。在市场上，同一种商品，有许多不同的卖主供应。由于卖主之间的竞争，为此需要卖主用较便宜的费用出售，最好以低于社会必要的劳动时间进行生产，才能用低于市场价格的办法出售更多商品。并且，由于生产厂商的长期议价竞争，商品生产的社会必要劳动时间将降低到一个更低的标准。从长期来看，单个厂商的技术进步及整个社会的技术进步，都源于市场的激烈竞争。竞争是关乎企业竞争力提升的关键。

从马克思关于竞争力的论述中我们可以发现，整个竞争力的形成机制都是围绕商品生产和交换过程中的竞争实现的，竞争既是资本主义生产相对剩余价值的作用手段，又是资本主义促进生产厂商技术创新和劳动生产率提高的重要基础。资本家在相对剩余价值生产过程中所进行的行为，实际上就是为提高自身商品竞争力而做出的行为。按照马克思关于竞争力的论述，一个国家或一个地区较强竞争力的维持，需以当地的市场竞争为基础。

2.2.3 现代工业竞争力理论

随着认识的不断深入，竞争力理论开始进入到更为系统化和科学化的阶段，竞争力理论的研究范畴在深度和广度两个方面都有了重要突破。在研究范畴的深度方向，竞争力理论从传统竞争力理论围绕比较优势及优势来源分析贸易产品竞争力，推导出国家竞争力的研究路线走入了探索现代经济的多元系统分析框架中，大部分的分析也都不再停留在原有的逻辑层面，而转为研究比国家竞争力和产品竞争力更有决定意义的产业竞争力上，并以之为中心构建起整套的评价标准和指标体系；在研究范畴的广度方向上，竞争力理论不仅涵盖原有国际贸易理论的研究内容，更将其应用至区域竞争力、城市竞争力等领域，现代竞争力理论及实证分析方法得到了进一步的发展和完善。从研究情况来看，近些年相关领域的研究进展主要集中在对竞争力内涵的理解以及评价体系的构建上。除了学者对竞争力理论进行的研究之外，许多研究机构也致力于研究并评价国家或区域的竞争力，为推动竞争力理论与实证方法的完善做出了卓越的贡献。

（1）国家竞争优势理论

对竞争力理论范式做出突破性贡献的是美国哈佛大学商学院教授迈克尔·波

特（Michael Porter）。他在20世纪80年代发表了有关国家、区域及产业竞争力的著名"三部曲"，即《竞争战略——分析产业和竞争者的技术》《竞争优势——创造和维持优良绩效》和《国家竞争优势》，系统地提出了自己的竞争优势理论。波特的竞争优势理论打破了传统对国家竞争优势主要来源于对自身比较优势比如自身资源比较优势开发的认识，让人们对竞争力的认识重新聚焦到宏观的国家或区域层次而不是微观的企业层次。

在波特之前，由于世界经济中出现的产业全球化和企业国际化现象，当时的人们认为企业的国际竞争已不具有国家的意义，由于跨国企业已成为超越国家的组织，对竞争力的研究应主要集聚到企业层面，而不是宏观抽象的国家层面[1]。但波特并不同意这种观点，他认为经济发展的事实是，几十年来，在具有某些特点的产业或行业中，竞争优胜者一直集中在少数国家并保持至今，国家可能仍是影响区域产业竞争力最主要的因素。波特认为不能离开国家讨论产业或企业竞争力的根本原因在于，竞争优势通过高度的当地化过程是可以创造出来并保持下去的，国民经济结构的差别、价值观念、文化传统、制度安排、历史遗产等种种差别都对竞争力有深刻影响。竞争全球化并没有改变产业母国的重要作用，国家仍然是支撑企业和产业进行国际竞争的基础。因此，站在相对宏观的国家角度，国家仍是影响企业或产业竞争力最主要的因素。波特认为，在国际分工中，有了比较优势并不一定就拥有竞争优势。波特的国家竞争优势理论与大卫·李嘉图的相对比较优势理论及赫克歇尔–俄林的要素禀赋理论，得出的政策启示是不同的。

为了说明国家支撑企业和产业竞争力的重要作用，波特分别从微观层次、中观层次和宏观层次对有关竞争优势方面的问题做了系统的研究。

首先是微观竞争机制。波特认为，国家竞争优势的基础是其企业内部的活力。企业不思创新就无法提高生产效率。对企业而言，由于企业完整的产业增值活动需要通过研究、开发、生产、销售、服务等环节才能实现，为此国家要提高竞争优势，就必须为企业提供良好的区域合作环境，完善企业的价值链合作。区域企业的价值链合作，不仅包括企业内部的各链式合作，而且还包括与供应商及与

---

[1] 此时国家的概念，强调的是履行经济管理职能、对辖域内经济行为主体全方位提供公共服务的行政主体概念。

顾客之间的链式合作。

其次是中观竞争机制。在这一层面，波特的分析着重由企业转向产业、区域等范畴。波特认为，从产业角度来看，单个企业价值链的增值，不仅取决于企业的内部要素，而且有赖于企业的前向、后向和旁侧关联产业的辅助与支持。从区域上看，由于现代全球经济的大背景，企业可通过跨区域的合作提高自身的竞争力。在企业的区域布置上，由于企业的投入要素可以从许多不同的地区获取，出于寻求满意利润和长期发展的目的，企业通常将其研发部门、生产部门和销售服务部门按照地区的比较优势进行分割和整合。企业往往将研发部门设置在交通方便、信息灵通的大城市，同时将生产部门转移到劳动力成本低廉的地区。企业这样做的目的，是利用价值链的空间差，降低生产成本，提高自身竞争力。

最后是宏观竞争机制。单独的企业或者产业的竞争优势并不能带来国家竞争优势。国家竞争优势来自于生产条件、相关和支撑产业、需求因素、企业战略结构与竞争四个因素的整合作用。波特把生产条件因素分为基本要素和高级要素两类。基本要素包括自然资源、气候、地理位置、非熟练劳动力、债务资本等一国先天拥有或不需大代价便能得到的要素；高级要素包括现代化电信网络、高科技人才、高精尖技术等需要通过长期投资和后天开发才能创造出来的要素。波特认为，在全球化经济的趋势下，自然资源已经不能对生产率增长产生很大影响，而且这种影响正在逐渐变小。与之相对的，是可以通过后天努力获得的人力资本和基础设施改善的作用正在不断扩大。高等要素的获得是一国行业竞争取胜的重要条件。需求因素包括国内及国际市场的需求状况，其中国内市场的需求极为重要。本国市场的需求量大，将更有利于企业的迅速发展，一般企业的投资、生产和市场营销都是首先从本国需求来考虑的。而在国内与外国企业的竞争中，企业的产品质量反应能力将会逐渐跟上国际水平，甚至在国际竞争中保持领先优势。企业战略结构和竞争是另一重要因素。不同属性的产业和部门的特点也不尽相同，因此，要根据产业和部门特点制定适合自身生产率增长的战略，联系实际地调整企业结构，从而提高竞争优势。

波特认为，一国或地区的竞争优势是其在世界市场竞争中实际显现的优势。代表竞争优势程度的变量可以使用市场份额等指标定量，也可以用影响市场需求、激励竞争机制环境的形成等各种因素。波特将影响经济系统发挥竞争能力的因素总结为包括四个基本决定因素和两个辅助因素的复杂体系。按照波特提出的绝对国家竞争力的"钻石模型",影响国家竞争力的四个关键因素是:生产要素状况,需求状况,相关与辅助产业状况,公司经济策略、结构与竞争方式。这四个关键因素相互作用创造了国家竞争环境,对一个国家国际竞争优势的形成至关重要。此外,波特认为,一国所面临的机遇和政府所起的作用对国家整体竞争优势的形成也具有辅助作用。波特主张政府应当在经济发展中起催化和激发企业创造力的作用。政府政策和行为成功的要旨在于为企业创造一个宽松、公平的竞争环境。政府对国家竞争力的作用主要通过资本市场、补贴、生产标准、竞争条例等方面政策来影响和促进四类因素,从而直接影响该国产业发展的竞争环境。以上六个因素的相互联系与影响关系如图2-1所示。

波特将国家经济发展分为生产要素导向阶段、投资导向阶段、创新导向阶段和富裕导向阶段等四个阶段。波特认为,由于国家竞争优势的动态性变化,一国在生产要素导向阶段、投资导向阶段、创新导向阶段和富裕导向阶段的竞争驱动力是不同的。在生产要素导向阶段,国家竞争优势主要依赖基本生产要素。在投资导向驱动阶段,国家竞争优势的确立主要以国家和企业的投资意愿和投资能力为基础。在创新导向阶段,国家竞争优势以技术创新为基础。在富裕导向阶段,国家竞争优势的基础是已有的财富。

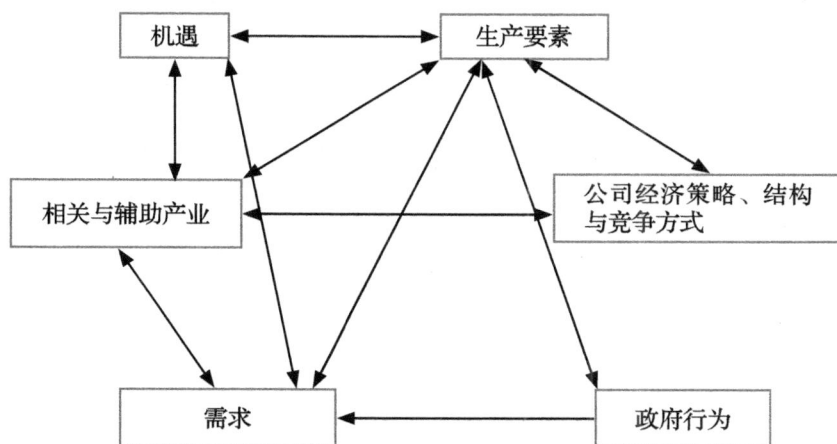

图2-1 波特的"钻石模型"

　　总之，波特"钻石模型"的主要贡献，并不在于它对衡量国家竞争优势问题所提供的解答，而在于它的分析框架，这一框架是具有突破性的，是全新的系统分析理论。波特提出该理论的初衷在于肯定国家的作用，构建对国家、区域及产业竞争力探讨与衡量的一种标准。波特"钻石模型"对于我们分析区域工业竞争力的启示是，一国的贸易及产业竞争优势并不像传统的国际贸易理论宣称的那样简单地取决于一国的自然资源、劳动力、利率、汇率，而是在很大程度上取决于一国的产业创新和升级的能力。波特的分析思路突破了以往关于比较优势来源等理论的各种分析方法，建立了产业竞争力研究的全新理论分析框架。他认为，国家竞争优势说到底，主要取决于一个国家的创新机制，取决于该国企业的后天努力和进取精神。只要为该国的产业企业提供适宜环境，一个后进的国家也有可能成为有竞争优势的国家。一个国家或区域若能为那些劳动生产率提高最快、新技术发明发展最快的产业部门提供一个合适的创业创新环境，这一国家或区域的整体劳动生产率就会以高于其他国家或区域的速度发展，就是有竞争优势的。本书将重点借鉴波特的"钻石模型"，对温州工业竞争力进行系统的比较研究。

　　当然波特的"钻石模型"也有它的研究缺陷。本书主要借鉴波特的钻石模式系统地研究温州工业竞争力。由于波特的"钻石模型"主要针对的是发达国家，韩国经济学家赵东成（Dong-Sung Cho，2000）对该模型是否适用于发展中国家做了检验。赵东成认为波特的"钻石模型"主要用于解释发达国家的产业竞争力，这一理论应用于欠发达或发展中国家时，则需要加以修正。赵东成认为发展中国家的新的衡量竞争力模型应符合以下两个目标的要求：一是应该能够更好地评估创造发展中国家国际竞争力的因素，二是应该能说明一国如何增强其国家优势。赵东成立足于韩国的现实状况，构造出了一个衡量发展中国家产业竞争力的九因素模型。他认为一国产业竞争力是由资源禀赋、商业环境、相关与支持产业、国内需求、工人、政治家与官僚、企业家、职业经理和工程师、机遇（偶然事件）九个因素决定的。赵东成认为资源禀赋、商业环境、相关与支持产业与国内需求四种因素可以总结为决定国际竞争力的物理因素，工人、政治家与官僚、企业家、职业经理和工程师这四种因素可被认为是决定国际竞争力的人力因素，外部偶然事件则是国际竞争力的第九个因素（如图2-2）。

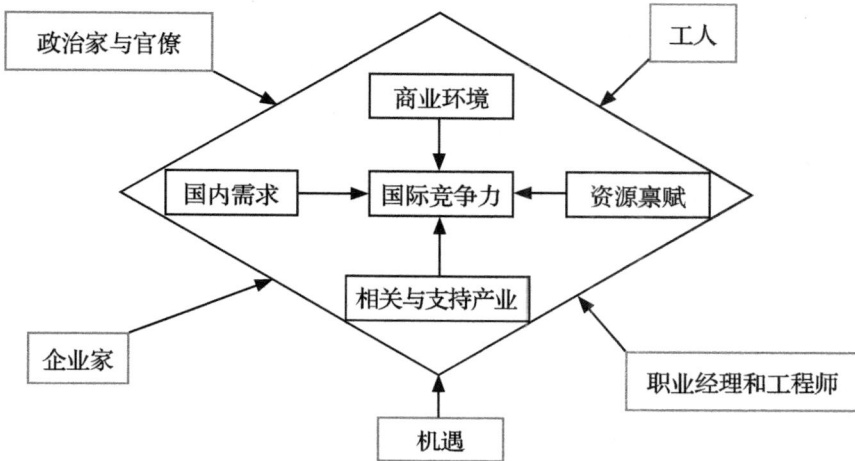

图2-2 九要素模型

（2）产业区理论

近30多年来，区域在全球经济发展中的作用愈加凸显，产业区作为促进区域经济社会竞争力的重要模式，受到了国内外学者的广泛关注。产业区理论主要源自马歇尔的产业区理论以及意大利产业区学派对马歇尔产业区的重新解读，主要强调中小企业主导的本地生产系统及其对地方文化的嵌入对当地经济发展的重要作用（Belussi，2007）。该理论注重借鉴马歇尔等人构建的理论框架，从外部规模经济及社会层面的地域文化角度构建解释区域工业及其他产业竞争力形成的理论框架（见图2-3）。

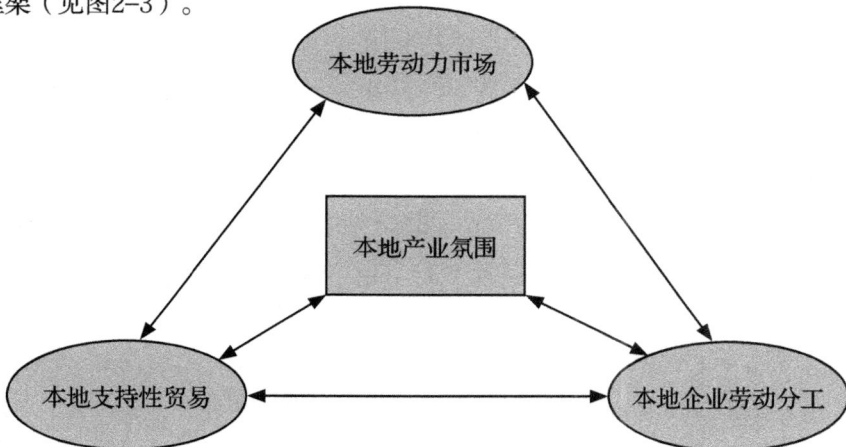

图2-3 马歇尔产业外部性经济的三维模型

19世纪末20世纪初，英国还处于工业化过程之中。马歇尔基于他对当时Sheffield 的刀具工业和West Yorkshire 各种毛纺织区的观察，提出了"产业区"的概念，认为产业区作为与大企业相对应的产业组织模式，是同一产业中大量小企业的地理集中，这种集中同样能够获得大规模生产的许多好处，并且这种地方产业系统与当地社会具有强烈的不可分割性。由此，马歇尔认为产业区主要具有两方面特征：一是同一产业包括工业企业的大量集聚能够产生本地化的外部规模经济（External Economies），具体包括高度专业化的劳动分工、共享的劳动力市场、辅助性产业和专业化供应商的发展等；二是在社会层面有地域文化特性，产业区与当地社会之间具有不可分割性，产业区内共同的文化、价值观念、行为方式等形成的"产业氛围"（Industrial Atmosphere）能够降低企业间的交易费用，促进技术的产生与扩散，增强企业的创新活动等（Marshall, 1930）。马歇尔认为，同一产业的大量企业的地理集聚可以产生地方化的外部规模经济（即地方化经济）。

19世纪末20世纪初，马歇尔定义的产业区作为与大企业相对应的制造业组织模式，在当时的工业化与区域发展中占据着主导地位。但伴随着以标准化产品的大批量生产和大众消费为特征的福特主义的推行，尤其是在第二次世界大战之后，大企业在国民经济中的地位迅速上升，学术界也迎来了一个以大企业为核心的新时代，马歇尔所定义的产业区的作用明显下降，人们对其研究的兴趣也大大减弱。但到20世纪70年代，社会经济形势发生了明显的逆转。资本主义"黄金"增长时期的结束，意味着大企业的福特主义生产模式已发生严重危机。并且，令人欣喜的是，产业区模式在以中小企业为主的国家和地区（如意大利、德国巴登-符腾堡等地区）一直有较好的发展绩效，也在一定程度上推动了产业区理论的复兴。

产业区研究的复兴热潮首先源自20世纪70年代意大利一些社会学者与经济学者对意大利中部和东北部地区的研究。直到20世纪60年代，意大利经济一直被认为是二元的：发达的、以大企业为主导的西北部与不发达的、以小企业为主导的南部、中部及东北部。Bagnasco（1977）率先提出了"第三意大利"的概念，认为意大利中部和东北部地区的发展与意大利传统工业化发达的西北部以及不发达的南部存在明显差异，其典型特征是中小企业集群与部门专业化。Becattini（1979）认为"第三意大利"地区的发展模式与20世纪初马歇尔提出的产业区非常相似，因此倡导用马歇尔的产业区理论对其进行解释，从而掀开了马歇尔产业区理论复兴与产业区理论论争的序幕。很快，意大利产业区的发展经验开始引起欧美学者的研究兴趣。20世纪80年代初，美国社会学家Sabel与Brusco，Piore等学者合作，首次提出了"弹性专业化"（Flexible Specialization）的概念。1984年，Piore与Sable合作出版的《第二次产业分工》，基于意大利、德国（西）以及日本的经验材料，对弹性专业化思想进行了深入的阐述。在这本有影响的著作中，他们采取历史社会学的方法，通过对工业化国家20世纪70至80年代福特主义标准化大规模生产体制危机的分析，提出了资本主义向后福特主义弹性专业化生产体制转型的观点，极力推崇意大利基于专业化的、技术先进的中小企业空间集聚的工业发展模式，并将其作为弹性专业化生产的典范。从此，弹性专业化的工业发展模式开始受到国际学术界的广泛重视，并有力地促进了对"产业区"现象研究的复兴。

至于对区域工业及其他产业竞争力的解释，传统的产业区研究主要强调内生发展模式的重要性，忽视本地网络与全球网络之间的联系。随着全球化进程的深入，产品、服务、知识和人员在全球范围内的流动不断增强，产业区相对封闭的本地网络开始转变为嵌入于全球经济的开放网络。新产业区理论从企业与其所处的社会经济文化环境之间的互动关系入手，研究企业集群的空间结构。新产业区中网络结构的产业组织可以获得学习上的优势，利于形成区域文化，促进产业结构新的调整和变化。根植于共同文化背景和制度环境基础之上的区域网络的创新，将会推动区域创新环境的改善，而区域创新网络和区域创新环境的互动共进将进一步推动产业集聚和新产业区的发展。Chiarvesio（2010）提出近年来领导企业是产业区国际化和创新的主要力量，对于促进产业区的转型具有重要作用。但是，这并不意味着产业区的系统功能不再重要。事实上，"产业区集团"的形成与发展仍然高度依赖于本地系统的支持。因此，产业区的研究应强调中观系统视角与微观企业视角的结合，并注重企业战略行为对产业区演化的影响作用。

由于理论的传播时滞，国内学者对"产业区"理论的探讨起于20世纪90年代初，并将国外文献中的地方案例与国内的产业区相对应。1988年，张蕴岭等人最早介绍了意大利艾米利亚-罗马格纳、德国巴登-符腾堡州等地的新产业区现象。王缉慈（1994）首先将国际上新产业区的概念引入国内。在国内，李小建（1997）第一个较为系统地将我国农村工业化地区与新产业区进行了对应。李小建认为"（类似于温州的）这些'村村点火，处处冒烟'的农村工业根植性强，企业联系密切，完全有可能发展成为新产业区"。其后，受这些学者的开拓和启发，"产业区"表述甚至出现在浙江（温州）的官方语系中[1]。进入21世纪之后，产业区理论研究进程在我国加快，产业区理论研究与我国地方经济争相繁荣。吴贵生、魏守华（2007）对"温州模式"从产业区视角进行了系统阐释，认为传统的"温州模式"类似于最初的马歇尔产业区（the Classical Marshallian Industrial District，MID），即利用外部规模经济获得竞争优势的小企业在区域上集聚。"温州模式"实际上代表了一种成功的区域发展路径，即以小规模制造和以市场导向的灵活生产、内生化增长为特征的家庭企业为中心，并辅以本地分销网络、多年的本地资本积累和地方"厚"制度等条件。徐剑光、魏也华、宁敏越（2013）从产业区视角概括了对"温州模式"的研究，认为20世纪80年代的温州更类似于传统的马歇尔产业区。温州马歇尔产业区的兴起是产业特定要素在地方的固定，偶然事件和地区历史传统是不可或缺的条件。

总体而言，产业区理论的初衷主要是解释为什么大量企业集中在一起会比单个孤立的企业更有效率，它借助的是外部规模经济视角。在总结解释影响区域工业竞争力的因素方面，由于产业区理论提供了一个从外部规模经济视角关注区域工业竞争力的方法，让学者在研究区域工业竞争力时摆脱了市场完全竞争的理论假设传统。按照产业区理论，地区工业竞争力的形成与地区提供的不完全竞争的外部规模经济环境有关。

（3）集群创新理论

集群创新理论是在产业区理论基础上发展起来的。由于现代工业竞争力主要体现在工业企业对区内要素的创新利用上，国内外学者对区域工业竞争力的研究，已转移到对产业区提供的集群创新环境上，集群创新理论就是在这样一个时代背景下产生的。

集群式创新（Clustering-Innovation），可以简单地理解为运用集群优势进行技术创新。它是在一定地域内相对集中或邻近的同一产业或相关产业的企业，以

---

[1]官方报道的产业区概念，最早出现在2000年6月召开的21世纪浙江民营经济（非国有经济）国际合作研讨会上。

专业化分工和协作为基础而产生创新聚集效应，获得集群式创新优势，通过竞争和合作创新，提升集群竞争力和区域国际竞争力的一种创新组织形式。刘友金（2004）首次明确提出了集群式创新（Clustering-Innovation）概念。按照刘友金等人的研究，集群式创新组织方式介于纯市场和纯层级两种组织之间，集群式创新比市场组织稳定，比层级组织灵活。集群式创新尽管是以企业或其他创新行为主体自组织或有组织的地理集中为基础，但需要指出的是，仅仅是企业或其他创新行为主体在地理位置上的集中或靠近所形成的无组织混合体不能称为集群式创新，而只能算企业扎堆现象。集群式创新以同一产业或相关产业的企业集中为基础，强调集群中企业间的互动行为，注重集群企业的产业联系和技术联系，目标是获得集群企业的创新链优势。

集群式创新网络之所以会成为影响区域工业竞争力的主要因素：一方面是因为区域集群式创新网络介于市场和科层的灵活关系，为区域工业企业提供了一个不断降低研发创新成本的创新环境，这对现代工业企业的竞争力的提升起了关键作用；另一方面，集群创新网络分布是非线性和非均匀的，由于集群创新网络易于在区域之间形成空间集聚分布，这意味着集群创新网络在某一区域的形成可能是偶然的，但一旦形成，集群创新网络就可以构成某区域吸引其他区域创新要素的集聚洼地，因此对该区域的创新或工业产业发展极为有利，相反，对某些尚未形成集群创新网络的区域，则极易形成创新或工业产业发展的贫穷诅咒，越落后越难发展，因此，集群式创新网络因素已成为现代工业企业竞争力研究主要引用的因素。熊彼特最先对集群创新网络的空间集聚性做了研究，认为创新不是独立事件，而且不是在时间上均匀地分布，区域集群式创新网络趋于群集。熊彼特认为，集群创新网络总是成簇地在全球某些地方发生，集群创新网络并不是随机地平均地分布在整个经济系统中，它是发生在这些经济系统中的某一些部门及其邻近部门。部分学者对集群创新网络空间集聚的观点进行了实证的检验，比如Porter（1990）、Asheim（1997）等分析了集群创新网络在空间上具有的集群分布特性。Porter（1990）等指出，创新已由最开始的分散的企业独立行为逐渐向集群创新转变，集群创新网络空间集聚分布的特征明显。

国内学者对影响区域工业企业竞争力的集群创新网络因素也时有关注，但国内学者对集群创新网络因素的关注，多放在集群创新网络因素的创新合作促进或创新成本节省方面，对集群创新网络因素的空间集聚效应影响，国内学者关注较少。曾忠禄（1996）认为产业集群是指同一产业的企业以及该产业的相关产业和支持产业的企业在地理上的集中。王缉慈（1992）、盖文启（2001）等将孕育集群创新网络的产业集群描述为"新产业区"现象，强调的是指大量的中小企业在一定地域范围内集聚成群。在形成的集群创新网络中，集聚区内的企业在生产经营中进一步进行专业化分工，并在市场交易与竞争过程中形成密集的创新与生产合作网络（包括正式的和非正式的）。魏守华、石碧华（2002）指出集群创新网络的技术创新优势不同于传统的产业集群优势，传统的产业集群优势可以通过直接经济要素的竞争优势和非直接经济要素的区域创新系统两个方面体现出来，直接经济要素的竞争优势具体表现为生产成本优势、基于质量基础的产品差异化优势、区域营销优势、市场竞争优势。相对于传统的产业集群优势，集群创新网络优势是对传统集群优势的升华。彭宇文（2012）基于理论建构考虑，对集群创新网络进行了较为系统的论述。彭宇文认为，集群创新网络是一种具有较为规范的"网络范式"特征的技术创新组织形式。集群创新网络伴随传统产业集群成长及其技术创新组织形态的演进而持续完善。

（4）产品生命周期理论

产品生命周期理论是美国哈佛大学教授雷蒙德·弗农（Raymond Vernon）于1966年在《产品周期中的国际投资与国际贸易》一文中首次提出的。雷蒙德·弗农基于对事实的观察，以美国跨国公司对外直接投资行为作为研究范本，将国际贸易中的比较利益动态化，对决定不同国家产业竞争力高低、影响国际贸易和国际投资流向的因素进行了分析，并提出了产品生命周期理论。雷蒙德·弗农的产品生命周期理论认为：任何一种产业和产品都要经历产生、成长、成熟、衰退的周期，而处于不同阶段的产业或产品在不同国情、不同经济发展水平、不同技术水平的国家，发生的时间和经历的过程是不同的，其间存在一个较大的差距和时差。并且，正是因为这个时间差，让处于不同阶段的产业或产品在不同国家表现出不一样的竞争力。一种产业即使在技术水平发达的国家处于衰退期，但它的竞争力在技术水平欠发达国家却可以强于某些处在成熟期的产业。雷蒙德·弗农的产品生命周期理论揭示一个国家的国家竞争优势是不断转移的。一个国家要提高自身的竞争力，除了需要按照自身的资源禀赋确定本国在国际分工中相对静态的水平位置之外，最为关键的是能够按照产业或产品所处的阶段特征，做到相机（非静态）选择适合本国技术特点的产业或产品种类。

具体来看这四个时期：

1）开发（引入）期

这一阶段是指产品从设计到投入市场进行市场化的阶段。新产品投入市场，便进入了介绍期。产品的研发与创新需要企业大量投入，由于顾客对产品的接受还需要一定时间，生产者为了扩大销路，不得不投入大量的促销费用，对产品进行宣传推广。处于该阶段的产品，由于生产技术方面的限制，通常产品生产批量小，制造成本高，广告费用大。由于没有形成规模效益，企业通常不能获利。企业产能需要逐步拉升，较低产量导致企业销售量极为有限。处于这一阶段的产品，只有相对发达的国家才可能有生产的竞争优势。

2）成长期

当产品经过引入期，试销取得成功之后，便进入了成长期。在这一阶段，产品逐渐被市场购买者接受。在市场上，由于产品的需求量和销售量迅速上升，产品的规模经济效应导致企业生产成本大幅下降，利润提高。竞争者看到有利可图便进入市场，使产品供给量增加，价格下降，企业利润增长速度因此转缓。但由于此时国外市场国际竞争企业尚未掌握这种技术，所以创新国仍然保持优势。

3）成熟期

当产品大批量生产并稳定地进入市场销售后，产品便进入成熟期。在这一阶段，产品的生产技术已经成熟，产品可以实现相对的标准化生产，创新国的产量达到最高点。随着技术外溢，国际市场上开始出现其他国家生产的仿制品。由于竞争的加剧，导致同类产品生产企业之间不得不在产品质量、花色、规格、包装服务等方面加大投入，在一定程度上增加了成本。在该阶段，研发费用投入占比不断降低，国家之间的竞争主要体现在对廉价的产业工人竞争方面。

4）衰退期

指产品进入淘汰阶段。随着模仿国生产能力扩大、生产技术改善，产品已完全沦为一些以廉价劳动力为支撑国家的主业。当模仿国的生产能力可以满足本国需求时，其产品会逐步扩散到海外市场，产品出口流向从原来的从创新国流向模仿国，变为从模仿国流向原来的创新国。此时，作为产品原产国的销量开始出现衰退，创新国也因此失去比较优势。

由此可见，弗农的产品生命周期理论，强调了国家竞争优势的动态性。一方面，在产品生命周期的不同阶段，制造该产品所投入的要素比例是连续变动的，在产品整个历史生命周期中，生产某产品的要素会从产品初创期对研发、资本等要素的高要求，转为成熟期或衰退期对廉价劳动力要素的高要求。另一方面，由于本国的要素禀赋不同，创新国和一般发达国家以及发展中国家在产品生命周期的不同阶段，具有不同的比较优势，参与国际贸易的国家所获得的比较利益也在动态地转化着。根据这一理论，在现代国际贸易中，产品技术变化非常迅速，即使在技术上领先的国家，也不能永远垄断某产品的生产。由于产品投入要素的变化，一个国家主导产业的选择应该相机而动。一个国家因为技术、管理、产业工人能力等要素差异，会位于不同的贸易阶段。总之，该理论很好地反映了当代国际竞争中创新与模仿这一竞争特点，也从另一侧面揭示了工业竞争力的又一来源。

（5）熊彼特的技术创新理论

现代竞争力理论早期最有代表性的学说是约瑟夫·熊彼特（Joseph Alois Schumpeter）的"创新说"，他在《经济发展理论》一书中提出了经济创新的概念，第一个突破了近代关于竞争力的"绝对优势""比较优势"和"要素禀赋"等古典竞争力学说。1912年，他在书中提出了"创新"学说概念，并形成了自己的创新理论体系，认为创新是将原始生产要素重新排列组合为新的生产方式，以求提高效率、降低成本的一个经济过程。"创新"对企业竞争力具有决定性作用，当竞争对手无法或没有迅速察觉新的竞争趋势时，最先发明创新的企业可能因此改写彼此的竞争态势，也就是说，不断创新的企业具有强大的竞争力。在他构造的经济模型中，能够成功"创新"的人便能够摆脱利润递减的困境而生存下来，那些不能够成功地重新组合生产要素的人，会最先被市场淘汰，他的理论强调了人力资源的重要性，这是影响竞争力的重要因素之一，是地区经济发展的内在动力。

按照熊彼特的技术创新理论，创新是一个国家、一个区域及一家企业最为关键的竞争要素。为推动创新，熊彼特认为一是要锻造企业家的创新精神。在熊彼特看来，创新之所以发生，是因为企业家的创新精神。企业家与只想赚钱的普通商人和投机者不同，企业家对胜利的热情，对创造的喜悦，是造就经济创新活动的基础。企业家的多少已成为衡量一个国家、一个地区经济发展程度高低的重要指标。二是要政府发挥好有形手的作用，适时制定落实相关科技政策。技术创新活动是一个完整的链条，这一"创新链"具体包括：孵化器，公共研发平台，风险投资，围绕创新形成的产业链、产权交易、市场中介、法律服务、物流平台等。政府应该针对创新的链式特征，完善区域创新生态，形成创新由区域科技创新政策、创新链、创新人才、创新文化等共同推动的局面。

与波特"钻石模型"的贡献一样，熊彼特的技术创新理论也为我们衡量一个国家的竞争优势，提出了一个新的分析框架。按照熊彼特技术创新理论提供的分析框架，由于创新的重要作用，对一国贸易及产业竞争优势的分析，此时并不能像传统的国际贸易理论宣称的那样，简单地将决定于一国竞争优势的因素归结为自然资源、劳动力、利率、汇率等因素。随着科技进步的加快，一国的竞争力将越发取决于对本国已有的生产要素的创新使用上。熊彼特的技术创新理论较为强调企业、市场与政府的综合发力对一国或一区域创新竞争力提升的重要作用。在研究中，熊彼特强调了"新组合"的实现过程，侧重研究了新生产函数、新组合如何通过新企业引入经济系统的过程，因此从总体上，熊彼特的技术创新理论是一种以技术变革、科技推动为核心的"技术推进论"，在经济革新领域总体属于供给学派。本书将结合我国供给侧结构性改革，重在借鉴熊彼特的技术创新理论，对温州工业竞争力进行系统比较，构建反映温州工业竞争力的指标体系。

2.2.4 我国工业竞争力研究

受我国1978年启动的市场化改革影响，我国的专家学者在计划经济年代对竞争力问题关注较少。我国的专家学者对竞争力问题的真正关注始于20世纪80年代，国内专家学者大多都借鉴了亚当·斯密的绝对比较优势理论、大卫·李嘉图的相对比较优势理论、波特的"钻石模型"理论和熊彼特的技术创新理论等，并针对我国的特殊情况做了适度的调整和修正，其中也涉及城市或地区工业竞争力比较问题研究。国内专家学者对竞争力问题的研究，除了涉及一般的产业竞争力及区域竞争力问题外，还有部分学者对相对具体的区域工业竞争力问题进行了专门的研究。概括起来，有以下一些研究：

国内较早研究竞争力问题的学者如狄昂照、吴明录等（1992），在其完成关于"国际竞争力的研究"重大课题之后，出版了我国第一本论述国家竞争力的专著。狄昂照、吴明录等完成的专著《国际竞争力》，讨论了国际竞争力的概念，将国际竞争力分为商品竞争力、企业竞争力、行业竞争力与国家竞争力四个方面，用多指标方法评价了亚太15国（地区）的国际竞争力，重点从国际市场占有率指标方面对国家间的竞争力进行比较。狄昂照、吴明录等对区域工业竞争力问题没有进行专门的探讨。

金碚分析了中国产业或企业的竞争力问题。金培是国内第一位借鉴波特"钻石模型"研究我国竞争力问题的学者。他认为，任何国家在经济发展过程中，产业国际竞争会经历具有不同特征的发展阶段。在产业国际竞争的不同阶段，一国不同产业的国际竞争力及其决定因素会发生显著的变化，整个国家的产业结构也会发生重大变化。金碚认为，如何将国际竞争力问题研究纳入经济学体系中一直是对竞争力理论研究的一个重大挑战。由于国际竞争力问题是一个非常复杂的现象，对竞争力可以以不同的假设条件为前提。经济学的各个分支学科都可以为国际竞争力研究做出贡献。

1996年，由原国家体改委经济改革研究所、中国人民大学、深圳综合开发研究院组成联合研究组，每年参照世界权威性的国际竞争力评价机构对中国国家竞争力进行一次评价，从总体上和若干侧面对我国国际竞争力进行了排序分析，出版了《中国国际竞争力发展报告》，这是目前国内对中国国际竞争力进行的最全面也最值得参考的实证研究。在2003年，该课题组应用IMD和WEF国家竞争力评价机构的做法，即八大要素体系和最新的四大要素体系，对区域竞争力问题进行了研究，其中该报告第4章对中国区域竞争力问题进行了专门研究，以求了解提升我国区域竞争力的持续创新基础。由于该课题组运用的评价体系与IMD和WEF同步，因此其评价体系没有充分强调出区域工业竞争力所特有范畴内的研究对象，其指标也借鉴IMD和WEF的评价体系，因此其所研究的范畴实际上仅限于区域竞争力而没有更为深入。

武义青及其所在的课题组（2000）提出了一个区域工业竞争力的评价模型并对中国省域工业竞争力进行了评价。该评价指标体系包括产品销售率因子、增加值率因子和生产率因子三个部分，普适性较强，不仅适合我国地区工业竞争力的评价，也同样适用于我国企业竞争力、行业竞争力、国家竞争力评价。然而由于较为强调评价指标体系的普适性，在该评价指标体系中，影响我国区域工业竞争力的主要指标涉及不全。

余平（2010）借鉴自然生态概念，提出了一个产业生态竞争力概念。产业生态环境是由企业依赖生存、发展的所有利益相关者群体与外部环境所形成的一种复杂的生态系统。自然生态系统与产业生态系统之间除存在着结构相似性和功能相似性外，还存在着特征相似性。根据自然生态系统与产业生态系统的相似性，结合产业生态系统自身的特点以及参考产业竞争力的相关理论，余平给出了产业生态竞争力的相关定义。余平指出，所谓产业生态竞争力，是指整个产业重视对生态环境的影响与互动，将和谐共生和协同进化的思想用于产业内生产、管理的各个环节，提高资源生产的利用效率，减少废弃物的产生与排放，从而建立起一种可持续发展外部比较优势。

魏后凯、吴利学（2002）在对已有研究成果进行简要回顾的基础上，提出了一个衡量地区工业竞争力的基本理论框架。魏后凯等认为，地区工业竞争力取决于单个企业的核心竞争力及其群体优势，并主要体现在市场影响力、工业增长力、资源配置力、结构转换力和工业创新力上。地区工业竞争力是由市场影响力、工业增长力、资源配置力、结构转换力和工业创新力有机构成的综合体。魏后凯等设计了一个简便的测度地区工业竞争力的综合评价指标体系，并据此对我国东部、中部及西部地区的工业竞争力状况进行了初步评价。从魏后凯等构建的指标体系中可以看出，其主要评价指标集中在工业经济实力、绩效及科技进步与技术创新能力上，对于政府竞争力及企业管理能力、环境保护及污染治理方面都没有涉及。

曾鹏、熊文（2005）根据地区工业竞争力测定方法，设计了一个包含我国各省市区的工业竞争力的评价指标体系，对地区工业要素生产率、竞争优势和竞争力进行了测定，并采用因子分析法对影响中国大陆31个省区市工业综合竞争力水平的主要因子做了进一步因子分析。通过对中国三大区域的比较，发现我国工业发展的东西部差距呈进一步扩大的趋势，而生产率发展不平衡是最主要的因素。曾鹏和熊文的指标体系也以工业经济实力和工业经济绩效为主，对支撑地区工业经济发展的潜力因素关注不足。

林秀梅、宋晓杰、郝华等（2007）认为工业竞争力是处于工业化中期国家或地区经济发展实力的标志，正确评价一个国家或一个地区的工业竞争力是该国或该地区竞争增长的基础。林秀梅依据2000至2004年的数据，采用因子分析法，对我国其中29个省份的工业竞争力进行了比较研究，发现影响我国区域工业竞争力的主要因素有科技创新力、规模产业实力、基础设施条件、市场开拓力和产出效率等5个方面。林秀梅等构建的评价我国区域工业竞争力的指标体系包括规模产出、产出效率、市场影响力、科技转换率、技术创新实力、信息化水平、对外开拓力与市场竞争环境、基础设施条件以及生态竞争力等共25个二级指标。由于构建的指标较多，林秀梅等的实证分析对我国地区工业竞争力的比较较为全面。林秀梅等主要从企业及市场角度构建反映我国地区工业竞争力的评价指标体系，由于政府与市场作用的互补性，林秀梅等人构建的指标体系需要进一步补充测量区域政府竞争力的因素指标。

从现有我国关于工业竞争力所进行的研究看，我国学者对区域工业竞争力问题的长期关注，或多或少都对本书研究的内容有所涉及，但在理论基础或者在综合评价指标体系上，现有研究存在明显理论基础不统一和评价指标各有侧重的问题。更为重要的是，我国对工业竞争力研究的热点期出现在2000年前后。进入2010年以后，特别是进入以新时代为特征的新时期之后，影响工业竞争力的因素发生了很大变化，我国区域或城市的工业发展已完全置身于全新的时代背景下。但由于涉及文献较少，目前尚未见有研究针对我国工业面对的新时代背景，建立完整的理论框架对我国区域工业面临的最新问题进行集中探讨。而且从相关研究进展的角度来看，我国竞争力问题研究最开始主要集中在国家竞争力范畴上，尽管后来现代竞争力理论逐渐发展和成熟，我国对竞争力问题研究也出现了产业竞争力和区域竞争力等相对具体的研究范畴，并且，随着研究的细化，区域竞争力问题作为一个分支学科也早已被划入区域经济学的研究范畴，但由于数据可获得性的限制，目前我国微观空间层次的工业竞争力比较研究主要限于区域而非城市层面。对城市工业竞争力的研究，可资借鉴的文献有限。本书将结合我国工业面对的新时代背景，以温州这一富有我国典型区域特征的城市为对象，将我国对工业竞争力的研究，深入到一些主要聚焦我国区域工业发展的最新因素的城市工业竞争力之间的比较。

2.3 工业竞争力基础构成

2.3.1 工业竞争力影响因素

工业竞争力属于产业竞争力，在这里对产业竞争力影响因素进行梳理。

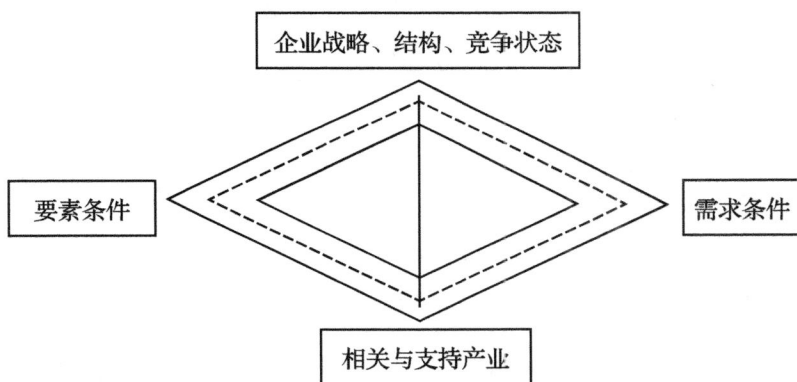

图2-4 一般"双钻石模型"

国外关于产业竞争力的影响因素的研究，如前文工业竞争力基础理论所提到的Porter（1990）的"钻石模型"中指出影响产业竞争力包括市场需求状况、生产要素供给、相关及辅助产业状况、企业策略结构及竞争方式4个主要影响因素，以及外部机遇和政府2个辅助因素。Porter为产业竞争力影响因素研究提供了较为完整的理论框架。随后，Cruz，Rugman（1993）将美国和加拿大的六要素"钻石模型"联系起来，考虑了"钻石模型"整体间的相互影响，形成"双钻石模型"（见图2-4）。此外，还有学者指出了产业有11维属性，包括地理范围、密度、宽度、深度、活动、跨度、领导能力、发展阶段、技术、创新能力、产权结构等，综合这个方面的能力表现，就可评判产业竞争力的情况；而赵东成（Dong-Sung Cho，1994）则认为衡量发展中国家竞争力模型需要针对发展中国家的特殊情况，对主要针对发达国家的波特的"钻石模型"做出一定的修改。赵东成立足韩国人力资源的现实状况，在"钻石模型"中引入企业家、工人、政治家与官僚、职业经理和工程师四类人才因素，形成了评估韩国产业竞争力的"九要素模型"（见图2-5）。

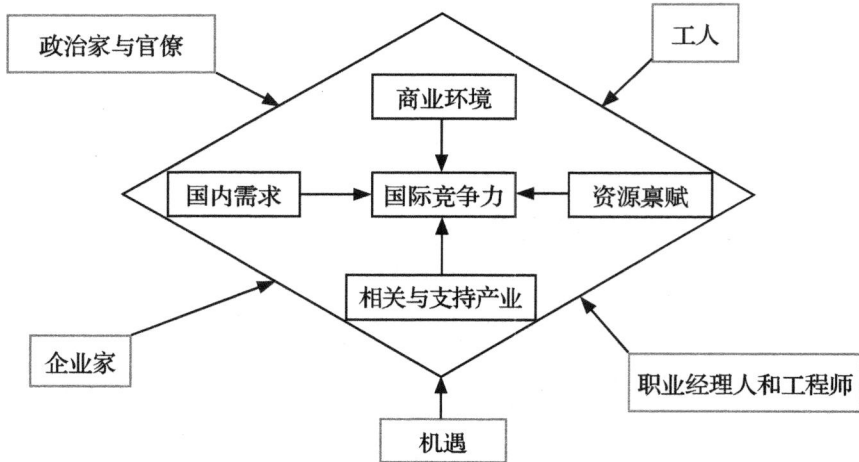

图2-5　赵东成的九要素模型

国内学者于20世纪90年代初期开始对产业竞争力进行研究，基于对国内产业竞争力理论的借鉴，从不同角度提出了影响产业竞争力的主要因素。王秉安、陈振华等（1999）以瑞士洛桑的国际管理发展学院出版的《世界竞争力年鉴》为基础，从大区域中优化配置资源能力出发，构造了一个区域竞争力分析模型。王秉安的区域竞争力模型认为，区域竞争力由三个直接竞争力因素（产业竞争力、企业竞争力、涉外竞争力）和支撑它们的四个间接竞争力因素（经济综合实力竞争力、基础设施竞争力、国民素质竞争力和科技竞争力）两个层次构成。三个直接竞争力因素和四个间接竞争力因素相辅相承，共同构成区域竞争力有机整体；朱传耿、赵振斌（2002）深入分析了区位、人口、经济、技术、自然、政策和创新等因素对区域产业竞争力的影响作用，提出了区域产业竞争力的因素制约性、部门结构与空间结构的区域统一性、多样性、开放性和综合性等特征。朱传耿认为在新经济背景下，区位、资源等传统因素作用逐渐下降，而人口素质、创新能力等先进因素作用逐步上升。贾若祥、刘毅（2003）按照比较优势是竞争优势的基础，竞争优势可以加强比较优势的理论信条，指出影响区域产业竞争力的因素主要包括资源禀赋、区位条件、科学技术、产业组织和政策环境。王志文、王大超

（2007）认为区域经济的发展水平决定区域产业竞争力，我国环渤海经济圈产业竞争力的提高，需要加强区域产业联系以促进区域经济一体化，保持区域产业竞争优势持续力，提供培养区域产业竞争力的政策。张震雄（2008）基于区域工业竞争力评价的综合性原则，将区域工业竞争力看作具有内在逻辑联系的多因素产生的合力，影响区域工业竞争力的因素包括区位因素、自然资源因素、人口因素、技术因素、创新因素及政策因素。赵树宽、石涛、鞠晓伟（2008）在Porter-Dunning产业竞争理论模型框架的基础上详细地阐述了市场分割对区域产业竞争力的作用机制，他们认为市场分割极大地限制了要素和产品的自由流动性，同时也限制了市场机制对各种资源优化配置有效性的充分发挥，阻碍了地区专业化分工和区域比较优势的发挥，难以形成规模效益，不利于区域产业竞争力的提升。储慧慧、宋殿清（2010）建立了分析区域产业竞争力的循环经济视角，强调以循环经济为基点的区域产业布局，将会为区域经济竞争力的提升开拓更广阔的空间。储慧慧、宋殿清对迈克尔·波特的"钻石模型"进行了修正，构建出了更适应分析现阶段我国区域产业竞争力的"循环经济钻石模型"。蔡文浩、赵霞等（2013）在比较优势理论的基础上，提出区域工业竞争力的实质是区域工业的比较生产力，蔡文浩从现实竞争力、潜在竞争力以及环境竞争力角度建立了衡量区域工业竞争力的综合评价指标体系。王文普（2013）指出随着经济和环境的关系日益紧张，环境规制对产业竞争力产生重要影响。环境规制在短期内会造成竞争力的损失，但从长期来看，可以通过技术创新提高生产效率，进而提高竞争力。

　　区域工业的发展是多因素系统作用的结果。影响区域工业发展的因素既包括自然资源、区位、交通基础设施等硬环境因素，也包括制度、文化、宗教信仰等软环境因素。通过对国内外产业竞争力影响因素理论研究的文献进行回顾，我们可知，影响一个地区工业竞争力的因素是多方面的。按照对现有研究的综述，一个地区的工业竞争力既受当地的人口素质、创新能力、环境规制等因素的影响，又受当地工业的结构、布局及一体化进程因素的影响。总体而言，由于理论界对产业竞争力影响因素认识的多样性，目前学术界关于产业竞争力的影响因素的理论研究至今仍处于"百家争鸣"的状态。学术界尚未形成一个对区域产业竞争力研究的统一的理论框架。本书将在综述影响区域产业发展因素的基础上，尽量对温州工业竞争力进行系统的比较。

2.3.2 工业竞争力评价

工业竞争力是区域工业企业在争夺资源或市场的过程中表现出来的一种综合能力。客观地看，区域工业竞争力是宏观层次的区域比较优势和微观层次的企业竞争优势综合作用的结果。对区域工业竞争力的评价，关键要注意影响区域工业竞争力因素的多样性及综合性，确定好区域工业竞争力评价的指标体系和指导思想，选好参照系。由于研究的侧重点不同，学者们对工业竞争力的评价方法也有所区别。

（1）工业竞争力评价指标体系

国外对于竞争力评价的研究起源于20世纪70年代末的欧美，最早系统地分析工业国际竞争力的国家是美国。世界经济论坛（WEF）和瑞士洛桑国际管理与发展学院（IMD）等一些国际组织在国际竞争力的研究方面具有深远的影响力，它们共同研究设计的评价原则、指标体系与方法也得到了广泛的认可，在世界首次真正建立了国际竞争力概念。它们认为国际竞争力是竞争力资产（环境）和竞争力过程的统一，即"国际竞争力＝竞争力资产＋竞争力"的过程。其中竞争力资产是指固定的（如自然资源等）或创造的（如基础设施、人力资源等）资产，也即提升竞争力的外部环境（体制环境和经济环境）；竞争力过程指将竞争力资产通过制造等形式转化为经济结果，再经过国际化等市场实现所产生出来的竞争力，其中资产在一定条件下成功转化而增加社会财富并创造出新资产是竞争力的核心。基于上述理解，IMD和WEF把国际竞争力指标分为290项，用以反映一个国家的经济社会整体可持续发展的综合竞争能力。国际竞争力评价系统的设计原则之一，是要运用经济、管理、社会发展的最新理论去观察、测量世界各国国际竞争力的发展过程与趋势。具体来说，国际竞争力包括八大要素，即国家经济实力、国际化、政府管理、金融体系、基础设施、企业管理、科学技术、国民素质。

此外，两家机构分别深入分析环境对国家竞争力的影响，如全球化与本地化、地区吸引力及扩张力、竞争力资产及过程以及社会经济实体及个人在市场竞争中的冒险与和谐价值观念等。

我国对竞争力的评价研究从20世纪80年代末开始。1989年国家原经济体制改革委员会责成有关机构与世界经济论坛和瑞士洛桑国际管理与发展学院商讨合作，开展国际竞争力比较研究。1991年，国家科委向有关研究机构下达了重大软课题"国际竞争力的研究"，课题负责人在重点研究国际竞争力概念的基础上，研究确定了影响国际竞争力的因素，确定了国际竞争力评价的指标体系和方法。

金碚工业国际竞争力分析框架对我国工业竞争力的评价也有很大影响。金碚（1997）指出，波特的分析范式尽管富于启发性，但也不是完美无缺的。对于不同国家、不同的经济发展阶段，分析范式也未必一成不变。金碚指出，由于我国关于产业国际竞争力的研究尚处于起步阶段，借鉴波特的研究范式，对我国工业国际竞争力的研究，应将视野主要集中在经济分析较易把握的领域以及因果性比较清晰的关系上。按照金碚的研究，一个国家的某一产业的国际竞争力的强弱，可以从结果和原因两个方面来分析。从结果来分析，竞争力直接表现为一国工业品在市场上的占有份额；从原因来分析，一切有助于开拓市场、占据市场并以此获得利润的因素，都可以是竞争力的研究对象。一个国家的工业竞争力评价可以概括成包含竞争力实现指标（反映竞争力的实现情况）、直接因素指标（反映产业竞争实力）和间接因素指标（反映产业竞争潜力）的复合指标体系（见表2-2）。

表2-2　工业国际竞争力评价指标体系

一级指标	二级指标
竞争力实现指标（反映竞争力的实现情况）	市场占有率
	固定市场份额
	显示性比较优势
直接因素指标（反映产业竞争实力）	价格
	质量
	品牌或商标
	产品结构
	国际市场营销
间接因素指标（反映产业竞争潜力）	成本
	技术
	经营管理
	企业规模
	资本实力

除此之外，国内学者裴长洪（2002）对工业竞争力的评价指标体系做了详细

的研究和探讨，指出产业竞争力评价指标可以用反映国际竞争力结果的显示性指标和解释国际竞争力的分析性指标两类进行表示。分析性指标还可以分为直接原因指标和间接原因指标两种。一般用反映产业竞争力还未实现的竞争潜力或者已经得到体现的变量指标衡量。常阿平、郭海华（2004）结合工业经济自身发展的特点，从经济实力、经济效益、技术创新和生态的角度，构建了区域工业竞争力评价指标体系的基本框架。为了保证选取的评价指标具有较强的可操作性，作者对那些有价值但无法统计或者资料难于获取的指标做了取舍。吴先满、陈涵（2005）根据现有的统计数据及评价指标设计原则，将工业竞争力指标体系分为包含规模竞争力、市场竞争力、企业竞争力在内的，由规模、效益、融资能力、市场绩效、技术进步、资金运作、企业平均规模等共同反应的对区域工业竞争力测量的综合指标。千庆兰（2006）借鉴国内外相关研究，遵从科学性、系统性、动态性和可操作性原则，针对我国区域经济特点，从规模、市场、效率、成长、结构和创新6方面，选取11个指标构建了衡量我国地区制造业竞争力评价指标体系。李晓青（2007）从区域产业竞争力的内涵出发，借鉴国内外有关学者关于构建区域产业竞争力指标体系的方法，遵循科学性、实用性、数据可获得性、可统计性、可比性等原则，结合层次分析法的思想，构建了包含目标层（区域产业竞争力）、准则层（描述产业竞争力的主要方面）和指标层（可以反映要素特性的指标）等在内的，对我国海峡西岸经济区工业竞争力进行评价的综合指标体系。王凯（2008）设计了包括基础竞争力（规模竞争力、环境竞争力）、发展竞争力（资本竞争力、结构竞争力）、进化竞争力（市场竞争力、创新竞争力）等3个一级指标，6个二级指标，32个三级指标的产业竞争力综合评价模型，并运用熵权法对河南省39个工业行业的竞争力进行了评价。林秀梅、郝华、宋晓杰（2008）以影响工业竞争力的因素为研究视角，从规模产出、产出效率、市场影响力、科技成果转换力、技术创新力、信息化程度、对外开拓力、基础设施条件、生态竞争力等9个目标层着手建立评价指标体系，并运用因子分析法，将决定我国2000年和2004年区域工业竞争力的因子分别归为规模产出因子、科技创新力因子、市场开拓因子、基础设施支撑力因子、产出效率因子。金一鸣、黄丽君（2010）构建了由工业经济贡献竞争力、工业运行效率竞争力、工业产出效率竞争力、工业发展速度竞争力、工业产业特征竞争力、市场营销竞争力、技术创新竞争力、发展质量竞争力和基础环境竞争力等9个一级指标及50个二级指标组成的城市工业竞争力水平的评价指标体系，并提出运用加权指数合成法对城市工业竞争力进行综合评价。成小平（2011）遵循评价指标体系选取的科学性、系统性、可行性原则，从产业竞争力构成要素角度出发，选取了包括经济实力、效益和市场竞争力等三个方面在内的12项指标，作为我国区域产业竞争力评价指标体系，并运用因子分析法对我国内蒙古的产业竞争力水平进行了分析。

从目前关于工业竞争力评价指标来看，由于各位学者的理论及对借鉴理论延伸的不同，对影响区域工业竞争力的指标构建、关注点各不相同。现有对区域工业竞争力进行的理论研究，其构建的实证指标（尤其是软性指标）要么无法量化，要么即使能量化，也不能保障指标数据的可获得性。总体而言，由于理论界对产业竞争力影响因素认识的多样性，学界对区域工业竞争力评价指标体系的构建也是百家争鸣、大相径庭。整体而言，受借鉴理论影响，现有的对区域工业竞争力的评价研究，存在过于关注区域工业经济实力和工业经济绩效，忽视诸如政府支持、科技进步和创新、资源利用以及环境保护等涉及协调与可持续发展观念的因素的倾向。本书将在综合考量前人构建的工业竞争力评价指标的基础上，重构区域工业竞争力评价的理论框架，力求提出科学合理评价温州工业竞争力的指标体系。

（2）工业竞争力评价方法

工业竞争力评价方法的选择，既体现在评价指标的选取及计量方法差别上，也体现在对工业竞争力进行多因素评价时各指标的综合加权方法的选择差异上。首先，在工业竞争力评价指标的选取及计量方法上，国际上广泛应用的一种方法是由UNIDO建立的工业竞争力指数法。此种方法通过对高新技术产品所占制成品出口中的比重，人均制造业增加值，制成品的出口额度和中、高技术产品所占制造业增加值中的比重等四个指标来度量。除此之外，荷兰格林根大学的ICOP（International Comparison of Output and Productivity）分析法是国际上比较公认的一种工业竞争力评价方法，即通过对一个特定地区与其他地区在相对价格水平、分部门的劳动生产率及全要素生产率等方面进行比较来揭示该地区工业与国内外其他地区的差距。自1983年以来，Van Ark等人已利用ICOP方法对世界各国的工业竞争力进行了计算。该评价方法对某一特定区域与其他区域的分部门劳动生产率、全要素生产率以及相对价格水平进行分析对比，来揭示不同区域之间工业的差距，但是该评价方法的理论性较弱，参数的经济含义较难解释。

还有学者采用区位熵方法和偏离-份额方法对我国区域工业经济竞争力展开研究。靖学青（2010）通过运用偏离-份额方法对京、津、沪、渝四个直辖市的工业竞争力水平进行研究发现，北京市的工业发展状况基本上处于较好的状态，天津市的工业竞争力水平略显欠缺，重庆市的工业竞争力水平处于严重不足的状态，上海市的工业竞争力水平依然最高，但存在很大的下降空间；王国刚、杨德刚、乔旭宁等（2010）运用区位熵方法和偏离-份额方法对我国新疆地区的工业竞争力水平进行研究后发现：新疆地区工业在整体上专业化程度仍然不高，优势部门仍然比较少，工业竞争力不强的问题依然较为突出。腾飞、郭腾云（2011）利用偏离-份额分析方法对我国西部大开发前后新疆地区的工业竞争力的水平进行了研究后发现，西部大开发对新疆地区的工业竞争力的提升具有很大的促进作用，大开发后，新疆地区的工业结构的调整成效很明显，但是，新疆地区的工业竞争力水平却处于衰退状态，大多数的工业行业的竞争力水平均低于同时期的全国平均水平。何宣、刘周阳（2011）运用偏离-份额分析方法对滇、桂、黔一个自治区两个省份的工业竞争力水平进行比较分析后得出以下结论：广西地区的工业竞争力水平较高，云南地区的工业竞争力水平次之，贵州地区的工业竞争力水平较差。

由于影响区域工业竞争力因素的多样性，对我国区域工业竞争力评价方法的差异，更多体现在多因素综合集成方法的选择差异上。截至目前，在多因素综合集成方法的选择差异上，大部分学者使用因子分析法评价分析我国区域工业竞争力。吴玉鸣、李建霞（2003）运用因子分析法对我国大陆31个省级区域工业竞争力进行因子分析评估，结果表明我国工业竞争力呈现出四大集团的非均衡区域差异分布；明娟、王子成、张建武（2007）同样使用因子分析法来评价广东省制造业竞争力；邹莉娜、鲁皓、赵梅链（2006）在建立西部区域的工业竞争力的非均衡差异的模型的基础上，运用因子分析方法，对西部区域的工业竞争力水平进行分析后认为，我国西部区域的工业竞争力存在不同程度的差异，而且，我国西部区域的工业竞争力水平相对比较强的区域基本上都是老工业基地，并且它们之间也存在非均衡的差异，我国西部区域的工业竞争力水平相对比较弱的区域基本上是内陆高原区域省份；李梦觉（2008）采用因子分析的方法，对我国31个省份的工业竞争力水平进行研究后发现，东南沿海区域的工业竞争力的水平份额占据我国整体的区域的工业竞争力水平的顶端位置，而中部和西部的工业竞争力的水平依然很弱；陈宏（2010）通过构建由经济实力、经济效益、科技创新三大类包括工业增加值、总资产贡献率、行业科技人员数等7个具体指标组成的工业竞争力评价指标体系，运用因子分析法，对河南省各工业部门竞争力进行评价，发现产业基础薄弱、企业效率低下、科技创新能力不足等因素是制约河南省部分工业竞争力提高的主要原因；李明、黄珊燕、刘宇嘉（2011）从工业潜力（企业融资能力、工业增长力）、工业环境（环境治理、对外开放、经济发展水平）、工业实力（企业规模影响力、市场影响力、企业经营绩效）等三个方面构造了区域竞争力的评价指标体系，并运用因子分析的方法对成都市的工业竞争力水平进行分析和评价，得出了成都市的工业总量相对还比较薄弱，工业环境相对还比较差，可持续发展等因素是影响成都市工业竞争力主要因素之一的结论；苏红键、李季鹏、朱爱琴（2017）利用因子分析法对中国地区制造业竞争力进行评价，研究结果表明，在地区制造业竞争力SCP指标体系中，对竞争力最重要的影响因素是开放、创新、绿色等行为维度指标，而不是规模和趋势指标。

综上所述，通过对工业竞争力基础理论、工业竞争力评价的梳理，总体而言，国内外有关工业竞争力基础理论的研究，为本书对温州工业竞争力的比较研究提供了很好的理论借鉴，国内对我国区域工业竞争力的评价研究，更是为本书对温州工业竞争力的比较提供了直接的方法借鉴。国内对我国区域工业竞争力的评价研究目前还存在以下几个主要问题：一是在研究单元上，大多数学者主要着力于东部、中部和西部地带性的工业竞争力水平的差异比较或全国及各省份的工业竞争力的差异比较等方面，对更加微观的城市层面的工业竞争力比较研究关注较少；二是在研究方法上，大多数研究采用工业竞争力系数法、偏离-份额法、竞争优势系数及市场占有率法或因子分析法等计量方法，这些研究方法尽管在一定程度上也能够较好地反映出区域工业竞争力的差异程度，但由于缺乏典型案例，对我国区域工业竞争力的比较分析往往会显得过于笼统，研究的政策启示落地性不强；三是在比较指标选择上，影响我国区域工业竞争力因素是不断变化的，工业发展所处的阶段性特征要求企业及区域政府相机施策、因机施策，但纵观我国目前对工业竞争力因素的研究，普遍存在缺少对新时期影响我国区域工业竞争力因素变化的研究。对我国区域工业竞争力的研究，仍主要局限于一些传统因素的比较。本书将针对新时代我国工业发展面对的新情况、新问题，加强对温州工业的分案例比较，构建反映新时代温州工业经济发展阶段特点的综合指标体系，力争做到更加微观地考察温州的工业经济发展的综合水平。

2.4 小结

工业兴，实体兴，区域兴。由于工业是区域国民经济的重要内容，国内外学者对区域工业竞争力研究关注较多。国内外学者对区域工业竞争力的研究，最早肇始于亚当·斯密于1776年提出的绝对优势理论，让学者对竞争力的研究从企业、产业层面转移到了更为宏观的地区甚至国家层面。随后出现的产业区理论、集群创新理论及波特的钻石理论等现代竞争理论，则让学者对区域竞争力的分析有了更为准确的政策框架抓手，从而建立了从外部规模经济、集群创新网络等角度研究区域工业竞争力提升的模式。总体而言，本书的研究旨在通过对区域工业竞争力的基础理论分析，建立专注于温州城市工业竞争力比较分析的理论框架。在本章，本书首先对温州城市工业竞争力比较分析的相关概念做了介绍，然后依据理论发展的前后顺序对区域工业竞争力的基础理论进行梳理和总结，最后按照专著研究的主题，直接对区域工业竞争力比较与评价的文献做出评述。总体而言，国内外目前对区域工业竞争力的研究还存在以下三个有待完善的地方：一是国内外对区域工业竞争力比较研究的系统性、全面性不足，过往研究出于分析比较的需要，往往将研究的侧重点放在影响区域工业竞争力的少数因素的分析对比方面；二是由于受到传统竞争力理论的束缚，过往研究对区域工业竞争力的比较，往往放在对区域自然资源、政府政策等传统因素的比较上，已有研究对影响区域工业竞争力的平台因素、人才因素等关注不足；三是在样本区域选择上，由于受数据可获得性影响，过往研究主要局限于我国省级区域的工业竞争力比较，已有研究对单个城市的工业竞争力比较关注不足。本研究将通过工业竞争力的综合评价体系量化温州与兄弟城市的工业竞争力差距，重构区域工业竞争力的因素体系，最终将研究的侧重点放在对温州这一地级区域的工业竞争力比较上。

第三章
温州工业经济竞争力研究综述

    温州简称"瓯",位于浙江省东南部,瓯江下游南岸,长三角地区与海峡西岸经济区结合部,东临东海,西与丽水市接壤,南与福建省宁德市毗邻,北与台州市相连。东西宽163公里,南北长176公里,全市土地总面积12256平方公里,其中陆域面积11784平方公里,陆地海岸线长355公里。交通区位优势明显,是浙南闽北赣东中心城市,温福铁路、甬台温高速公路、104国道穿境而过,已形成以鹿城、龙湾、瓯海、瑞安为中心的核心都市区和以乐清、平阳、苍南为副中心的都市框架(见图3-1)①。

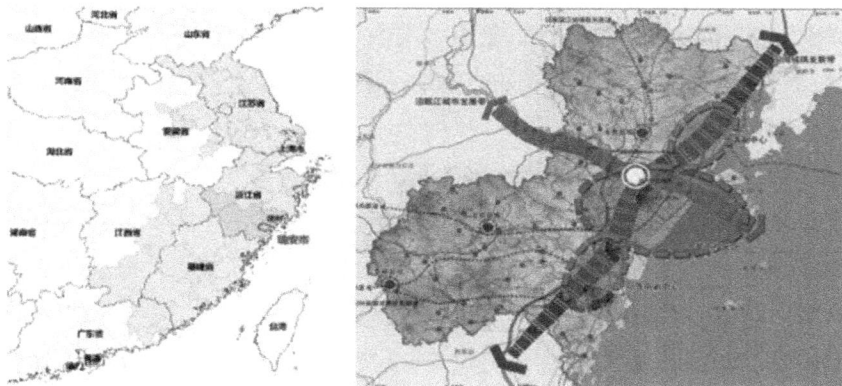

图3-1 温州市区位图

---

① 温州由四个市辖区(鹿城、龙湾、瓯海、洞头)、2个县级市(瑞安、乐清)、5个县(永嘉、平阳、泰顺、苍南、文成)组成。按照"十三五"发展规划,温州将构建以温瑞平原一体化为主中心,以乐清和平(阳)苍(南)为副中心,以永嘉、文成、泰顺县城为山区发展带动极,以中心镇为城市化的重要节点的"一主两副三极多点"大都市区布局。

温州自古以来就是工商业发达之地，自宋代全国政治经济中心南移之后，温州经济进入"黄金时期"，造船、造纸、陶瓷、雕刻、刺绣、漆器、皮革、制伞以及绞、绢、绸等纺织业，都曾一度闻名于全国。中华人民共和国成立后，温州工业进入发展快车道。温州工业从建国前的残破衰败、支离破碎走向欣欣向荣。1978年，党的十一届三中全会后，温州工业发展进入一个新的时期，温州工业发展打破了中华人民共和国成立初期起伏曲折的成长路径，出现了持续增长的局面，温州现代工业体系最终建成。

3.1 温州工业经济的形成与历史变迁

3.1.1 温州近代工业的形成与发展[①]

温州近代工业的发展肇始于19世纪。从19世纪末至20世纪40年代，温州近代工业经历了萌芽发生、民国前期初步发展、抗日战争前繁荣和民国后期衰落四个时期。民国前期，温州工业从无到有，成长壮大，是它的上升期。抗日战争前达到高峰期。20世纪40年代，日军侵温，国内战乱，社会动荡，工业发展道路坎坷，屡遭波折，是温州工业发展的衰落期。下面从清朝光绪年间开始，介绍温州近代工业形成及发展历史。

温州近代工业的发展是从效仿洋货开始的。清光绪二年（1876），《中英烟台条约》签订，温州被辟为通商口岸。次年，温州海关成立，由英国人任税务司，掌握海关大权。从此，洋货源源输入温州，主要有棉纱、棉布、煤油、白糖、火柴、肥皂等。开埠第三年（1878），进口棉布7.1万匹、煤油1.7万加仑、白糖181担、火柴0.54万篓，至1912年已分别增至棉布11万匹、煤油160.3万加仑、白糖2.9万担、火柴10.1万篓。洋货的大量进入，虽然沉重打击了温州民间的土纺、土织及手工制糖、榨油等业，但也引起了国人效仿的兴趣，一些工业制造工艺逐步传入温州。

---

①改革开放前的温州工业发展，本书主要参考俞雄、俞光著《温州工业简史》，上海社会科学院出版社1995年版。

同期，维新思想在温州的传播也加快了近代工业在温州的发展。19世纪末到20世纪初，维新思想在温州广为传播。"实业救国""变法图存"呼声日益强烈。1896—1899年，温州瑞安等地先后开办学计馆、蚕学馆、瑞安化学学堂等，一些接受了维新思想的爱国知识分子，为兴办实业奔走疾呼。在政府层面，1901年，受维新思想影响，清政府被迫推行所谓的"新政"，颁布一些奖励工艺的法令，也在一定程度上鼓励了温商投资办实业的积极性。

所有这些情况，形成了温州近代工业逐渐萌生的时代背景和社会条件。

进入民国时期后，温州近代工业初步建成。此时国内虽处于军阀混战时期，但温州地处东南一隅，基本未被波及，社会较为安定；国民政府执行了鼓励和保护工商的政策；欧战期间帝国主义列强无暇东顾，暂时放松了对中国的侵略；特别是在1919年的"五四"运动后，国内纷起"抵制洋货、但用国货"的运动，这些都为温州近代工业的发展提供了机会。这一时期，温州电力、机器工业、机器锯板业、轻工业、纸伞业、工艺美术业，皮鞋皮件业均有一定程度的发展（见表3-1）。

表3-1　民国初期温州近代工业的发展

发展产业	产业发展起始年份及代表人物	产业发展条件	产业发展成效
棉织、肥皂、针织业	民国元年（1912）王俊卿、杜市预、杨庭史、苏兴顺等。	主要是以能形成福建及浙南一带区域销售市场为存在基础而发展起来的。	针织、肥皂业规模不大，棉织业则不仅出现历史早，而且是温州近代工业中主要行业。
电力、机器工业	民国三年（1914）王香谷、李眉川、何醒男、罗恒发等。		电力、机械工业的出现是温州近代工业形成的重要标志。
机器锯板业	民国元年（1912）张小泉、吴翼延、赵森林、余德顺等。	瓯江上游青田、龙泉、庆元、景宁等地，为木材产区，木材顺流而下，直达温州，快速方便。温州地处海口，可从水路转运至沪、宁、南通等地，运价低廉。因此，温州成为木材加工集散地。	是民国初期温州较早形成的重要行业。

续表

发展产业	产业发展起始年份及代表人物	产业发展条件	产业发展成效
轻工业	民国六年（1917）、民国十一年（1922）等，李秀甫、董瑞环、陈积荣等。		民国时期温州近代工业大体以纺织、食品、日用轻工为主。温州轻工业门类从制茶、棉织、肥皂、针织逐步发展到火柴、电池、印刷等十多个门类。
工业美术业	民国五年（1916）、民国十年（1921）等，林森友、黄起文、朱子强等。	民族工业的海外销路的打开，奠定了温州工艺美术品发展的基础。	民国初期，在对外出口的带动下，温州刺绣、挑花、黄杨木雕、石雕等工业美术行业渐成规模。
皮鞋皮件业	1909年，叶三进、高振峰、池溥楹等。	仿制洋货，利用在上海、厦门工作的熟练技工。	清末民初，温州皮鞋业渐兴。

经民国前期近20年的发展，20世纪30年代初，温州工业进入抗日战前繁荣时期。民国二十年（1931），城区厂坊数339家（工厂70家，手工作坊269家），至民国二十五年（1936）增至676家。1936年，据《温州城区近百年纪事》记载，全区共有机制工业12业：棉织、印刷、铁器制造、冰糖、制冰、修理机器、机器锯板、制造罐头、料器、碾米、翻砂、电气，共计117家，总资本额为66.6175万元。其中碾米业最多，计56家。资本额以电气业最大，计30万元。全区手工业共25业：茶叶制造、肥皂、蜡烛、金银首饰、中西成衣、镀白、石刻、绣品、染纺、碗窑、铁器、水作、皮箱、油坊、花边、麻线、针织、木器、草席、竹器、藤器、硝皮、纸伞等，共559家，总资本额44.2175万元。温州已成为全国甜炼乳生产的发祥地。

20世纪30年代末到40年代前期日军侵温的浩劫，是温州工业史需要永远刻记铭心的时期。它是民国时期温州工业由盛转衰的转折点，是温州工业从产生以来到逐步发展的上升趋势，开始转向走下坡路的变化时期，它使温州几十年积累的工业固定资产几乎损失大半，使温州工业从此元气大伤，一蹶不振，以致最终走向民国后期的全面衰落。

经历战后的短暂恢复，至1949年，温州地区工业总产值4467万元，其中手工业产值占80％以上。少数近代性工业，主要集中于永嘉县城区（即中华人民共和国成立后的温州城区）及瑞安、平阳等县城。市区1919年年底有工厂374家，职工5212人，工业固定资产148.6万元，工业总产值（含手工业）1765万元，占全地区的39.5％，全地区工业占工农业总产值比重为19.19％。这就是温州工业自产生至民国期间历经半个世纪发展，留下的全部仅有成果，也是中华人民共和国成立后温州新工业将由此起步的基础。

3.1.2 温州工业在曲折前行中奠定现代工业基础

中华人民共和国的成立，标志着温州工业进入了一个新的发展时期。自1949年到1978年我国启动改革开放，温州工业经济发展在曲折中前行。这29年间，温州工业发展可以分成1949—1957年与1958—1978年两个区段。

1949—1957年，是温州工业恢复、改造较顺利发展的八年。此间，温州工业恢复发展较快，全地区工业产值由1949年的4467万元，增至1957年的22183万元，按可比价增长了3.06倍。其中温州市区工业产值由1765万元增至11825万元，按可比价增长1.2倍。三年恢复时期全地区工业产值年均增长率为19.6％，"一五"时期年均增长率为31.2％。

在所有制结构方面，在1949至1957年间，温州工业所有制结构发生了根本性变化。按照国家在过渡时期的总路线，逐步完成了对私营工业、个体手工业的社会主义改造。全地区工业产值中，全民、集体工业的比重，分别由0.98％和0％上升到61.55％和35.1％，社会主义公有制的基本格局已经确立。市区1949年私营、个体工业产值占99.02％，至1957年，全民、集体的产值比重已占95.89％。

1949—1957年间，温州市区在从小手工业城市向近代工业城市的转变中，迈出了第一步，生产分散落后的状况有了很大改变。行业生产趋向集中，企业规模有所扩大。1949年，职工50人以上的工厂23家，其中100人以上仅9家，市区厂均职工14人。至1957年厂均已达113人。市区工业企业由374家增至412家，职工由5212人增至46487人，工业固定资产净值由132.8万元增至1096.8万元。工业结构上，明显形成以乳品、蜡纸、陶瓷为代表的50年代温州轻工业特色，纸伞、算盘、草席三大支柱手工业盛极一时。重工业开始起步，八年间轻工业增长4.38倍，重工业增长8.13倍。市区占全地区的工业比重由39.5%上升为53.7%，全地区工业总产值占工农业总产值的比重由1949年的19.19%，上升到1957年的28.3%。

1950—1978年间，温州工业结构经历着深刻的变化。传统的居第一、二位的纺织、食品工业已被机械、化工业取代。手工业大分化、大改组，基本完成了向二轻工业的演变。社队工业的兴起，引人瞩目，带来工业结构的全局性变化。至1978年，全地区工业产值中，国营的比重由1957年的61.3%降至35.71%，集体的比重由35.1%上升至56.4%，重工业的比重由13.86%上升至37.09%，市区占全地区的工业比重由53.7%上升至1965年的65.19%，后又降至1978年的54.39%，工业占工农业总产值的比重由28.3%上升到58.37%。

温州是我国历史上著名的手工业城市，近代工业也起步较早。为什么在计划经济体制下发展如此艰难？首先，在20世纪五六十年代，国家对温州的投资极少。温州人口占浙江省的15.5%，土地占浙江省的11.6%，但是1950—1978年间，国家在温州的固定资产投资额仅占全省的4.86%，只相当于宁波市的四分之一。投入少，必然带来工业发展的缓慢。其次，温州发展受"左"的错误的影响，从1956年批永嘉的"包产到户"，1958年的"穷过渡"，到后期割"资本主义尾巴"，批"弃农经商"，封"地下工厂"，关"集市贸易"，以至把温州作为"全国资本主义复辟的典型"来批判，一次又一次地剥夺了温州工业发展的机会。但是，"青山遮不住，毕竟东流去"，温州工业要发展，人民要摆脱贫困，穷则思变，这是事物发展的规律。它们正呼唤着改革的到来。1978年中国改革开放的进行，正式启动了温州现代工业的发展。

3.1.3 改革开放后温州现代工业加快形成

1978年，党的十一届三中全会后，温州工业发展进入一个新的历史时期。随着改革开放的深入，全市工业出现了持续增长的局面，是中华人民共和国成立以来工业发展情况最好的时期。温州工业在1978年之后的发展，不仅创造了举世瞩目的"温州模式"①，也奠定了温州现代工业的基础。

（1）1978—1992年：温州现代工业形成期

1978年我国启动的改革开放进程，开启了温州工业经济发展的"新时期"，并逐渐形成了一个新名词"温州模式"。1978年前后，由于当时中国的商品市场极度匮乏，各种生产和生活资料紧缺，温州以其十万供销大军将温州的纽扣、卡片、商标、松紧带、打火机等小商品销往全国，开启了温州工业企业的发展之路，形成了温州工业发展模式的雏形。

关于温州工业发展模式或"温州模式"的提法，首次出现于1985年5月12日的《解放日报》上，记者桑晋泉在《乡镇工业看苏南，家庭工业看浙南——温州33万人从事家庭工业》一文中将"温州模式"的特点概括为："以生产小商品为主，靠农民供销员和农村集市购销搞活流通渠道，靠一大批能工巧匠和贸易能手开辟致富门路。"此后，国内学者费孝通（1995）总结道：温州原来也是个穷地方，人多地少，单靠农业连温饱都难以维持。当地农民就大批到外地去打零工，卖手艺，如做木匠、当裁缝、修鞋、弹棉花等。一时浙江人满天飞，远到边区的小镇上都有他们的足迹。这些人省吃俭用，把在外地挣得的钱寄回家乡积累起来，成了后来在温州一带发展家庭工厂的启动资金，然后通过广大的运销网络出售家庭作坊的产品，形成了"小商品、大市场"。我把这个发展方式称作"温州模式"。总体而言，1978年至1992年，既是"温州模式"形成时期，也是温州现代工业形成初期。"温州模式"奠定了温州现代工业的基础。

（2）1992—2001年：温州现代工业成长期

邓小平南方谈话之后，将社会主义市场经济体制作为改革目标，社会主义市场经济的建设迎来了发展的春天。富有冒险精神和创业精神的温州工业企业家，利用政策的优势，获得了长足发展。在有了原始的资本积累之后，有"东方犹太人"之称的温州商人，经营领域广泛、方式多样，哪里有市场，哪里就有温州人。在温州现代工业成长期，经济建设思想解放和破冰，旧观念、旧思想被打破，这一切都源于中共党的十四大提出了社会主义市场经济体制发展构想，在破

---

① 工业是"温州模式"的一部分。"温州模式"指浙江省东南部的温州地区以家庭工业和专业化市场的方式发展非农产业，从而形成的小商品、大市场的发展格局。

除意识形态约束的基础上进一步深化经济改革。温州现代工业经济的发展便在这样的市场环境中壮大和发展，个体工业经济、私营工业经济和股份合作工业经济百花齐放，蓬勃发展。1992—2001年，温州现代工业的发展，主要受益于中共十四大明确提出要建立产权明晰、权责明确、政企分开、管理科学的现代企业制度。

（3）2002—2011年：温州现代工业成熟期

进入新世纪之后，温州现代工业发展面临着如何从初级市场经济走向现代市场经济，如何从工业化中期走向工业化后期乃至基本实现区域经济社会发展的现代化的阶段转换问题（史晋川，朱康对，2002）。随着我国市场经济体系在不断实践中逐步完善，市场活跃度大幅度增加，企业间的竞争已从盲目扩张转向以技术、品牌、规模经济等要素为主的竞争。温州现代工业开始走向成熟，但温州工业经济发展模式的劣势也逐渐凸显出来。尽管温州工业在现代化转型过程中遭遇了很多新问题，但这些问题正在被一一化解：首先，在公司治理形式方面，温州工业企业逐渐向新型公司制、股份制的创新转变；其次，在工业企业管理制度方面，借鉴国外先进的管理经验，温州工业企业逐步摆脱了传统家族式治理模式，建立了现代工业企业制度。

2004年是温州现代工业走向成熟的分化点。从这一年起，温州经济增速从领跑全省一路下行，年均增速跌至全省末位，温州工业发展模式逐渐式微（吕森，2017）。2008年全球金融危机以后，温州工业经济更是出现了严重的产业空心化问题，大量温州工业企业外迁，尤其是一些大工业企业的总部纷纷迁到杭州、上海、北京等地。温州工业企业的外迁，带走的不仅仅是一个工业企业的税收和资源，还对温州其他企业产生了示范作用，对温州经济产生了严重影响。温州经济在20世纪90年代，年均增长19%，分别比全国、浙江省高8.9%和4.6%，居浙江省11个地市之首，长期处于领跑地位。但在2003年以后，温州经济年均增速仅为12.1%，仅比全国高1.7%，低于浙江全省0.6%，发展速度由浙江省首位退至末位。温州工业经济发展的先发优势逐渐式微。

（4）2012年至今：温州工业转型期

市场经济的发展从来都不是一帆风顺的，温州工业经济也是如此。2012年温州金融危机出现，一些老板"跑路"、企业倒闭、资金链不停断裂，给企业的发展造成了不良的影响，温州的工业企业环境受到了冲击。危机之中蕴含机会，每次危机都会淘汰一些产能过剩、污染高、技术含量低的工业企业，经过危机的洗礼，温州工业经济发展迎来了新的发展机遇。中共十八大以来，我国政治经济等各方面呈现出新常态，温州准确把握、积极适应新常态，接受新挑战，并获批成为全国第一个金融改革试验区，开始新一轮的改革创新。这一时期的温州工业发展被定义为转型期，同时也被称为新"温州模式"下的工业发展。温州工业在曲折中前进的阶段划分可见图3-2。

近年来，温州工业经济发展有一定好转，总体上进入了工业化后期阶段，工业经济进入了"提质增效升级"的转型关键期。从当前温州经济发展的"新常态"特征来看，温州产业结构正逐渐优化。三次产业结构中，第三产业占比稳步提升，已超过第二产业，占最大比重。第一、二产业占比呈下降趋势。目前，温州市正加快淘汰落后产能，使新兴产业得到长足发展，但也存在诸如实体经济衰落与资本泡沫化、企业外迁与区域内产业空心化等问题。2016年，温州实现规模以上工业增加值1149.8亿元，增长7.9%（增速全省第三）；但规模以上工业企业利润增长6.1%，低于全省平均水平10%；工业投资占全部固定资产投资的比重为24.6%，比全省平均水平低6.2%。工业结构虽然持续优化，但步伐并没有那么快。温州工业经济的问题究竟出在哪里，值得我们更深入和全面的分析。

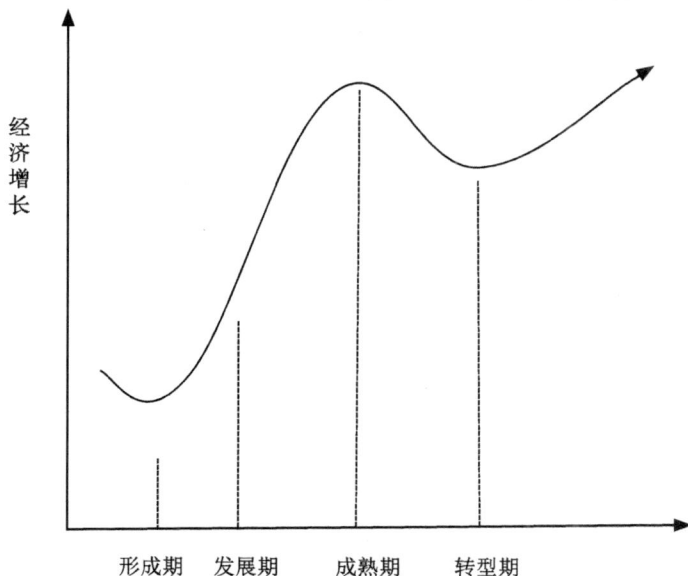

图3-2 温州现代工业发展阶段图

作为诞生中国特色经济发展模式——"温州模式"的地方，在引领全国经济发展多年之后，温州的工业经济发展遇到瓶颈、增长速度下滑、资金链断裂等一系列经济社会问题时有发生，工厂倒闭和企业家"跑路"甚至有愈演愈烈的趋势。从2010年开始，温州规模以上工业总产值同比增速回落。2012年，温州的经济增速开始出现下滑。2014年，浙江GDP增速最后一名"花落"温州。其实，温州经济增速放缓的趋势在前几年就已显现。据统计，2003年，温州经济的增长速度在全省各城市的排列中就已位至倒数第二。2004年出现负增长，增速为-1.1%，2002—2011年这10年，温州经济基本处于停滞徘徊状态，增速落后于浙江省平均水平。与其他城市相比，在2002年到2011年期间，温州GDP的平均增长速度为11.9%，相对前一个十年降低了7.8%，降幅超过青岛8.2%，超过厦门3.74%，超过杭州4.7%。温州工业经济发展全面进入转型期（见表3-2）。

表3-2　温州GDP前后十年平均增速与其他城市比较

地区	1992—2001年	2002—2011年	提升幅度
全国	10.3	10.6	0.3
浙江省	14.3	12.3	-2
温州	19.7	11.9	-7.8
杭州	16.8	13	-3.8
宁波	15.7	12.6	-3.1
嘉兴	14.5	13.2	-1.3
台州	16.3	12.4	-3.9
青岛	14.1	14.5	0.4
厦门	19.1	15	-4.1

3.2 温州工业经济竞争优势

尽管温州工业经济在发展过程中出现了一些困难和问题，但温州经济探索发展的路子并没有停止，温州工业发展模式所固有的优势和所表现出来的精神仍然是其他地区不可比拟的。温州工业正在按照上质量、上规模、上水平的设想，把温州过去以"低、小、散"为主要特征的工业生产提升到一个新的阶段。总体上，温州工业正打破家庭工业、专业市场、小城镇建设的发展路子，在新型智能化发展方面焕发出新的活力。

学术界对温州工业经济竞争优势的讨论从未间断过，大多学者都认为工业的集群发展是温州工业经济的显著竞争优势。王倩（2006）认为温州是利用产业集群优势获得竞争地位，提升区域经济竞争力，使得产品具有很强的市场适应性和很高的市场占有率，产业集群已经成为温州区域经济增长的"加速器"。由于同类企业的区域集聚，温州许多产业集群已经形成了供产销和配套服务分工细密又富有弹性的社会化生产经营体系，形成了较强的区域经济竞争力。具体来说包括：（1）沿血缘、亲缘、地缘等传统网络外溢的知识扩散机制；（2）建立在社会化分工基础上的高效协作机制；（3）集中和分散相结合的灵活的弹性生产系统；（4）在产业集群交错地带产生了特殊的边缘效应（黄龙潜，2008）。吕淼（2017）认为温州长期的企业集聚生产经营模式带来的集约式内涵机遇是再筑温州"铁三角"发展的新优势，集群整体创造不断增长回报。刘恒江、陈继祥（2004）探讨了浙江民营企业集群形成和演化的涌现性机理，发现浙江嵊州领带集群、温州打火机集群等在国际市场上具有很强竞争力的原因，在于集群内部的整体机理作用。这些集群内的生产企业、中介机构、管理机构和供应商等组成了柔性的、有学习能力的协作整体，在信任、知识共享、协同、创新等机制的约束和推动下，具有共同的使命感和发展目标，遵循明显的网络结构和运行逻辑，形成一种比较高级的"合力源"，使浙江民营企业集群比非集群和集群外企业更容易发现和把握市场机会，交易成本更低，市场竞争优势更强，并具有更强的自组织能力、自增强能力和自适应能力。石奇义（2015）指出温州工业发展优势体现在工业4.0产业发展已有一定规模、生产效益较好并保持较快增长、万元工业产值电耗较低、高端装备制造等产业集聚明显等方面。总体而言，站在集群角度，学者主要从经济学的外部性、合作网络及系统学的整体性角度论述温州工业竞争力的优势来源。本书把主要基于工业集群角度论述温州工业竞争力的文献观点归纳为表3-3。

表3-3　基于工业集群的温州工业竞争力优势来源

理论视角	理论观点
基于工业集群的经济学观点	①在专业分工方面，温州在低压电器、汽摩配等工业产品生产方面形成的集群分工，是温州工业企业获得专业化利益、实现规模报酬递增的优势来源，是温州工业维持区域竞争力的关键。②在合作网络方面，工业集群可为温州企业营造合作的生产（包括创新）环境，从而构成温州竞争力的主要优势来源。温州工业竞争力的形成主要源于集群环境下温州工业企业专业劳动力资源及公共基础设施的共有共享。温州工业竞争力的形成，与集群环境下温州企业形成的相互信任关系脱不了关系。③在辩证思考方面，产业集群形成温州工业竞争力，一方面源于集群促成的学习及创新环境，另一方面也源于集群企业规避拥挤等负外部性的应对。温州工业竞争力的形成与温州产业集群优势形成的关系是辩证的。
基于工业集群的系统学观点	站在工业集群角度，系统科学理论在分析温州工业竞争力的来源时，强调的是整体概念，即认为温州工业竞争力的形成与它赖以存在的产业集群特别是产业集群内部功能要素的相互作用有关。温州工业竞争力的形成，依赖温州产业集群的整体运作。

此外，还有一些学者，从温州人精神、温州商人网络、温州民间金融等优势方面论述了温州工业的竞争优势。首先，在人的因素方面，王翾锋（2003）认为，温州经济向来是老百姓经济，有着自发的、自觉的发展历程。只有顺其自然，保持温州人敢为天下先的个性，温州工业经济才是有竞争力的经济。总体而言，由于人是社会生产中最重要的要素，本书认为，温州作为我国社会主义市场经济发育较早的地区之一，其之所以能在国家投资少、经济基础差的条件下迅速发展成我国具有一定代表性的区域经济实体，这与温州拥有有"中国犹太人"之称的温州人是分不开的。除了集群等因素外，人的因素是分析温州工业竞争力因素最不应该回避的因素。温州人凭借敢为天下先的精神，在工业发展领域创造了多个国家第一：第一个制定私营企业条例，第一个建立股份合作制企业，第一个实现国有土地有偿转让。敢为天下先，"宁为鸡首、不为牛后"的温州人精神，是温州工业经济改革开放后在国内实现率先发展的重要条件。其次，在金融环境方面，林祝波（2009）认为灵活的管理模式、多元化的投资渠道、低成本竞争优势、企业家的创业精神和温州人的营销网络是温州产业集群的竞争优势所在；李健（2010）认为温州产业结构、金融环境、外贸快速发展等因素对温州民营制造

业的发展起了主要作用；胡一凡、高文君（2018）认为温州雄厚的资本原始积累和敢于闯荡、敢为人先、勇于创新传统人文精神是"温州模式"固有的优势及其潜在的生命力；吕淼（2017）认为，在消费经济主导下，温州工业产品结构和民间财富优势是温州工业经济优势所在。李浩然（1996）概括了影响温州工业竞争力的金融资本因素及温州人因素，认为温州工业主要是依靠下列几个支柱运转起来的。第一，发达的信息网络。全市有上百万人在外搞推销和经商办厂，所有涉及温州经济的有关信息都能及时反馈回来，并使其尽快与产销结合，转化为现实的生产力。第二，有效的产销系统。温州的小商品生产最大特点是见效快，产销衔接好。第三，温州经济已经形成一个强有力的民间资本积累机制，多数企业能依靠自有资金和民间资本市场完成经济循环。第四，初步的市场体系。温州原有的十大专业市场继续保持旺盛的活力，温州有几十万人在外专司推销活动，把温州的产品打入全国市场，让全国人民知道温州货。

相对而言，产业集群仍是学界分析温州工业竞争力提及最多的因素。众多学者及政府领导人指出，温州生产资源缺乏，经济两头在外，集群经济在温州工业发展中起了非常重要的作用。温州工业经济在改革开放之后取得的辉煌，与温州在日用品比如打火机、剃须刀、眼镜、服装及汽摩配、低压电器等工业产品生产上形成的集群经济分不开。

沧海横流方显英雄本色。经过改革开放后40周年的发展，温州工业经济目前正处在转型提级的关键档口。温州工业在未来的发展过程中，能否持续发挥集群优势、温州人优势、民间金融优势、制度先发优势并创造更多新的竞争优势，是接下来温州工业经济发展必须解决的一个核心问题。

3.3 温州工业经济竞争力的弱势与原因

3.3.1 温州工业经济竞争力的弱势

温州是我国民营经济发展的先发地区与改革开放的前沿阵地，是我国区域经济发展的优等生。温州走出的一条具有鲜明区域特色的发展道路，创造了生机勃勃的"温州模式"，一度成为包括省内杭州、宁波等城市学习的榜样。温州抓住了我国短缺经济的契机，以民营经济为特色，以块状经济为先导，以县域经济为基础，以小城镇为载体，以"政府无为而治"为手段，通过率先启动工业化进程，在我国城市经济竞争中占尽了先机。温州在一无国家政策优势，二无自然资源优势的情况下，一跃发展成为浙江重要的一极，与杭州、宁波呈三驾齐驱之势，是浙江铁三角城市。1991年，温州国内生产总值是杭州和宁波的44.5%和54.7%，随后，温州与杭州、宁波的差距不断缩小，2000年温州国内生产总值分别达到了杭州和宁波的59.9%和69.5%。温州已发展成为我国浙南、闽北重要的经济中心，工业销售总产值一度非常接近杭州、宁波（2000年数据）。

但自我国区域经济发展进入城市化推动时代以来，温州工业经济发展的增长势头逐渐式微，后劲不足。工业化与城市化是我国经济社会发展的两大主旋律，是推动我国区域经济发展的两大驱动轮[1]。温州是我国民营经济发展的先发地区与改革开放的前沿阵地。改革开放后，温州走出了一条依靠工业化推动区域发展的道路，创造了生机勃勃的"温州模式"，取得了举世瞩目的成就。但时过境迁，

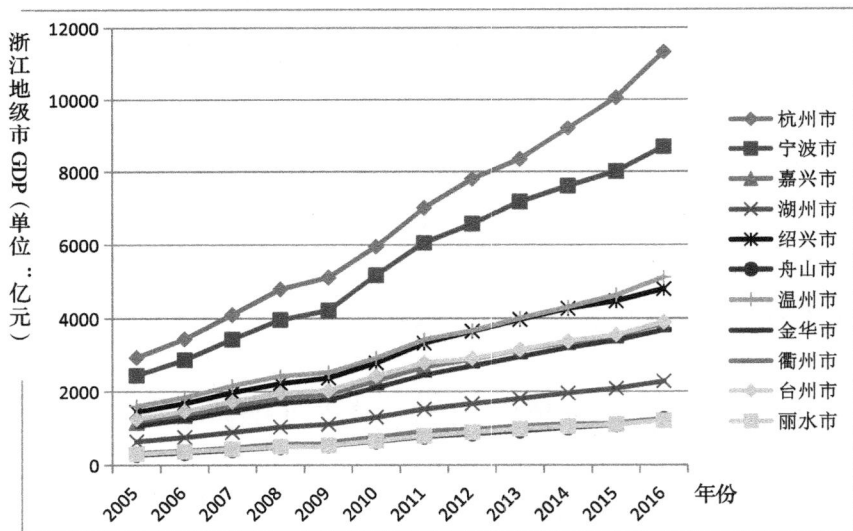

图3-3　2005—2016年浙江11个地级市的GDP增长趋势图

---

①浙江新闻：《王国平：杭州有今日成就 关键在于抓住城市化机遇》，浙江新闻在线，2017年7月27日，http://zjnews.zjol.com.cn/zjnews/hznews/201707/t20170727_4651920.shtml。

由于我国区域经济发展的竞争主要已体现为城市化的竞争，温州以率先工业化推动自身发展的实践，正遭遇过剩经济、新技术革命及新型城市化推动等外部环境变化的挑战。

与温州相比，杭州这座城市在工业化发展道路上也是一座先天不足的"四无城市"，既无政策资源，也无项目资源，更无地矿资源和港口资源。杭州能有今天的成就，关键在于迈入新世纪以来，紧紧抓住城市化这一战略机遇，深入实施"环境立市"战略，努力营造一流的人文、体制、法治、治安、政策、政务、人居、生态、硬件环境，坚持不懈地以政府做城市做环境带动市场做产业做企业，以政府办好企业围墙外的事带动市场办好企业围墙内的事，以城市发展方式的转变推动经济结构调整和产业转型升级，进而推动经济发展方式的转变，使杭州成为劳动、知识、技术、管理、资本等要素集聚的"洼地"，成为各方人才投资创业的"天堂"。

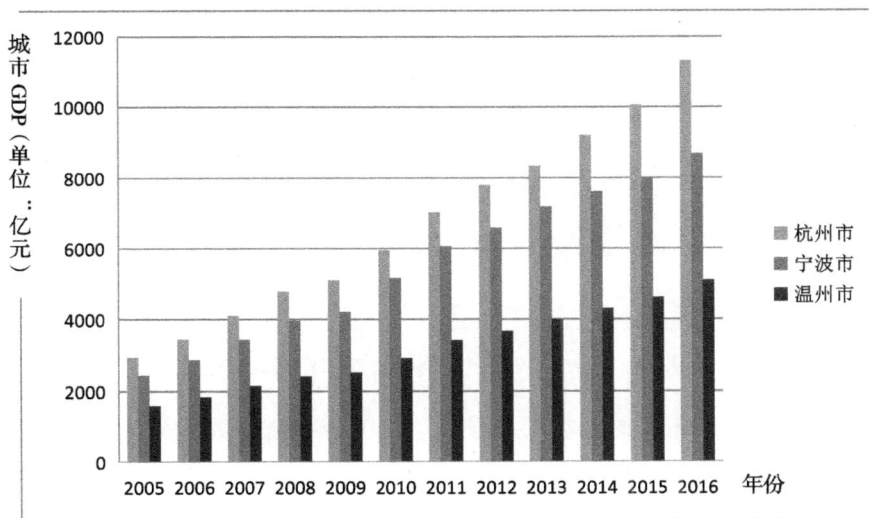

图3-4 2005—2016年温州与杭州、宁波GDP增长对比图

由于没能抓住城市化推动自身区域经济发展的契机，进入新世纪以来，温州工业经济发展后劲不足，与省内领先的杭州、宁波等城市的比较差距不断扩大，温州工业经济发展在浙江的"铁三角"位置甚至有被绍兴取代之势。图3-3为2005—2016年浙江11个地级市的GDP增长趋势图。从图中可以看出，温州与杭

州、宁波的经济发展差距不断扩大（见图3-3和图3-4）。2005年温州GDP是杭州、宁波的54.4%、65.3%，2016年温州GDP是杭州和宁波的45.1%和58.7%。据GDP增长数据，杭州、宁波目前是浙江第一方阵城市，温州、绍兴、金华等为浙江第二梯队城市。2016年5月11日颁布的《长江三角洲城市群发展规划》中，温州不在其列。据预测，未来随着杭州大湾区建设及浙江经济中心进一步向东北方向转移，温州要维持自身在浙江省内的"铁三角"位置的压力将不断加大。温州GDP目前有被绍兴赶超之势，2012年，由于民间借贷违约事件频发，温州GDP一度与绍兴基本持平（见图3-5）。

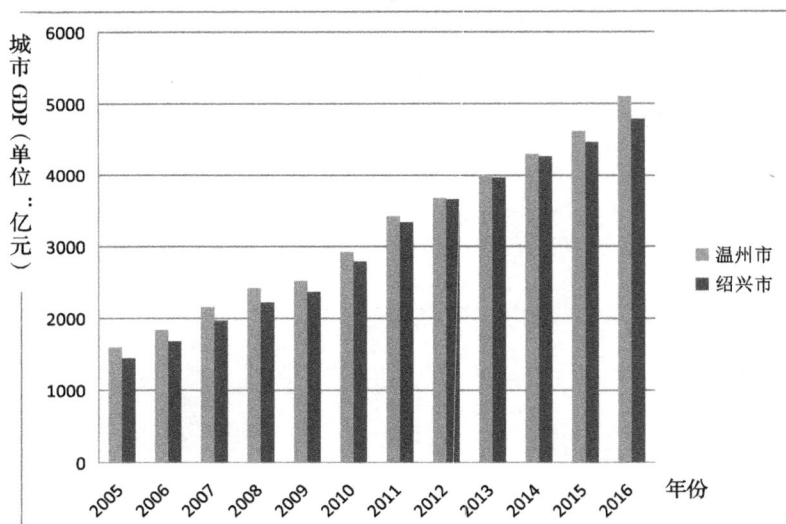

图3-5 2005—2016年温州与绍兴GDP增长对比图

温州的工业经济发展已被绍兴超越。实体经济够强够大才是温州赶超发展的根本，温州工业经济发展的相对滞后，已成为阻碍温州实现进位赶超发展的实体短板。目前，温州正在通过实体经济和温商的"两个回归"，扭转颓势，"再造辉煌"，构筑再创温州实体经济优势的新平台。2017年4月，温州颁布了《温州浙南沿海先进装备产业集聚区发展规划》。但重塑温州实体经济优势仍是温州当前和今后一个时期的第一要务。2005—2016年浙江11个地级市的工业总产值增长趋势图显示，温州工业发展不仅与杭州、宁波的差距在扩大，与绍兴的差距也在扩大。在工业经济领域，温州已丧失省内第二梯队领头羊位置（见图3-6和图

3-7），2016年甚至被同处于环杭州湾地区的嘉兴超越。总体而言，相对浙北环杭州湾地区，浙南地区的发展较为滞后，浙江应将温州作为其在浙南的一个重要战略支点，推动浙南地区的发展。

温州工业竞争力的弱势不仅体现在总量上，还体现在结构上。2013年浙江省"百强企业"名单公布，进入"百强"的企业，杭州有41家，宁波和绍兴分别达

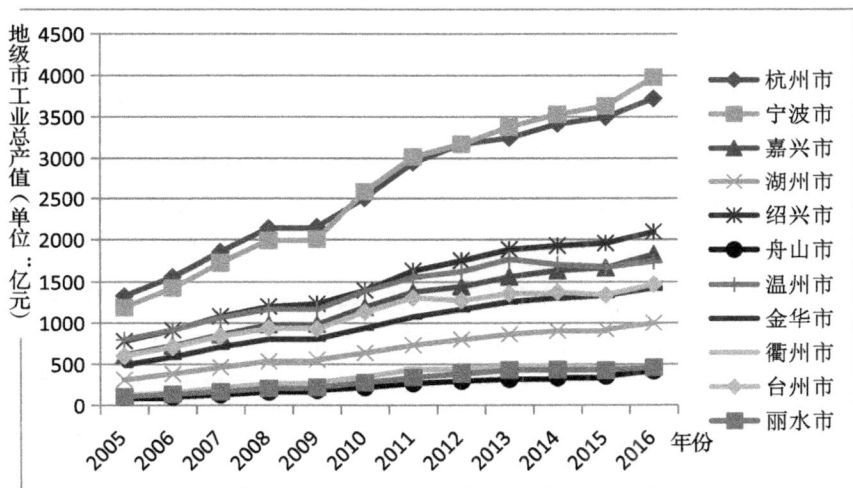

图3-6 2005—2016年浙江11个地级市的工业总产值增长趋势图

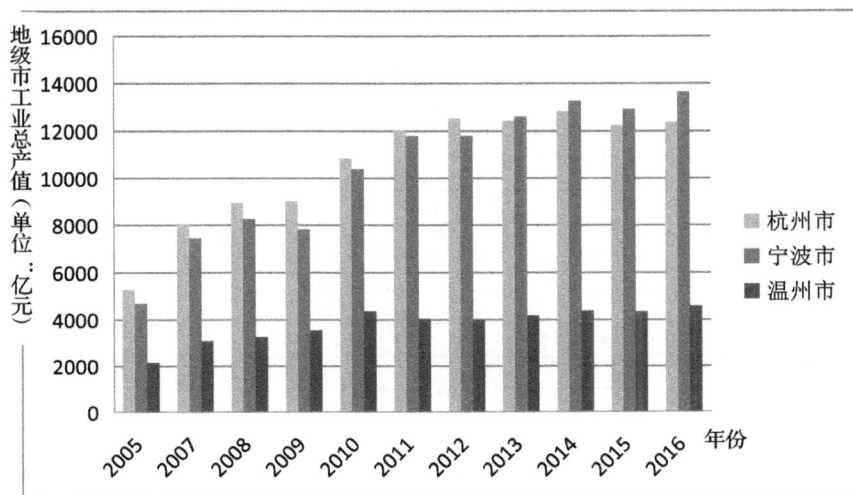

图3-7 2005—2016年温州与杭州、宁波工业总产值增长对比图

到20家，而温州仅有10家。温州规模以上工业企业的数量和质量与绍兴的差距越来越大。温州的"浙江百强企业"正泰、人民、德力西、天正、华通、兴乐基本集中在传统的电气板块。温州工业企业在生物制药、高端装备制造业、新材料、信息等新兴产业领域少有涉足。温州相对较低的国际化水平也影响了温州工业的发展。国际化利于区域利用世界两种市场、两种资源发展本区域经济，温州一直以内资企业为主，温州利用外资的不足，阻碍了温州工业企业对外经济贸易合作的开展，导致温州工业企业缺少与外资企业展开正面竞争的机会，也阻碍了温州工业企业的技术进步。2016年，温州规模以上工业企业数，内资企业占比高达96.6%，温州4871家规模以上工业企业中，外商投资（包括中国港澳台地区商人投资）企业数只有166家，占比13.4%。温州外商投资（包括中国港澳台地区商人投资）企业数低于杭州和宁波，也低于绍兴、嘉兴、金华、湖州和台州。在浙江省内，温州外商投资（包括中国港澳台地区商人投资）企业数，仅比衢州、丽水、舟山等一些工业不发达城市高。这与温州处于浙江经济第二梯队领头羊的位置不符（见表3-4）。在浙江省内，杭州、宁波、嘉兴等城市都加大了国际化建设力度，城市国际化水平不断提高。温州外商投资企业数不足，限制了温州区域中心城市的建设，对温州工业企业的发展壮大不利。这是温州工业发展长期止步不前和温州工业落后于杭州和宁波的一个重要原因。

表3-4 2016年浙江11个地级市规上企业按资金来源企业数对比

	内资企业数	中国港澳台地区商人投资企业数	外商投资企业数	内资企业占比
杭州市	4738	435	511	83.4%
宁波市	5678	881	727	77.9%
嘉兴市	4021	503	527	79.6%
湖州市	2387	228	191	85.1%
绍兴市	3764	427	239	84.5%
舟山市	355	6	14	94.7%
温州市	4705	67	99	96.6%
金华市	3751	114	103	94.5%
衢州市	888	16	29	95.1%
台州市	3443	87	88	95.2%
丽水市	1085	13	17	97.3%

本书直接给出了浙江11个地级市工业企业发展的主要经济指标对比。2016

年，浙江11个地级市工业企业主要经济指标对比证实了温州工业发展的弱势（见表3-5）。表3-5给出的2016年浙江11个地级市工业企业从业人员平均人数、流动资产平均余额、固定资产净值年平均余额、主营业务收入、利税总额、产品销售税金及附加、利润总额的结果显示，2016年温州工业企业的主营业务收入、利税总额、利润总额均远低于杭州和宁波，与处于浙江第二梯队的绍兴、嘉兴、湖州也是差距明显。2016年杭州、宁波规模以上工业企业主营业务收入、利润总额分布达到12367.54万元和13639.11万元与946.06万元和1016.89万元，而2016年温州规模以上工业企业主营业务收入、利润总额分别是4594.24万元和283.13万元，与杭州、宁波相比，差距极大。2016年，浙江11个地级市规模以上企业的主要经济指标对比结果显示，温州工业企业的固定资产净值年平均余额、从业人数平均人数在浙江省内也处于下游水平。本书所选的反映温州工业企业发展状况的指标包括两类。一类是侧重反映温州工业企业现状的指标，包括主营业务收入、产品销售税金及附加、利税总额、利润总额等。另一类是侧重反映温州工业企业发展的可持续性指标，属动态指标，包括从业人员平均人数、固定资产净值年平均余额等。温州工业企业相对较低的固定资产净值及从业人数，说明温州工业企业的发展缺乏持续性。按照温州工业企业目前的资本投入水平，温州工业与省内发达城市的差距将进一步拉大。

表3-5　2016年浙江11个地级市规上企业主要经济指标对比①

	从业人员平均人数/万人	流动资产平均余额/万元	固定资产净值年平均余额/万元	主营业务收入/万元	利税总额/万元	产品销售税金及附加/万元	利润总额/万元
杭州市	107.42	8502.92	3041.27	12367.54	1652.96	283.50	946.06
宁波市	146.82	7851.35	3863.95	13639.11	1786.03	365.35	1016.89
嘉兴市	84.20	4270.23	2941.56	7589.37	788.26	38.11	510.59
湖州市	37.55	2077.89	1087.98	4367.93	447.73	31.63	295.26
绍兴市	75.83	5154.19	2004.76	9337.98	858.55	40.91	592.10
舟山市	8.01	824.63	542.79	1379.82	51.71	4.26	27.67
温州市	75.42	2715.42	1042.42	4594.24	467.42	25.58	283.13
金华市	61.11	2574.09	1192.89	4370.87	446.56	24.64	273.83
衢州市	14.76	915.75	595.48	1590.49	155.22	7.75	97.35
台州市	61.06	2503.01	1252.96	3794.15	414.86	24.85	259.81
丽水市	16.80	734.15	397.24	1774.53	190.15	7.62	137.19

①数据来源：2017年《浙江省统计年鉴》。

3.3.2 温州工业经济竞争力的弱势原因

温州工业发展的弱势在经济发展领域中的负面影响在近几年已经有所体现。以地区工业生产总值为例，1983年，温州地区工业生产总值是杭州的16.8%和宁波的45.1%，在温州经济发展最快的1978—1999年，温州与杭州、宁波的GDP对比一度缩小到温州的GDP为杭州的59.8%及宁波的70.4%，但2000年之后，温州与杭州、宁波的GDP对比又呈现扩大趋势。2000年以来特别是2008年金融危机以来，温州工业经济发展甚至出现了比较严重的产业空心化问题。总体而言，温州工业发展的弱势表明，尽管温州的工业发展在改革开放的第一阶段取得了巨大的成就，一度是我国落后地区在缺乏外力推动的条件下推进区域经济发展的成功范例，但是随着国内外宏观环境的转变，由于温州区域经济社会发展模式未能有效转型以适应发展阶段的转变，温州可能正走在一条边缘化的通道上。对温州工业发展的研究，目前已主要转移到对温州工业发展的弱势原因的分析上。

目前，对温州工业发展弱势原因的研究大都缺乏一个统一的理论框架。国内学者大多从产业结构、金融缺位、路径依赖角度做出解读（见表3-6）。譬如，站在产业结构角度，黄龙潜（2008）认为温州工业竞争力弱势既表现在温州工业结构方面，也表现在温州工业集聚发展的平台方面。再譬如，站在研发等高端要素供给不足角度，李健（2011）则认为，温州科技基础薄弱，温州科技生产要素的供给不足是温州工业长期裹足不前的重要原因，等等。

表3-6　温州工业经济弱势原因分析的理论流派

理论流派	主要观点
产业结构低下论	温州工业竞争力弱势主要表现在工业结构方面，温州工业主要集中在低技术、低赢利、高污染、高耗能的劳动密集型行业，转型升级慢。温州目前给人们的形象仍然是城市品位不高，高端要素集聚不足。传统加工业仍是温州工业产业的主体。在现代企业制度方面，温州工业企业也以家族企业居多，已经建立现代公司制的企业不多。企业管理水平低，缺乏现代化管理能力。
金融缺位论	金融缺位是温州工业发展弱势最重要的原因。温州工业企业以中小企业为主，而且主要为民营企业。温州工业企业结构使得它们很难通过正规的金融渠道获得金融支持。温州工业企业主曾经抱怨，银行宁愿把钱借给一直亏损的国有企业也不给他们。他们不是不知道借高利贷风险大，他们也想向银行贷款，但是银行不批。无奈之中的温州工业企业主只好把求助的目光投向了民间资本。

续表

理论流派	主要观点
科技投入不足论	知识经济条件下，工业企业要想创建或者保持自己的品牌，就必须坚持科技创新，只有使自己的产品具有其他产品所不具备的优势，才能使工业企业在市场竞争中独占鳌头。温州工业企业以中小型民营企业为主。温州工业企业生产的产品，有一个最大的缺点，是科技含量低，缺少高附加值的名牌产品。目前，温州虽然有森马、郑泰、华峰、奥康等一些在全国都具有一定品牌认知度的规上企业，但总体而言，温州工业企业主要以一些缺少品牌辨识度的家庭作坊式工业企业为主。由于产品技术含量低，温州很多曾经辉煌一时的企业比如霸力集团、飞龙集团、力品康食品饮料有限公司如今已难寻踪迹。
企业文化缺失论	企业文化是企业不可缺少的一部分，优秀的企业文化能够营造良好的企业环境，提高员工的文化素养和道德水准，对内能形成凝聚力、向心力和约束力，形成企业发展不可或缺的精神力量和道德规范，能使企业产生积极的作用，使企业资源得到合理的配置，从而提高企业的竞争力。温州工业企业文化建设成绩喜人。2018年温州多家企业在浙江省企业文化建设上获表彰。浙江伊利康生物技术有限公司获得"十佳"企业文化品牌建设优秀单位称号，康奈集团党委书记蔡发荣获得"十佳"企业文化工匠称号。此外，华峰集团、龙湾永强供电公司、国网温州供电公司获得企业文化建设示范单位称号，冠盛汽车零部件集团股份有限公司获得企业文化品牌建设优秀单位称号，新雅投资集团党委书记王仁贤获得企业文化工匠称号。但由于温州工业企业主文化底蕴普遍不强，温州工业企业文化建设水平总体不高。
生产要素供给不足论	温州工业竞争优势总体上正在逐步弱化，主要是生产要素制约日益凸显，影响了温州工业结构的调整和产业升级。在土地资源方面，由于土地资源总量少、国家土地政策逐步收紧，使温州土地供应严重不足，土地价格飞涨；在资本要素方面，由于投融资渠道不畅，产业资本不足，温州工业性投资近几年维持在较低水平，严重影响了产业发展后劲；在人力资源方面，由于一般人力资源和专业人力资源素质不高、结构不合理，不能满足轻工产业的发展需要；在基础设施方面，由于缺乏深水港口、高速铁路和国际机场，大大增加了生产成本和交易成本。这些生产要素制约已经成为温州工业特别是温州轻工产业可持续发展和竞争力提升的严重瓶颈。
路径依赖论	长期低层次的路径依赖，导致温州深陷"粗放增长缺资源、集约增长缺激励"的困局，产业转型滞后、创新增长弱化、企业空心化严重、社会发展弱化等问题日益凸显。温州建立在血缘、亲缘、族缘和地缘基础上的领先地位不再。温州塑料制品、皮革皮毛、纺织服装等典型劳动密集型产业占据温州工业最大比重。温州信息经济、金融服务、科技研发等新兴工业服务业发展滞后。

温州是我国民营经济的发源地。改革开放之后，温州人凭借敢为天下先的精神，在我国相对落后的地方率先启动了工业化的进程，一度成为我国其他城市的效仿对象，"温州模式""温州经验"也一度成为学界主要研究的对象。但进入21世纪之后，温州突然从我国区域经济发展的优等生，成为我国区域经济发展的后进生，包括温州工业发展在内的温州经济为什么会突然出现后发乏力的现象？温州曾经赖以发展的工业产业又为什么会出现疲软迹象？并且，温州人、温州资本等本是学界解释温州工业为什么会率先实现发展的最重要原因，但进入21世纪之后，温州为什么会在新型工业化发展道路上落后于其他区域？本书为统一对温州工业发展弱势原因的解释，决定以外在环境角度为主，对改革开放之后温州工业发展兴衰更替的原因展开分析。

人是社会生产中最活跃的因素。改革开放之后温州工业发展出现的兴衰变化与温州面对的不断变化的外部环境关系密切。温州置身外部不断变化的环境，既有改革开放初期淘尽体制沉疴的快速发展，也有改革开放后期沉溺过往辉煌的踌躇不前。改革开放之初，温州工业发展利用的天时、地利、人和环境主要包括：（1）全国计划经济体制严格管制着生产和生活的各个领域，依靠民营经济的灵活机制促成了温州在改革意义上的体制先发优势。（2）重工业化导向的计划经济使得轻工业消费品短缺严重，这些产业领域的低进入壁垒促使温州民间资本迅速进入，形成了以轻工业消费品产业为特征的温州产业基本结构。（3）由于产品特性对于市场网络的高度依赖，商贸流通成为产业发展的重要基石，而中心城市一方面受到严格控制，另一方面其相应的功能需求并不突出，因而在农村工业化进程中，就地城市化即城镇化成为普遍现象。（4）企业竞争力主要体现在价格与市场网络的拓展上，这种市场网络的拓展是水平的，起初面向于"三北"市场，最后水平扩展到全国和世界其他地区。

1978—2007年是温州经济发展最快的一段时期。这一时期，温州充分利用我国改革开放的时代契机，凭借制度先发优势一跃成为我国主要的经济工业中心城市，创造了举世瞩目的"温州模式"。但进入21世纪之后，随着我国市场化改革的逐步推进，尤其是我国加入WTO后国内市场进一步开放，温州由于沉溺过往辉煌，体制僵化，温州工业经济发展进入跌宕起伏期。在这一时期，温州工业经济发展遭遇的时代环境变化挑战主要包括：（1）初级市场经济向现代市场经济转型，使得温州工业企业仅仅依靠产权制度改革获得的体制先发优势迅速丧失。民营经济的发展不再受到法律和政策的限制，相反，各地纷纷出台政策鼓励民营经济的发展。温州工业经济在改革开放初期依靠民营经济体制先发优势确立的经济发展空间和落差迅速缩小甚至消失。（2）经济发展动力由工业化推动城市化向城市化推动工业化转型，使得温州依靠"农村工业化＋乡村城镇化"的工业发展路径问题积重难返。（3）居民消费结构的变化，使得依靠价格取胜的、以低层次传统消费品为目标取向的温州（轻）工业面临巨大挑战。我国人均GDP从2003年开始就已经超过1000美元，沿海省份更是超过3000美元。我国居民收入水平的提高对温州工业发展构成了双重挑战。随着我国居民收入水平的提高，一方面，我国居民消费由"吃穿"导向向"住行"导向转变，导致温州工业企业主要以传统消费品为销售对象的市场的萎缩。另一方面，我国居民消费由低档次逐步向高档次品牌化方向迈进，使得主要以低层次传统消费品为目标取向的温州工业企业面临产品销售市场急剧萎缩的挑战。（4）内源型经济向开放型经济转型，使得长期缺乏国际投资的温州工业面临更大的国际竞争压力。自中国加入WTO过渡期结束以及全球新一轮产业布局调整步伐加快，中国与世界经济发展的步调和节奏不断趋同。国际化已成为包括温州在内的任何一个区域经济所不能回避的趋势。目前，温州对外的经济合作，主要以温州对外的投资为主，温州在我国沿海开放城市中外资占比远远落后宁波、青岛、厦门等城市。在国际化日益深入的今天，温州这种单纯依靠内源推动的经济发展模式面临诸多弊病，已严重影响温州区域工业发展的潜力和竞争力。温州工业发展急需按照外部环境变化，做好走出去和引进来的协调互动。

概括而言，与30多年前温州经济刚刚兴起时相比，进入新时代之后，温州工业发展的外部环境出现了四个重大变化：第一是经济全球化，第二是新型城市化，第三是新技术革命，第四是过剩经济，也就是买方经济。在这种情况下，温州工业要与时俱进，从1.0向2.0转变，应做到"一稳定四转变"：稳定民营经济，实现块状经济向现代产业体系转变，县域经济向城市经济转变，小城镇向网络化城市转变，政府无为而治向政府依法而治转变。温州应摆脱传统以工业化推动城市化进而推动区域经济发展的传统路径，转而确定以城市化推动工业化的发展路径，将温州建设成为现代劳动、知识、技术、管理、资本等要素集聚的"洼地"。

目前，面对区域发展环境的转变，温州已启动工业发展战略的模式转型，先后实施"质量立市、品牌兴业""四化改造（智能化、信息化、证券化、时尚化）"等战略。但客观地讲，温州工业在品牌化、国际化及中心城市支撑方面仍困难重重。这主要包括：（1）温州工业产业结构仍然以轻工业消费品为主，温州工业产业向资本和技术密集型产业以及价值链高端产业升级步履缓慢。与杭州和宁波相比，温州工业产业结构的"轻小化"倾向显著。在轻重工业比重上，温州重工业占比远远低于宁波，与杭州相当。但是在企业规模结构上，温州大中型企业比重低于杭州，也低于宁波。在具体工业行业结构上，温州除了在纺织服装类行业上具有优势之外，在石化医药、机械设备、电子仪器等行业都与杭州宁波存在较大的差距。（2）温州工业的外向化发展成效甚微，起步缓慢。长期以来，依靠民营经济的积累和丰富的民间资本，温州在招商引资上步履蹒跚，成效甚微。据温州国际化发展研究中心课题组数据，温州城市国际化虽处于省内第二梯队的前列，但与杭州和宁波差距较大，基本处于沿海开放城市国际化的最后一个梯队。温州国际化发展研究中心课题组出于衡量温州工业发展的国际化水平目的，构建了一个包括44个三级指标、6个二级指标、2个一级指标的国际化水平指标评价体系。结果显示，温州国际化指数是3.09，而杭州和宁波分别以8.35和7.12位列前二甲。温州处于全省的第二档的前列，与杭州、宁波差距比较大，与同为第二档的绍兴（1.90）、金华（1.83）、嘉兴（1.82）等相差不大（见图3-8）。在政策启示意义上，这说明作为浙江省的"铁三角"城市，温州城市的国际化水平与其在浙江省的重要位置不符，温州需进一步提高其工业发展的国际化发展水平。（3）中心城市功能建设和提升滞后，为温州工业发展集聚高端要素的平台尚未建成。长期以来，温州主要依靠农村工业化推动经济发展，依托小城镇解决劳动力转换，中心城市发展缓慢。我国省县直管的财政体制更加增加了温州县级城市的建设而弱化了温州中心城区的城市建设。自20世纪90年代末以来，浙江省的主要城市开始了一轮扩张中心城市的体制变革。2001年2月，杭州市将萧山和余杭两县纳入市区，2014年12月13日，经国务院批准，杭州撤销富阳市，设立杭州市富阳区。2017年8月，浙江省政府决定撤销县级临安市，设立杭州市临安区。继杭州之后，宁波、绍兴、台州也加快了中心城区扩建步伐。2016年10月，根据《国务院关于同意浙江省调整宁波市部分行政区划的批复》，宁波撤销县级奉化市，设立宁波市奉化区。2013年10月，绍兴撤销县级上虞市，设立绍兴市上虞区。通过将这些工业强县吸收进中心城市，不仅大大拓展了中心城市的产业空间，也极大地提升了中心城市的经济实力。相比较而言，继2015年将洞头撤县设区之后，温州在这一轮中心城市拓展浪潮中并没有迈出实质性步伐，瑞安、乐清等与温州中心城区联系非常紧密的县市，迟迟未被纳入与温州中心城区协调统一发展的城市版图中，其结果是温州中心城市的集聚功能和产业拓展空间并没有发生显著改善。目前，温州下辖的县市区域有很多特色专业小镇，人口规模从几万到十几万不等，温州下辖县市的这些特色专业小镇围绕温州中心城区如鹿城、瓯海分散分布。与杭州、宁波相比，温州市在规上企业数、高新技术产业数、吸引外资数、科技教育卫生等公共服务支出数方面都远远落后于前两者。

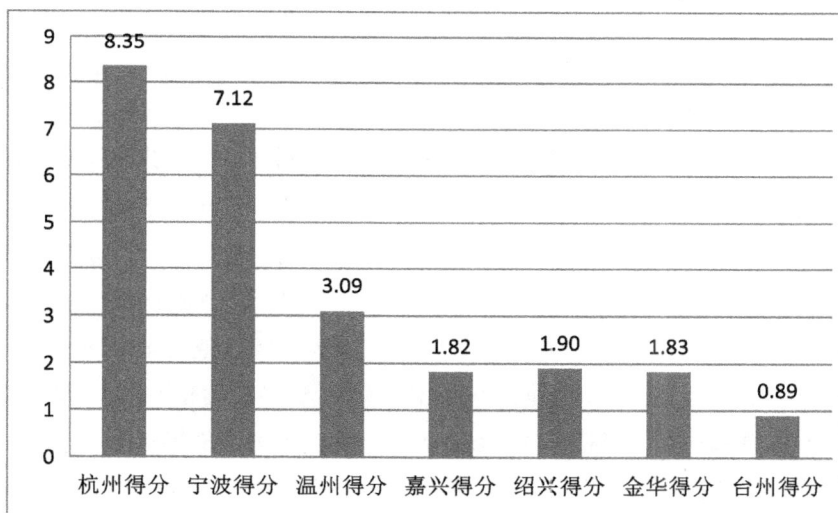

图3-8 2014年温州等省内主要7个城市国际化指标对比

3.4 温州工业经济竞争力的比较与评价

作为我国民营经济的发祥地，温州工业是在特定的历史、经济、政治、文化条件下发展起来的，是温州在实现工业现代化过程中对政治、经济体制及发展战

略的选择。由于在产业结构、运行方式、发展战略上的独特性，温州一直是区域
工业竞争力研究拿来比较的一个主要区域坐标。目前，对温州工业经济竞争力比
较的研究主要可以分为两类：一类是简单地利用经济统计数据，就温州工业的增
速、结构等与其他区域展开纵横向比较；另一类则是将对温州工业经济竞争力的
比较研究上升到模式总结高度，重在通过与国内外典型发展模式的比较寻求引导
和优化温州工业发展的模式。

　　首先，在温州工业发展的增速（包括结构）研究方面，根据2007年浙江省统
计年鉴及温州市统计年鉴数据，对温州工业经济竞争力做横向比较。经研究发
现，改革开放以来，温州工业化发展速度是最快的。改革开放以来，温州用了不
到30年时间，就使得本地的三次产业产值结构从1978年的42.2：35.8：22.0转变
为2006年的3.5：54.8：41.7。如果不考虑人均生产总值、人口城市化率和农业从
业人员的指标，单从产业结构比重演化角度看，温州是浙江省内较早呈现工业化
后期阶段的城市。温州通过率先的民营化和市场化改革，快速地走上了工业化和
城市化道路。谢立新（2003）以中国沿海发达地区中竞争力比较强的福建泉州、
浙江温州、江苏苏州三个地级市为研究对象，对温州与泉州、苏州的产业竞争力
（包括工业）做了对比。谢立新以温州、泉州、苏州三市产业结构转换能力、产
业空间聚散能力和产业组织成长能力为重点，通过对温州、泉州、苏州三市产业
产生、成长和演进能力的分析，研究和探讨了我国东部沿海小区域产业发展和竞
争力提高的一般规律。何英俊（2013）则在已构建区域工业竞争力评价指标的基
础上，对浙江省11个地级市工业竞争力做了对比。何英俊构建了包含8大类指标，
23项二级指标和58项三级指标的区域工业及经济竞争力评价指标体系。作者首先
利用层次分析法确定指标权重系数，然后通过TOPSIS法得出浙江省11个地级市区
域发展竞争力排名。结果显示温州市的工业竞争力在经济基础、科技创新和国际
贸易方面有较强的优势。

　　其次，在温州工业发展的模式研究方面，目前对温州工业发展模式的对比主
要局限于国内城市的对比。胡勇（2006）等对比了温州工业发展模式与苏南和珠
江三角洲的差别，他指出区域工业发展模式是一定区域在一定历史条件下的工业
发展特征、工业发展过程及其内在机理的高度概括，是经过长时期的实践形成的
较为固定的发展的定式，是实践经验在理论上的升华。温州与苏南及珠江三角洲

工业发展模式的差异在于：温州工业发展模式是发展市场经济的模式，是放手发展民营经济的模式。温州工业发展模式，是一种市场主导型和民营资本推动型的工业发展模式，主要得益于民间私人资本的推动和运作，是典型的"小政府、大市场"结构，政府扮演的是一种"无为而治"的角色。苏南工业发展模式属于典型的由政府主导的公有资本推动型。政府既是生产者又是投资者，主要由政府出面组织土地、资本和劳动力等生产资料，并指派企业负责人。珠江工业发展模式则主要依托毗邻中国港澳地区、华侨众多及国家优惠政策倾斜的优势，以东莞、宝安等地为代表。总体而言，"温州模式"是改革开放以来我国工业化进程中涌现出来的最为独特、最具争议的区域工业化模式（赵伟，2002）。相对苏南及珠江模式，"温州模式"的特点至少有三，即产权明晰的企业制度、内源性资本形成格局和以区际贸易为主的市场分布。温州与苏南及珠江三角洲工业发展模式的对比具体见表3-7。

表3-7　温州与苏南及珠江三角洲工业发展模式对比

发展模式	发源地	驱动主体	主要特点
"温州模式"	温州	民间私人资本	政府"无为而治"，主要得益于民间私人资本的推动和运作。
"苏南模式"	苏州、无锡等地	由政府主导的公有资本推动	政府既是生产者又是投资者，政府与市场的边界不清。
"珠江模式"	东莞、宝安等地	"三来一补"推动	依托毗邻中国港澳地区、华侨众多及国家优惠政策倾斜的优势，以东莞、宝安等地为代表。

蔡武、程小军（2012）等人为总结创新我国区域工业发展模式，还将对温州工业发展模式的对比拓展到了国外。蔡武、程小军考察比较了东亚-拉美模式和苏南—温州—珠江模式等国内外典型的区域工业发展模式，认为当今世界影响较大的经济或工业发展模式主要有英美、莱茵、东欧、印度、东亚、拉美模式。相对于注重灵活自由与科技制度创新的英美模式及追求经济效率与社会公平的莱茵模式，由于自身经济基础不同，东亚和拉美两种发展模式在发展中国家最具代表

性，值得发展中国家借鉴。至于外资导向的拉美模式，蔡武、程小军认为，经济增长须内需与外需均衡拉动，利用外资的同时应注意资本的内化，产业调整应立足本土化、专业化、多元化和国际化。施政政（2016）则对比分析了温州与新加坡、日本、韩国等国家以及晋江市、苏州市等城市的工业化模式差异，从完善政府作用角度，提出了新常态下推进温州产业转型升级的对策建议。

目前，温州工业已进入后工业化发展阶段，我国城市发展的驱动力也已进入以城市化推动工业化发展的阶段。在这一阶段，温州工业将遭遇以工业化推动城市化转向以城市化推动工业化的转型阵痛，温州工业的发展将越发取决于平台、人才、创新、区域块状产业链环境等后工业化驱动因素的影响。对温州工业竞争力比较与评价的研究，也应克服传统以工业化推动城市化进而推动城市转型发展的思维，转向从城市化推动工业化角度，立足温州城市为其工业发展提供的人才、资本集聚环境角度，对温州工业竞争力展开对比评价研究。遗憾的是，尽管近年来已有不少学者从区域产业升级、发展模式等方面比较评价了温州工业经济发展的产业环境，但国内已有的这些研究大多秉承工业化单向推动温州区域城市化的视角，对温州工业在新型城市化推动工业化发展阶段出现的新情况、新问题还缺乏全面的比较评价分析，选择的比较样本城市普遍偏少。基于此，本书将基于温州工业已进入后工业化发展时期的判断，立足工业化与城市化双向驱动视角，选择多样本城市，对新时期温州工业经济的竞争力进行系统的比较评价分析。本书将选取国内工业发展的"标兵城市"和与温州经济实力（GDP）大致相当的城市，对温州工业发展的竞争力进行系统的对比，具体包括省内的杭州、宁波、绍兴、嘉兴、台州、金华，省外的深圳、东莞、佛山、苏州、无锡、常州、厦门、福州、泉州、青岛、大连，共17个城市（不包括温州），力求实现对温州工业经济发展状况的全面比较。

3.5 小结

温州自古以来就是个工商业发达之地。改革开放以来，温州以敢为天下先的精神与勇气，在我国区域经济发展中赢得了制度先发优势，一度发展成为我国重要的工业中心城市。鹿城皮鞋、乐清断路器、瑞安汽摩配、永嘉泵阀、乐清电力金具、瓯海眼镜、龙湾制笔等区域性工业产业中心在浙江省内甚至在全国都具有一定的知名度。温州在自身的经济及工业发展过程中，甚至创造了举世闻名的"温州模式"，一度成为全国其他城市学习效仿的对象，与"苏南模式""珠江模式"齐名。但进入新世纪之后，温州工业发展经历了盛极而衰的过程。温州工业由于没有及时适应城市发展动力由工业化推动城市化转向工业化与城市化双向推动的变化，温州工业经济发展逐渐由全国的优等生沦为后进生。温州在全国城市网络中较低的中心性位置，限制了温州人才、信息等高端要素的集聚，对温州工业在新时代的发展极其不利。本章主要立足现代城市发展动力已由工业化推动城市化转向城市化与工业化双向驱动的视角，对改革开放之后温州工业发展的兴衰变化做了系统梳理，重在透析改革开放之后温州工业发展兴衰变化的原因。目前，关于温州工业经济竞争力比较研究尚处于粗线条的区域模式分析。在样本比较城市选择及衡量指标体系构建方面，还缺乏新时代的城市化与工业化双向驱动视角。本书将在重构工业竞争力比较理论的基础上，对温州工业竞争力比较展开系统研究。

第四章
温州工业竞争力的分类比较

参照钱纳里等（1986）对工业化阶段的划分方法和世界上其他国家（地区）的经验，温州总体上进入了工业化后期阶段，工业经济进入"提质增效升级"的转型关键期。2016年，温州实现规模以上工业增加值1149.8亿元，增长7.9%（增速全省第三）；但规模以上工业企业利润增长6.1%，低于全省平均水平10%；工业投资占全部固定资产投资的比重为24.6%，比全省平均水平低6.2%；温州工业经济的问题究竟出在哪里，值得更深入和全面的分析。

工业是实体经济主要的物质生产和服务部门。面对发展优势弱化的形势，温州经济社会发展的差距和短板，需要围绕工业经济竞争力这一主线，通过与兄弟城市对标比较，实现"知不足而后进"的目标。近年来，学术界和决策咨询领域比较侧重于对温州工业发展阶段、结构、行业、布局、效率、要素供给等方面的探讨。但由于缺乏对表面数据背后原因的分析（或是分析了原因但缺乏数据的支撑），以及缺乏与国内、省内兄弟城市的横向比较研究，目前，对温州区域工业竞争力的分析，主要侧重于对温州区域工业竞争力通识问题的探讨，对造成温州区域工业竞争弱势的独特原因关注不多。本章将通过与国内沿海地区工业经济相对领先的17个城市的对比，总结出造成温州工业经济发展相对弱势的原因。

4.1 研究目的

本章研究的核心目的是通过多方面的比较和深挖，考察温州工业经济竞争力综合水平和分领域水平，归纳造成温州工业经济竞争弱势的原因。本章将专注于构建影响温州工业经济发展的因素指标体系和比较框架，总体上，指标设置侧重对效率性（如资本利润率、劳动生产率等）、可比性指标（数据自不同城市间可比较）的选择和比较。

4.2 基础理论

竞争力是竞争主体（国家、地区和企业等）在市场竞争中争夺资源或市场的能力，这种能力是竞争主体在竞争过程中逐步形成并表现出来的，是竞争主体多方面因素和实力的综合体现。现代竞争力理论早期有代表性的学说是熊彼特的"创新说"，他在《经济发展理论》一书中提出了经济创新的概念，认为"创新"对企业竞争力具有决定性作用。波特认为国家竞争力取决于四大要素：生产因素，需求条件，相关产业和支援产业的表现，企业的策略、结构和竞争对手，其"钻石模型"较系统地展示了各竞争力因素之间的关系。

对于工业竞争力的评价，国际上比较公认的方法是荷兰格林根大学建立的ICOP（International Comparison of Output and Productivity）方法，通过对一个特定地区与其他地区在相对价格水平、分部门的劳动生产率及全要素生产率等方面进行比较，来揭示该地区工业与国内外其他地区的差距。自1983年以来，Van Ark等人已利用ICOP方法对世界各国的工业竞争力进行了计算。武义青、马银戌等（2002）提出的竞争力评价方法，主要采用市场占有率和全要素生产率两个指标的乘积来衡量地区工业竞争力。但这并不能全面反映一个地区工业竞争力的总体情况，比如区域内工业的盈利能力和工业结构对竞争力的影响就完全被忽略了。王秉安（2001）提出了区域工业结构竞争力模型的构造思路，从地区工业结构的角度来分析衡量区域工业竞争力。不过这一模型很不完善，仅仅指出了与竞争力相关的一些因素；至于它们之间的相互关系，特别是究竟哪些因素真正对竞争力起决定性作用和影响机制如何，还有待进一步研究。

魏后凯（2000）提出，区域产业竞争力是与企业的核心竞争力紧密联系在一起的，它既取决于宏观层次的区域比较优势，即区域资源禀赋差异，又取决于微观层次的企业竞争优势，是二者综合作用的结果。他基于单个企业的核心竞争力及其群体优势，构建了地区工业竞争力的评价模型，包括市场影响力、工业增长力、资源配置力、结构转换力和工业创新力等五个方面。

4.3 研究方法与对比城市选择

本书主要采取综合评价指标体系构建以评价温州工业经济竞争力的综合排名；通过分领域指标比较，结合案例和发展情况的综合比较，分析温州工业经济各领域的优、劣势；本书分析数据的获取以中国城市统计年鉴、各地统计年鉴和公报数据为准。鉴于数据的可获得性和准确性，工业数据除了特殊说明，一般为规模以上工业企业企业数据。

对比城市的选择标准主要是：（1）温州的"标兵城市"；（2）经济实力（GDP）大致相当的地级市，包括省内的杭州、宁波、绍兴、嘉兴、台州、金华，省外的深圳、东莞、佛山、苏州、无锡、常州、厦门、福州、泉州、青岛、大连，共17个城市（不包括温州）。

从总体产业规模来看，虽然是沿海工业经济先发地区，但温州工业总体规模已经落后于沿海主要工业城市。2016年，温州规模以上工业增加值为1150亿元，同比增长7.9%，绝对数在全省排名第5，增速排名第3，在全省比重为8.2%，比重比2015年下降0.1%。对比主要沿海工业城市的规上工业增加值数据发现，深圳和苏州分别达到了7199亿元和6365亿元，高居第一梯队；第二梯队（3000亿左右）包括无锡、泉州、杭州、东莞、常州、宁波等城市；温州属于第三梯队（1000亿左右）中游，落后于绍兴、嘉兴、厦门，仅高于金华和台州。如图4-1所示，标兵城市深圳的规模以上工业增加值在"十二五"期间接连突破4000亿元、5000亿元、6000亿元大关，比2010年增长60%以上，2016年更是突破7000亿元，同比增长7%。

总体规模落后的原因是多方面的，本章将从企业的规模结构、创新能力、成长性（生命周期）、要素投入产出效率（资本、劳动力、土地等）、开放型经济水平、制度与模式创新、可持续发展、平台环境等八个方面展开具体分析。

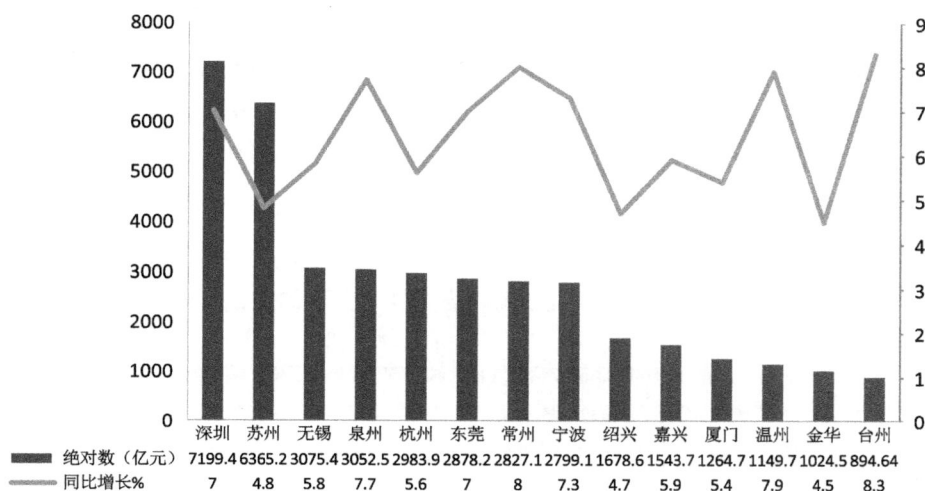

	深圳	苏州	无锡	泉州	杭州	东莞	常州	宁波	绍兴	嘉兴	厦门	温州	金华	台州
■ 绝对数（亿元）	7199.4	6365.2	3075.4	3052.5	2983.9	2878.2	2827.1	2799.1	1678.6	1543.7	1264.7	1149.7	1024.5	894.64
—— 同比增长%	7	4.8	5.8	7.7	5.6	7	8	7.3	4.7	5.9	5.4	7.9	4.5	8.3

图4-1 温州与对比城市的规上工业增加值比较（2016年）

4.3.1 企业规模结构比较

一个地区工业经济整体竞争力与企业平均规模之间的关系是一个有争议的问题。孙洛平（2004）认为，对这个问题的回答形成两种不同的分析体系，一是以个别企业的规模报酬为基础，利用企业组织的优势，预言经济竞争力的提高伴随着企业规模的扩大，这一分析体系是建立在企业规模报酬递增的假定基础上，认为由于单个企业的规模报酬递增，一个地区工业经济整体竞争力是与企业平均规模成正比的；二是以企业群体的规模经济为基础，利用市场机制的优势，预言竞争力的提高与企业规模无关。与第一个建立在企业内部规模经济假定的观点不同，这一观点以外部规模经济假定为基础，认为区域工业经济整体竞争力与单个企业的规模无关，区域工业经济整体竞争力主要与区域企业数量有关。区域关联企业数量越多，越利于区域形成外部规模经济关系。改革开放初期，温州形成了一大批"马歇尔式的产业集群"，即若干中小企业聚集在一个产业区内，形成高度分工的体系，产业区里的企业规模并没有简单地增大，可是整个产业区显示出很强的整体竞争力。然而21世纪以来，温州制造业与深圳、苏州、宁波等城市拉开了距离，温州工业企业规模偏小的问题受到更多的关注。本书并不是简单地在工业经济整体竞争力与企业平均规模之间建立确定的对应关系，只是通过与先进城市企业规模结构的比较，揭示温州工业企业规模的总体现状，并分析原因。

以规模以上工业企业数来衡量地区工业企业的规模结构，按照2015年可比数据，发现温州（4779家）[①]与宁波（7509家）、深圳（6539家）、杭州（6051家）、佛山（5758家）等城市有较大差距，但高于泉州、绍兴、台州等城市。温州规模以上工业企业数量与温州处于浙江省"铁三角"的位置不符（见图4-2）。

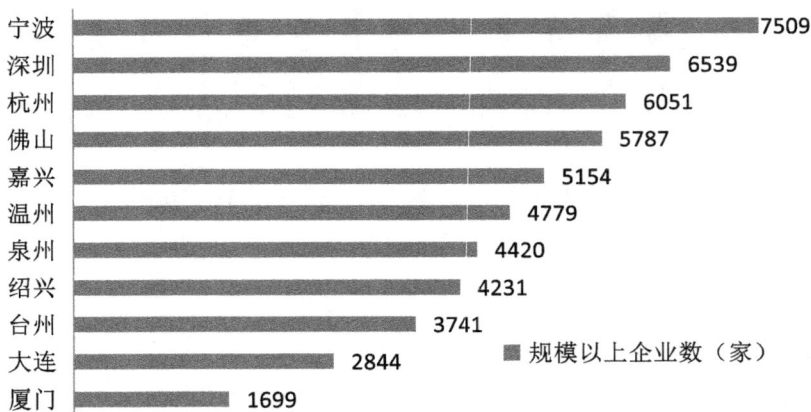

图4-2　温州与对比城市的规模以上企业数比较（2015年）

根据国家《中小企业划型标准》（工信部联企业〔2011〕300号），工业企业年营业收入2000—4000万元为中型企业，4000万元以上为大型企业，温州的大型企业只有44家，中型企业为446家；宁波的大型企业有111家，中型企业为945家，数量都是温州的2倍以上；嘉兴大型、中型企业分别有79家、507家；深圳更是达到385家、1669家。温州中型企业数即使在浙江省内也不具优势，不仅落后于杭州、宁波等浙江第一梯队城市，同时还落后于嘉兴等省内第二梯队甚至第三梯队城市（见图4-3）。

---

①2016年达到5013家。

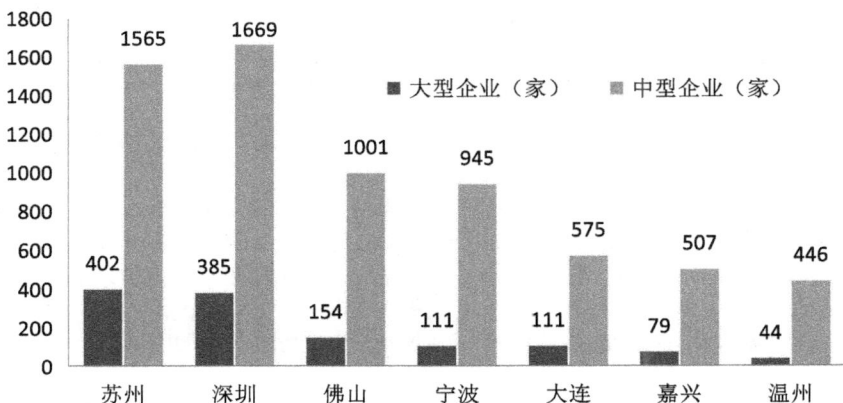

图4-3 温州与对比城市的大中型企业数比较（2015年）

以最具引领性的龙头企业来比较，近年来，温州产值超亿元企业数量增长比较快，2015年达到963家，比2014年净增33家，实现产值3509.5亿元，占规上工业70.2%，同比增长9.7%，高于规上工业4.4%；亿元企业主要集中在电气、鞋业、通用设备和塑料制品等四个行业，企业数分别为173家、140家、90家和80家①。按照2015年可比数据，温州年产值超亿元企业、超十亿元企业、超百亿元企业分别为963家、55家、2家，而绍兴这三类企业分别有1407家、151家、10家，泉州分别有2308家、189家、5家，均远高于温州。温州目前有1家企业（青山集团）产值超千亿元，而深圳、绍兴、东莞等城市已经出现了不止一家千亿级巨人企业，深圳华为2016年的营业收入突破了5000亿元，几乎相当于温州全市一年的GDP规模。温州规上企业数全面落后于国内标兵城市。

企业规模结构偏低的问题反映在工业经济绩效上，不同行业情况也有差异，可以确定的是，在一些装备类工业领域，规模与行业成长性是线性正相关的。以汽车零部件产业为例，温州汽摩配产业起步早，但由于一直以来缺少整车大企业的带动，未来发展前景不被多数业内人士看好。目前，温州汽摩配产业逐步被宁波、金华等城市超越，温州汽车产业规模只有600亿元，而金华超1000亿元，宁波近2000亿元。温州汽摩配产业亟须在协作引领、产品辐射、技术示范、知识输出

①数据来源：温州市统计局发布的《2015年温州工业经济发展分析报告》。

和营销网络等方面，树立龙头企业的作用。

专栏1：规模差异与产业绩效：温州与宁波、金华汽车产业的比较

　　汽车是典型的组装型工业，同时具有全球生产网络（GPN）特征，龙头整车企业在生产网络中的带动作用十分显著。

　　温州汽摩配产业是温州五大支柱产业之一，但发展了近30年也只达到了600多亿元的工业总产值。温州汽摩配产业2016年产值600亿元，同比增长5.3%。其核心问题是，温州缺乏龙头整车企业，主要靠零部件中小企业支撑产业发展，且大量的中小零部件企业没有进入整车配套体系，只是服务于低端的售后市场，技术水平和产业规模长期在中低端徘徊。温州威马新能源汽车整车项目落地是一个重大的产业升级机遇，后续效应有待关注。

　　相比较来看，宁波最初的汽车零部件产业也只有百亿规模，不如温州发展得好，但近年来宁波引入了吉利汽车和上海大众宁波分公司，整车生产的虹吸效应，让法国佛吉亚、美国江森等100多家汽车零部件名企纷至沓来，其中不乏世界500强企业。通过产业链、供应链、服务链、价值链、资金链等上下延伸，宁波目前已构筑起庞大的汽车产业集群。以上海大众宁波分公司为例，它为宁波3000多家、全省7000多家汽配企业提供就近配套，带动区域零部件产值逾700亿元，对相关产业的拉动效应更是不可估量。2016年，宁波规上汽车制造企业累计完成产值1924亿元，同比增长29.8%，税收将近300亿元，跃升为宁波第一大行业，其中整车产值占50%。金华的情况类似，20世纪90年代金华汽车零部件产业不如温州，目前在青年汽车、众泰、康迪等整车等龙头企业带动下产值也超千亿元，近年来年均增速在两位数以上。

4.3.2 创新比较

（1）创新投入的比较

　　研究与试验发展（R&D）活动是指在科学技术领域，为增加知识总量以及运用这些知识去创造新的应用而进行系统的创造性活动，包括基础研究、应用研究和试验发展三类活动。研究与实验发展投入是科技进步的物质基础和重要前提，是直接推动科技创新的主要动力。R&D经费占GDP比重是一个国家或城市创新实力和潜力的核心指标，该指标是国际上通用的衡量一个国家或地区科技投入强度和科技发展水平的指标。与对比城市的比较发现，温州R&D投入水平较低，2015年只占GDP的1.71%，除了台州，其他城市均高于2.0%的"标准线"，深圳更是达到了4.05%，杭州为3.0%，其次是厦门（2.98%）、青岛（2.84%）、嘉兴（2.69%）、苏州（2.66%）、常州（2.61%）、佛山（2.60%）等。而2016年，国内一线城市北京、上海的研发创新投入占GDP的比重分别达到5.96%和3.82%。由于经济体量较小，温州研发创新投入的绝对规模与北京、上海、广州、杭州、苏州等城市的差距更大。温州较低的研发创新投入水平，对温州企业的转型升级不利，是温州很多大型企业整体迁往杭州、上海等国内一线城市或准一线城市的重要原因（见图4-4）。

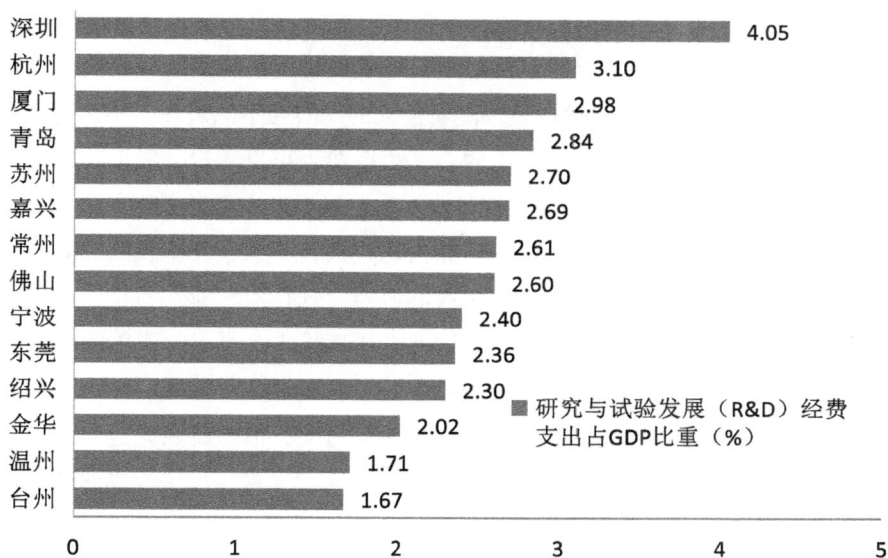

城市	R&D占GDP比重（%）
深圳	4.05
杭州	3.10
厦门	2.98
青岛	2.84
苏州	2.70
嘉兴	2.69
常州	2.61
佛山	2.60
宁波	2.40
东莞	2.36
绍兴	2.30
金华	2.02
温州	1.71
台州	1.67

■ 研究与试验发展（R&D）经费支出占GDP比重（%）

图4-4 温州与对比城市的R&D占GDP比重比较（2015年）

注：台州、东莞为2014年数据，杭州、青岛为2016年数据

温州研发创新投入不足的原因是多方面的。一是由于经济发展的阶段决定了创新驱动任重道远。按照世界标准，作为区域发展阶段的参考性指标之一，人均GDP达1.7万美元即标志着区域发展将进入创新驱动阶段，R&D经费占GDP比重达到2.5%，即标志着创新能力基本达到或接近发达国家水平。温州人均GDP处于8000美元水平，经济起飞阶段形成的发展模式并未显著转变，传统工业仍占较大比重，以劳动力、资源要素驱动的模式仍是主流，温州创新驱动特征不明显。相比来看，深圳的人均GDP已经超过了2万美元，相当于韩国2013年的水平，深圳的R&D经费占GDP比重是G8国家平均水平的近2倍，而全球R&D经费占比超过4%的国家，仅有以色列和韩国。杭州、宁波的人均GDP也分别达到了1.8万美元、1.6万

美元，科技创新的加快成为这些城市工业经济发展的主要动力，其创新投入水平反映了这一阶段特征。按目前的经济发展水平，温州目前正处于从劳动力、资源要素驱动向创新驱动的关键阶段。

二是企业规模结构不利于创新投入。企业资源禀赋和能力决定企业技术创新绝对投入程度，即企业规模越大，研发投入的绝对额越大。原因是：（1）中小企业无法承受技术创新活动所需的高额投入；（2）由于大企业拥有更大的市场份额和市场主动权，因而具备支配市场的能力，才会将技术创新活动当作获取超额利润的选择；（3）技术创新活动往往伴随着巨大的风险与不确定性，小企业受到企业规模的约束，风险承担能力非常有限，而大企业则可以通过分散创新投资的方式降低风险；（4）大企业拥有更多的研发人员，更易产生创新思想。从上文比较可见，温州企业规模结构偏低，中小企业占比过大，不利于创新投入。此外，在产业结构方面，温州以服装、制鞋、泵阀等所谓"低技术产业"为主，此类产业的特点是劳动密集，直接研发投入低。因此在研发投入水平上，不能简单地与深圳等以技术和资本密集型产业为主的地区相比。

在政府的创新投入方面，温州近年来加大了力度，但与省内先进城市仍有差距。"全市的财政科技支出占财政支出比重"指标，杭州、绍兴、宁波和嘉兴均超过4%，苏州占到5.9%，温州不到3%；温州市本级财政用于科学技术经费占本级财政经常性支出比例为4.3%，而杭州达到了5.96%，绍兴为5.0%。

（2）创新产出的比较

从创新产出来看，温州在对比城市中处于中等偏下水平。创新产出指标有一个发展过程，20世纪50年代至60年代，经济学家通过R&D这种创新投入来近似表示创新产出，但21世纪以来，以发明专利、实用新型专利、外观设计专利等作为衡量创新产出水平指标得到了广泛利用。有些学者还用国家高新技术企业数作为衡量区域创新产出的指标数据。以最具含金量的发明专利授权量来衡量：2016年，温州全年的发明专利授权量为2463件，高于大连、厦门、绍兴、嘉兴、台州、泉州、金华等城市；但与深圳（17666件）、苏州（12000件）、杭州（8647件）、青岛（6561件）、宁波（5669件）、无锡（5583件）等先进城市的差距仍比较明显。其中，深圳、苏州、杭州的年发明专利授权量分别是温州的7.2倍、4.9倍和3.5倍，青岛、宁波、无锡的年发明专利授权量都是温州的2倍以上（见图4-5）。

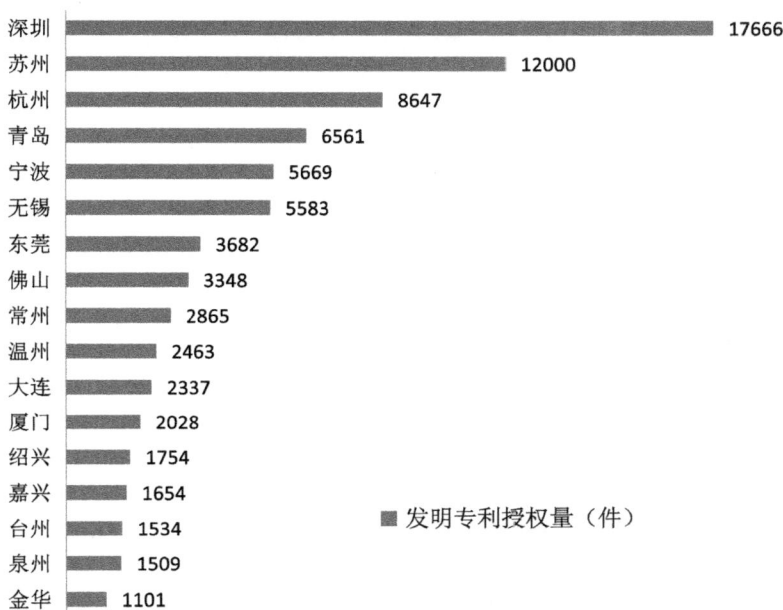

深圳 17666
苏州 12000
杭州 8647
青岛 6561
宁波 5669
无锡 5583
东莞 3682
佛山 3348
常州 2865
温州 2463
大连 2337
厦门 2028
绍兴 1754
嘉兴 1654
台州 1534
泉州 1509
金华 1101

■ 发明专利授权量（件）

图4-5　温州与对比城市的发明专利授权量比较（2016年）

注：大连为2015年数据

　　从国家高新技术企业数来比较，国家高新技术企业又称国家级高新技术企业，根据《高新技术企业认定管理办法》规定，国家高新技术企业是指在《国家重点支持的高新技术领域》内，持续进行研究开发与技术成果转化，形成企业核心自主知识产权，并以此为基础开展经营活动，在中国境内（不包括港、澳、台地区）注册一年以上的居民企业。截至2016年，温州国家级高新技术企业为1107家，高于嘉兴、台州、金华等城市，但与先进城市的差距很大。苏州累计有4133家国家高新技术企业，杭州有3035家，东莞有2028家，宁波、无锡、佛山、青岛、常州、厦门等城市的国家级高新技术企业数量均高于温州（见图4-6）。

　　深圳培育的国家高新技术企业数量达到8037家，占全国总数的7.73%，仅2016年就新认定3791家，且这些高新技术企业的行业分布相对集中，主导性突出。新认定的高新技术企业中，电子信息领域企业占54.9%，先进制造与自动化领域企业占17.9%，其他企业则集中在生物与新医药技术、新能源及节能技术、资源与环境技术、航空航天技术、新材料技术、高技术服务业等6个领域。

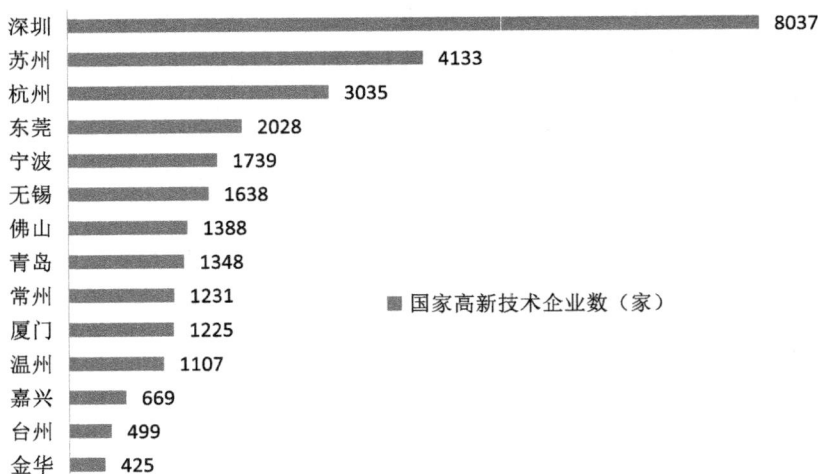

图4-6　温州与对比城市的国家高新技术企业数比较（2016年）

2016年，温州高新技术产业增加值占规上工业增加值的比重为39.3%，于此相对，杭州（46%）、嘉兴（45%）、台州（42.9%）、宁波（41.2%）均超过了40%；2016年，温州新产品产值率指标为25.2%，低于省内的对比城市（见图4-7）。

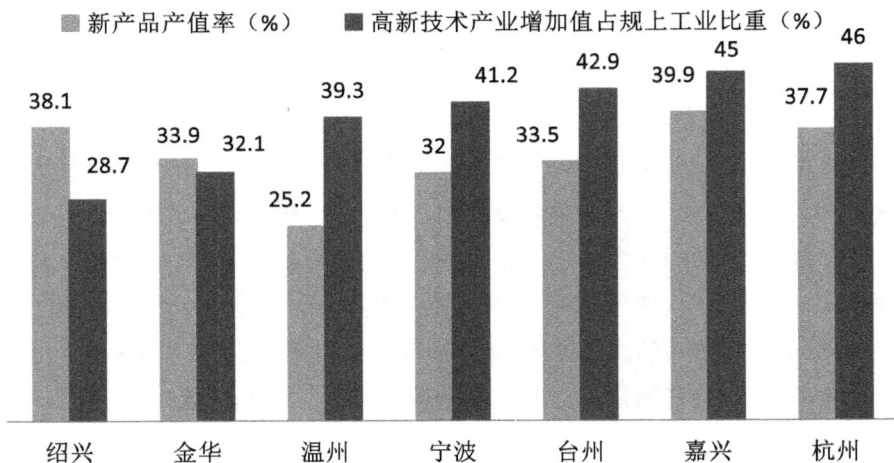

图4-7　温州与省内城市的新产品产值率、高新比重比较（2016年）

注：省外城市没有这两项统计，金华高新占比为2015年数据

（3）创新平台及政策的比较

科技企业孵化器是培育和扶植高新技术中小企业的服务平台，在"大众创业、万众创新"的趋势下，众创空间更是成为孵化新兴产业项目的摇篮。以国家级的上述两类平台数量做比较，温州与先进城市存在差距。深圳的国家级科技企业孵化器和众创空间分别达到83家、67家，苏州分别有41家、32家，杭州分别有30家、35家，青岛分别有17家、66家，温州只有3家和6家（见图4-8）。

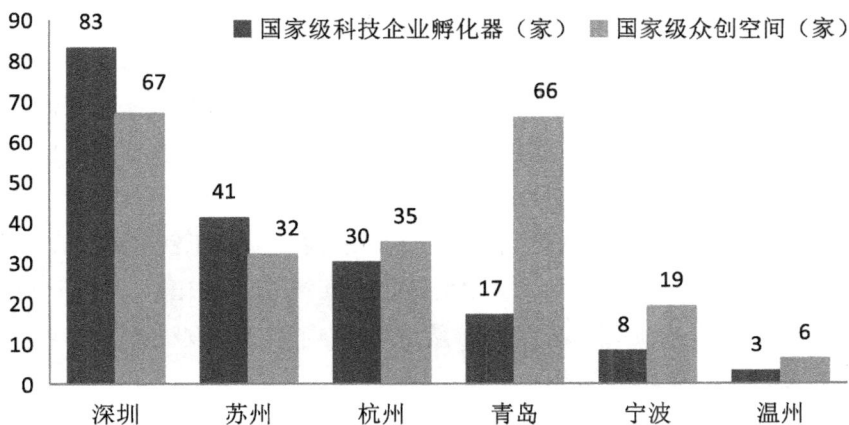

图4-8　温州与主要对比城市的国家级科创平台数比较（2016年）

科技企业孵化器是培育和扶植高新技术中小企业的服务机构。孵化器在推动高新技术产业发展、完善国家和区域创新体系、繁荣经济方面发挥着重要作用，具有重大的社会经济意义。温州市2015年出台的《关于发展众创空间推进大众创新创业的实施意见》（温政办〔2015〕113号）在政策力度上并不比兄弟城市差。例如，对认定为国家、省、市级众创空间的一次性奖励额度，温州力度（分别奖励50万元、30万元、20万元）大于杭州（分别奖励30万元、25万元、20万元），苏州是最高50万元；对众创空间内企业（项目）的房租补贴年度上限与杭州一致，都是30万元；对众创空间内企业新三板挂牌奖励，温州（100万元）远高于杭州（30万元）[1]。

---

[1]杭州、苏州数据分别见《杭州市人民政府办公厅关于发展众创空间推进大众创业、万众创新的实施意见》（杭政办函〔2015〕136号）与《苏州市关于实施创客天堂行动发展众创空间的若干政策意见》（苏府〔2015〕81号）。

但比较来看，政策力度大的同时，平台及政策实效问题也值得关注：

一是政策的实际落实情况。科创政策贵在落实，温州科创政策的落实需要加大力度，以提高政策效果。据调研了解，创业企业对政策获取情况反映不尽如人意。而2016年以来，深圳市资助的孵化器、创客空间和服务平台项目等科技孵化载体多达125个，累计资助金额约2.2亿元，均落实到平台和企业、创业者。

二是创新创业团队有待进一步集聚。温州众创生态体系还不完善，不能吸引外地高质量团队来温创业，本土优秀的创业团队和人才持续流向上海、杭州等地，导致创客人才"空巢化"现象出现。据统计，近年来温籍高校毕业生回温就业比例在63％左右，像温州大学计算机软件等相关专业毕业生几乎没有人留温就业。同时，高质量的创业项目不多，部分平台"有店无客"，如永嘉科技企业孵化器孵化面积达36883.94平方米，但入驻创业团队只有10个。对比来看，青岛众创空间的创业团队中，科技人员创业680个，大企业高管离职创业207个，连续创业472个，三种类型占比达44％；大学生创业1624个，留学归国人员创业106个。常驻企业和团队拥有的有效知识产权数量达到1474项，其中发明专利479项；当年获得投融资的团队及企业231个。

三是服务功能有待进一步完善。温州市目前建成的科技创新创业孵化平台，整体运营水平和服务能力不高，大部分平台没有设立相应的投资基金，主要依靠场地租金收入（约占整体收入的80％）和少量的管理服务收费维持运营。相比来看，杭州市（截至2016年6月）众创空间已设立或整合的基金达到98个，资金总规模72亿元。青岛众创平台大部分与创投基金联合，例如青岛创投协会和青岛VC众创空间、里程碑创投和邻客创业社区、万相资本和创联工场、尚道投资和极客工场、U秀2050天使投资众创空间、安芙兰资本和兰天使等，形成了"资本—孵化"组合。在苏州市的众创空间扶持意见中，大篇幅列出了对企业科技金融支持的政策条款，见下页专栏2所示。

四是产业对接有待进一步紧密。在现有的孵化平台中，国家鼓励的重点产业领域特别是围绕温州产业发展需求的领域，由龙头骨干企业和科研院所主导建设的不多，入驻的项目大多集中在"互联网＋"、文化创意等领域，个体创业者较多，与实体经济紧密结合，针对行业共性技术、细分领域开展创新以及促进产业转型升级的专业性项目较少。同质化、低端化现象较为明显，未在全市范围内形成创新创业生态体系，项目普遍针对性弱、成长期长、成功率低、带动性差，对实体经济发展和产业转型升级的支撑作用不大。相比之下，青岛海尔的HOPE模式、深圳腾讯的创业支持平台等，属于一些大型企业集团参与众创空间建设。2011年6月创办的腾讯创业支持平台具有工具、资金、信息等系统优势，聚集了500万个创业伙伴，伙伴创业企业市值近2000亿元；其中，10家公司实现美股、港股借壳上市。

专栏2：苏州对众创平台项目的科技金融支持政策（节选）

到2020年，为众创空间提供服务的银行、创投、担保、保险、小额贷款等金融机构超过500家，创业投资机构管理资金规模超过2000亿元。搭建众创空间企业信息平台，引导金融机构、社会资本加大对初创企业的投融资支持。

苏州市天使投资引导资金对符合条件的天使投资机构，按照实际投资金额给予最高15%的奖励补贴，单个项目奖励补贴最高达50万元；对投资项目发生损失的项目，按天使投资机构首轮投资实际发生损失额的20%给予补偿，单个项目风险补偿额度最高200万元；天使投资机构发起人设立新的天使投资基金，苏州市天使投资引导资金对单个天使投资基金给予最高30%比例的阶段参股。

扩大科技型中小企业信贷风险补偿资金池规模，大力推广"科贷通"等科技金融产品，对众创空间推荐企业优先给予最高500万元的信贷风险补偿专项资金贷款和50万元的贴息资助。

鼓励初创企业运用科技保险分散化解科技创新风险，为初创企业提供30万元的科技保险费补贴。

完善知识产权质押融资市场化风险补偿机制，简化知识产权质押融资流程。支持创业企业在互联网股权众筹平台、区域性股权交易市场、新三板、创业板等挂牌和融资。

4.3.3 企业成长性比较

企业生命周期理论认为，企业的发展与成长是一种动态轨迹，从出生、成长、成熟、衰退以至死亡有一个显著的周期，呈"倒U型"分布。企业生命周期理论的研究目的就在于试图为处于不同生命周期阶段的企业找到能够与其特点相适应、并能不断促其发展延续的特定组织结构形式，使得企业可以从内部管理方面找到一个相对较优的模式来保持企业的发展能力，在每个生命周期阶段内充分发挥特色优势，进而延长企业的生命周期，帮助企业实现自身的可持续发展。将温州工业企业的生命周期特征、存续寿命、迁移情况等与其他城市做比较，由此分析温州工业企业的演化过程和生存状况，对于探究地方工业竞争力具有重要意义。工业企业生命周期的考察需要大数据的支撑，国内研究该问题的技术路线主要是工商部门的企业注册、注销的登记数据。考虑到本研究数据获取的局限，本书仅根据现有研究数据做大致的比较分析。

（1）企业生命周期比较

目前最权威的国内企业生命周期的研究报告，是国家工商总局企业注册局和信息中心2013年发布的《全国内资企业生存时间分析报告》。国家工商总局根据全国内资企业的注册登记信息，综合分析了2000年以来全国新设企业、注吊销企业生产时间等数据，主要结论是：1）近五成企业年龄在5年以下，即存续时间5年以下的企业全国有652.77万户，占企业总数量的49.4%。2）近五年（调查时间为2008—2012年）退出市场的企业平均寿命为6.09年。3）企业规模越大，存活率越高。4）企业成立后3—7年为退出市场高发期，即企业生存时间的"瓶颈期"。企业成立当年的平均死亡率为1.6%，第二年为6.3%，第3年最高，为9.5%。总体来看，企业成立后的3—7年当期平均死亡率[①]较高，随后渐趋平缓。以上情况说明，企业在其成立后的第3年开始进入死亡高发期，一旦度过了"七年之痒"，死亡率开始有所下降。因此，3—7年为企业生存的"瓶颈期"，也是企业能否进一步成长、发展的关键期。从图4-9可以看出，企业当期平均死亡率呈"倒U型"分布，即前高后低、前快后慢态势。

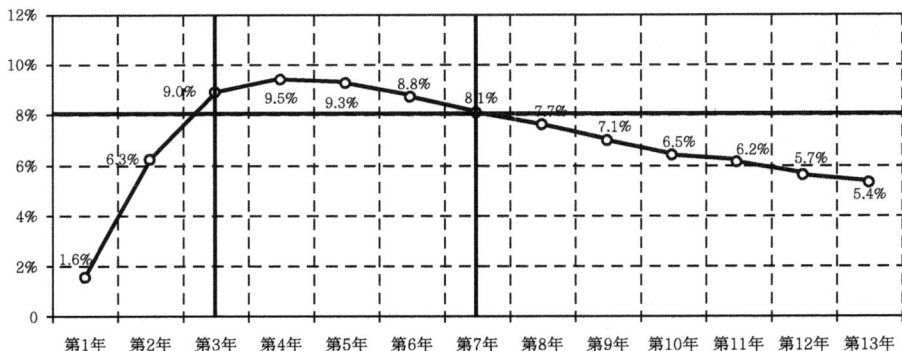

图4-9　全国企业当期平均死亡率曲线（2000—2012年）

数据来源：国家工商总局《全国内资企业生存时间分析报告》

---

①当期死亡率指已经存活了N年的企业在下一年死亡的概率。将历年成立的企业当期死亡率取加权平均值，即当期平均死亡率。

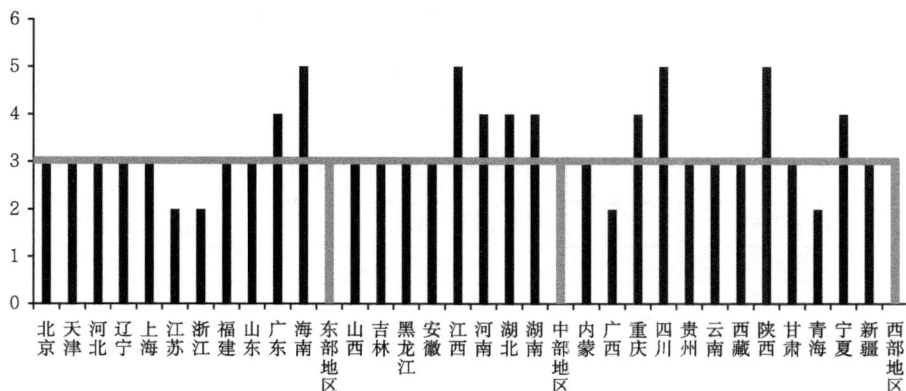

图4-10 以省为单位的企业寿命众数比较（2000—2012年）

数据来源：国家工商总局《全国内资企业生存时间分析报告》

上述主要结论对于判断温州企业生命周期有一定借鉴。从该报告对分地区（到省级层面）的企业平均寿命考察结果来看，浙江省的内资企业平均寿命相对较短，约为2年，与江苏差不多；而广东（5年左右）、福建（2.9年左右）、山东（2.9年左右）相对比较高，这与企业的规模有关，浙江中小企业众多，企业平均寿命较短（见图4-10）。

温州市近年来没有对企业生命周期做过系统调查，可获取的最新资料是温州市工商局2007年调查的企业存续时间报告。该报告调查了温州市2003—2006年4年间被吊销、注销的2410家中小企业。结果发现，这些"死亡企业"中，有44.52%的中小企业生命周期不超过4年，其中个人独资企业的生命周期最短，仅为1.99年。

相比较来看，深圳的企业寿命较温州长。根据深圳市标准技术研究院2015年发布的调查报告，截至2015年6月底，深圳成立的企业总数为128.3万家，其中注吊销28.2万家，另有少部分企业迁移市外。在深圳注吊销的28.2万家企业中，平均寿命为5.2年，其中私营企业的平均寿命是3.9年。截至2015年6月底，在现存的99.8万家企业中，生存年龄在1岁以下的企业占35.3%，3岁以下的占62.1%，5岁以下的占74.2%，5—10岁的占15.2%，10岁以上的仅占10.6%。

（2）企业外迁情况比较

2015年，杭州电子科技大学师生对温州企业外迁情况做了一次问卷调查，共发放了200份问卷，回收有效问卷160份，调查范围涉及鞋革、低压电气、服装、印刷、眼镜等23个行业有外迁行为的企业。从调查结果看，选择总部迁移、研发迁移的企业比例最高，各占1/4以上；整体迁移的企业占20%，销售部门迁移的企业占15.62%，而选择生产迁移的企业占比最低，为11.25%。如表4-1所示。

表4-1　关于温州企业迁移的问卷调查结果

迁移方式	样本数量（家）	百分比（%）
总部迁移	42	26.25
研发迁移	43	26.88
生产迁移	18	11.25
销售迁移	25	15.62
整体迁移	32	20
合计	160	100

为了比较温州企业外迁与其他城市企业外迁的区别，本书将浙江企业调查队2005年的企业外迁抽样调查结果与上述温州的抽样调查结果做比较。浙江企调队的调查是针对596家浙江省迁移和意向迁移企业的调查，本书使用其中346家省际迁移企业的数据（见图4-11）。

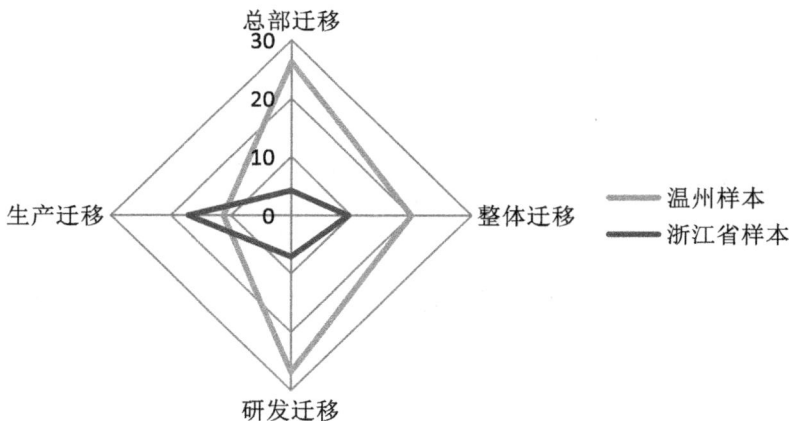

图4-11　温州与浙江省企业外迁类型（%）比较

数据来源：温州样本基于杭州电子科技大学调查的160家企业；浙江样本基于浙江企调队的346家企业

从温州与浙江企业外迁样本的比较来看，温州企业样本的总部迁移比例为26.25%，浙江省样本为4.3%；整体迁移方面，温州样本的比例为20%，浙江样本为9.5%；研发迁移方面，温州样本的比例为26.88%，浙江样本为7.1%；温州的总部迁移、整体迁移、研发迁移比例均高于全省样本水平。相对于浙江其他城市，温州企业对外迁移的部门，以总部和研发部门为主。温州目前主要以企业生产基地的形式存在。

与温州相比，珠三角城市企业外迁有两个主要特征：

（1）整体迁移不多。根据刘力（2008）等人对珠三角广州、佛山、深圳、东莞、中山等城市418家企业外迁的调查，样本中选择整体迁移的企业只占9.8%，有83.7%的企业选择新增产能扩张和生产环节转移，或者拓展投资方式。可见，大多数珠三角企业是从自身发展战略出发，企业迁移：一是为了拓展发展空间；二是为了优化资源的空间配置效率，选择具有比较优势的区域转移部分产能。而选择整体迁移方式的企业不多，珠三角地区投资环境恶化程度还不足以让众多企业愿意承担整体迁移的风险。与此相反，温州目前20%的企业选择整体迁移。

（2）政府顺势主导的作用明显。广东省2008年启动"双转移"，以产业转移促进产业转型升级。"双转移"是指通过产业转移工业园等载体，按照"政府引导、市场运作、优势互补、互利共赢"方针，将珠三角传统的低端制造业转移至粤北及东西两翼地区，促进这些地区的经济发展，使珠三角地区劳动密集型产业比重显著下降，同时，腾出空间吸引先进制造业及高端服务业进驻珠三角。例如深圳金地、沙嘴、车公庙等工业区70%—80%的企业迁到了东莞、惠州等地。广东自2008年启动"双转移"战略以来，经过多年实践，虽然在实施过程中曾存在一些争议，但"以产业转移促进产业转型升级"的做法取得了显著成效。广东通过政府这只有形的手，促进了本区域经济的协调发展。通过实施"双转移"战略，本区域传统产业的高端化发展趋势明显。温州的企业外迁则完全没有政府引导，企业的自发迁移为政府的产业战略实施带来被动，部分产业整体迁移更是对本地经济带来冲击，广东省的"双转移"政策值得温州思考。

4.3.4 要素投入产出效率比较

（1）资本产出效率比较分析

资本投入是工业经济竞争力的重要来源，区域工业的发展必须以足够的资金投入为保障。以工业投资来衡量工业领域的绝对投入水平，经比较发现，温州工业投资在总量和占比方面均处于较低水平。2016年，温州工业投资总额为960亿元，占全社会固定资产投资的比重为24.6%，不到1/3。对比城市中，青岛2016年工业投资达到3371亿元，连续4年保持15个副省级城市首位，占全社会固定资产投资比重达45.2%；苏州为1982亿元，占比35.1%；常州为1919亿元，占比53.2%；占比超过1/3的城市还有佛山（41.7%）、泉州（36.2%）、绍兴（45.1%）、嘉兴（43.5%）；台州、金华两地的工业投资绝对数虽不及温州，但占比也都超过了30%（见图4-12）。温州工业投资的总量及占比均需提高。

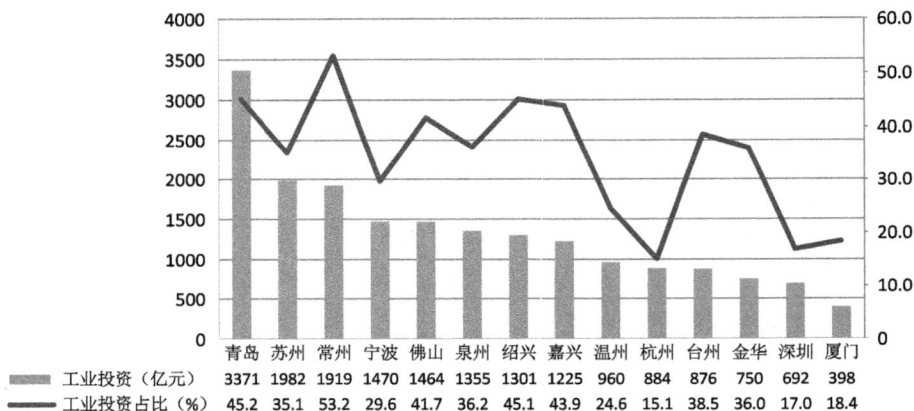

	青岛	苏州	常州	宁波	佛山	泉州	绍兴	嘉兴	温州	杭州	台州	金华	深圳	厦门
工业投资（亿元）	3371	1982	1919	1470	1464	1355	1301	1225	960	884	876	750	692	398
工业投资占比（%）	45.2	35.1	53.2	29.6	41.7	36.2	45.1	43.9	24.6	15.1	38.5	36.0	17.0	18.4

图4-12　温州与对比城市工业投资的比较（2016年）

数据来源：各城市2016年统计公报

再来看工业资产的获利能力。本书用"总资产贡献率"来衡量各城市的规模以上工业企业的资本盈利能力。总资产贡献率反映了企业全部资产的获利能力，是企业经营业绩和管理水平的集中体现，是评价和考核企业盈利能力的核心指标。

总资产贡献率（%）=（利润总额+税金总额+利息支出）/平均资产总额×100%

其中，税金总额为产品销售税金及附加与应交增值税之和，平均资产总额为期初期末资产总计的算术平均值。按照总资产贡献率的计算公式，影响企业总资产贡献率的因素主要有两个，一是利税总额与利息支出之和，二是平均资产总额。

本书计算数据来自全国第三次经济普查。从全国来看，在第三次经济普查的时点2013年，全国规模以上工业企业法人单位总资产贡献率为14.8%，比2008年提高0.8%。

第三次经济普查时，温州规模以上工业企业法人单位总资产贡献率为10.6%，不及全国平均水平，与佛山（18.4%）、泉州（17.9%）、杭州（17.7%）、福州（15.9%）差距较大，也不及常州（12.9%）、宁波（12.7%）、深圳（11.48%）、绍兴（11.1%）等城市，但高于台州、无锡、嘉兴、厦门、苏州、东莞等城市（见图4-13）。

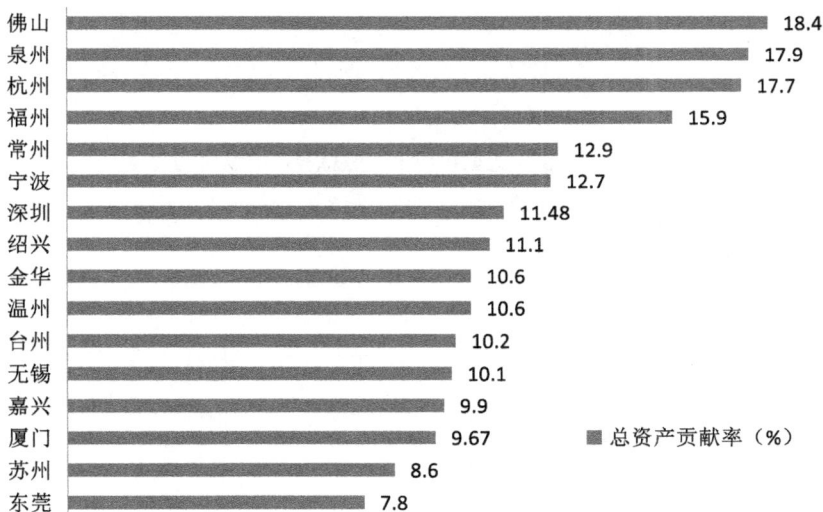

城市	总资产贡献率（%）
佛山	18.4
泉州	17.9
杭州	17.7
福州	15.9
常州	12.9
宁波	12.7
深圳	11.48
绍兴	11.1
金华	10.6
温州	10.6
台州	10.2
无锡	10.1
嘉兴	9.9
厦门	9.67
苏州	8.6
东莞	7.8

图4-13 温州与对比城市规上工业总资产贡献率的比较

数据来源：第三次全国经济普查（2013年）

动态来看，将第三次经济普查与第二次经济普查数据做比对，可以发现，温州5年来工业企业的资产获利能力有所下降，比2008年降低了0.5%。相比较来看，深圳、佛山、苏州等城市的资产获利能力均有所下降，浙江省内对比城市的工业企业总资产贡献率却有所提高，如杭州、宁波和金华分别提高了5.5%、4.3%和1.8%（见图4-14）。

再以规模以上工业企业的"总资产利润率"（利润总额/资产总计）来看企业资产获利能力，温州2015年规上工业总资产利润率为6.02%，高于苏州

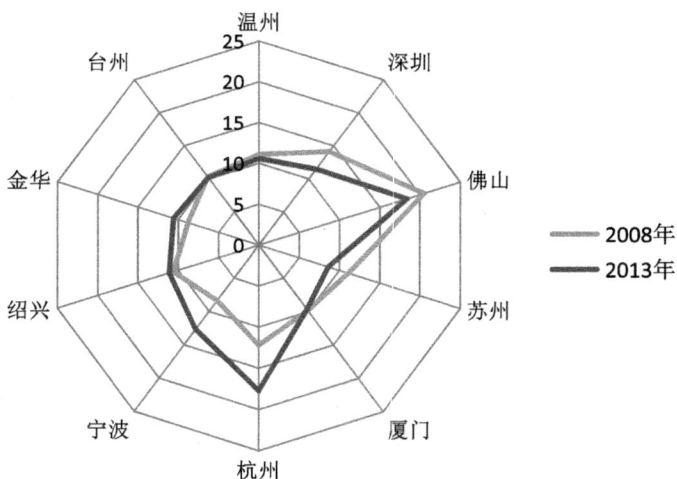

图4-14　各主要对比城市规上工业总资产贡献率的变动

数据来源：第二次（2008年）、第三次（2013年）全国经济普查

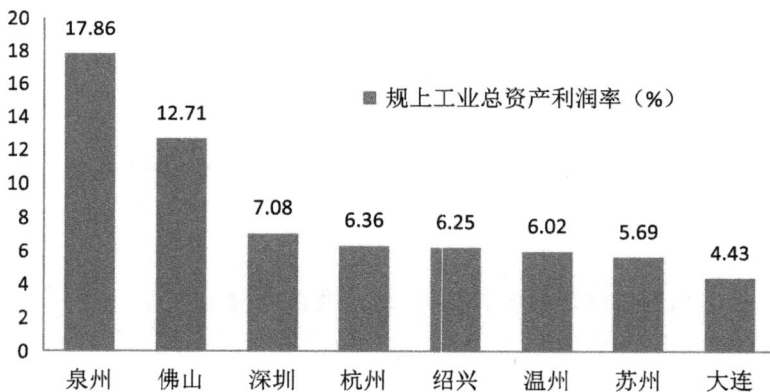

图4-15　温州与主要对比城市规上工业总资产利润率的比较（2015年）

数据来源：各城市统计年鉴（2016），其中大连为2014年数据

（5.69%）、大连（4.43%）等城市，但低于泉州（17.86%）、佛山（12.71%）、深圳（7.08%）、杭州（6.36%）、绍兴（6.25%）等城市（见图4-15）。由于温州2011年以来受民间借贷风波影响，实体经济受到冲击，受波及的工业企业出现不同程度的资产闲置问题，工业资产的获利能力受到较大影响。

（2）劳动生产率比较分析

全员劳动生产率，是指根据产品的价值量指标计算的平均每一个从业人员在单位时间内的产品生产量，是衡量企业经济活动的重要指标，是企业生产技术水平、经营管理水平、劳动力技术熟练程度的综合表现。全员劳动生产率是将工业企业的工业增加值除以同一时期全部从业人员的平均人数来计算的，它受工业增速、工业品价格、企业成本、创新能力和企业员工素质等多因素制约。

全员劳动生产率=工业增加值/全部从业人员平均人数

对规模以上工业企业的全员劳动生产率做比较，2016年，温州该指标只有15.5万元/人，虽然比2015年的14.7万元/人有所增加，即劳动效率有所提升，但与其他城市差距明显。2016年，规上工业全员劳动生产率最高的城市是青岛，达到38.9万元/人，是温州的2.5倍；杭州（2015年25.9万元/人）、佛山（2014年25.6万元/人）、泉州（23.97万元/人）、苏州（22.5万元/人）、厦门（21.28万元/人）等城市均高于温州（见图4-16）。

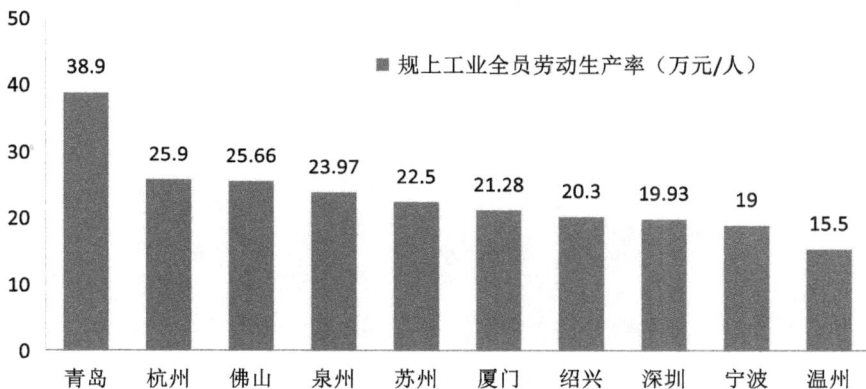

图4-16 温州与主要对比城市规上工业全员劳动生产率的比较（2016年）

数据来源：各城市2016年统计公报，其中杭州、绍兴为2015年数据，佛山为2014年数据

（3）土地产出效率比较分析

土地作为工业经济的重要投入要素，是工业经济增长的重要载体，其利用效率直接影响工业经济竞争力。一方面，土地产出的效率（以单位用地的工业产值或税收衡量）体现了集约节约用地的要求，是土地资源优化配置的反映；另一方

面，土地产出的效率也反映了产业技术和附加值水平，是经济质量的重要体现。温州的地理地貌"七山二水一分田"，用地资源一向紧缺，但温州有限的用地资源产出效率并不高。

本书以工业用地最为集中的产业集聚区或开发区来做比较。例如，与浙江省的省级产业集聚区比较，2015年温州浙南沿海先进装备产业集聚区[①]（简称温州浙南集聚区）的单位用地工业总产值为6.31亿元/平方千米，而省内可比较的（除去服务业为主的）产业集聚区，如杭州大江东产业集聚区（8.57亿元/平方千米）、宁波杭州湾产业集聚区（8.26亿元/平方千米）、绍兴滨海产业集聚区（7.79亿元/平方千米）等都高于温州，台州湾循环经济产业集聚区、金华新兴产业集聚区、湖州南太湖产业集群则低于温州（见图4-17）。

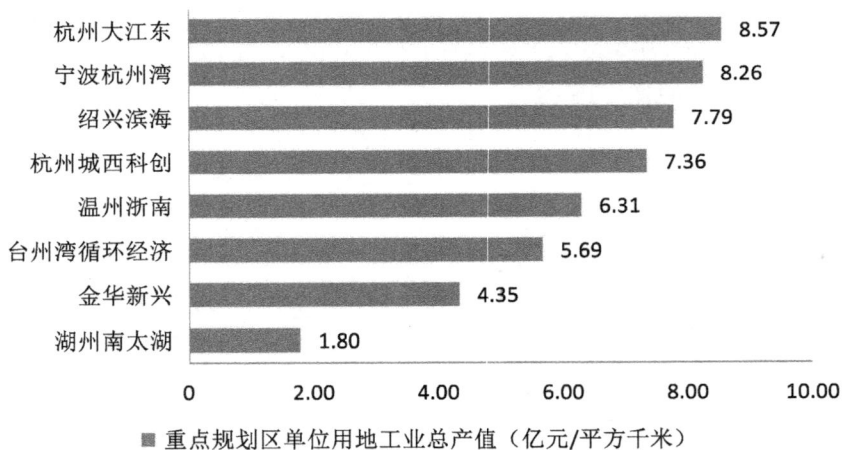

图4-17 温州与省内主要产业集聚区用地产出效率比较

数据来源：浙江产业集聚区"十三五"规划

再以国家级经济技术开发区（或国家级高新区）的单位工业用地地均税收来比较，温州与国内先进开发区的差距比较明显。根据国土资源部2016年对全国472个国家级开发的土地集约利用评价报告，温州经济技术开发区的工业用地地均税收为194.6万元/公顷，与排名前10位的深圳高新区（10052.37万元/公顷）、宁

---

①考虑到温州瓯江口产业集聚区大部分还未开发并产生产值，本书不做比较。

波石化经济技术开发区（3978.2万元/公顷）、厦门象屿保税区（3125.51万元/公顷）、苏州工业园区（521.16万元/公顷）等差距很大（见图4-18）。

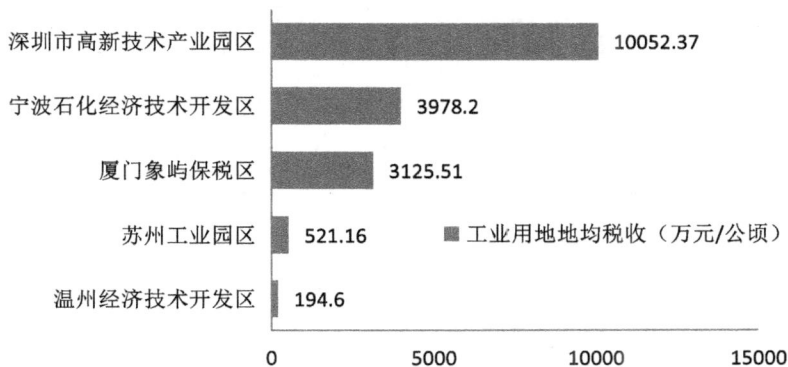

图4-18　温州与国内先进国家级开发区工业用地地均税收比较（2016年）

数据来源：国家级开发区土地集约利用评价情况通报（2016年）

温州在土地资源紧缺的情况下，亟须提高土地合理利用水平，提高土地的利用效率，最终实现温州经济社会的可持续发展。

4.3.5 开放型经济比较

在全球化不断深化发展的今天，地方经济难以脱离全球市场而封闭发展，工业经济也不例外。在开放型经济中，要素、商品与服务可以较自由地跨国界流动，从而实现最优资源配置和最高经济效率。地方经济对外开放的帕累托最优作用主要包括：拓宽了地方经济要素优化配置的地域范畴，让地方经济要素的帕累托最优配置边界外延。衡量地方开放型经济发展水平，可以基本判断地方工业嵌入全球价值链和生产网络的深度，以及在国际分工中的比较优势。

以货物进出总额做比较，2016年，温州进出口总额只有1192.8亿元（人民币，下同），在对比城市中处于末位（不含大连、福州，因数据缺失），深圳进出口总额达到2.6万亿元，苏州、宁波、东莞均达到万亿级水平，3000亿元以上的城市有厦门、无锡、杭州、青岛、佛山、金华。其中，2016年的出口总额，温州为1060.4亿元，也远不及对比城市（见表4-2）。

表4-2 温州与对比城市的进出口总额比较（2016年）

城市	进出口总额（亿元）	出口总额（亿元）	进口总额（亿元）
深圳	26307.0	15680.4	10626.6
苏州	18081.0	10817.0	7264.0
宁波	11666.4	8793.2	2873.3
东莞	11416.0	6556.9	4859.2
厦门	5091.6	3094.2	1997.3
无锡	4610.0	2832.3	1777.7
杭州	4486.0	3313.8	1172.2
青岛	4350.7	2821.9	1528.8
佛山	4130.8	3105.4	1025.5
金华	3246.7	3171.3	75.4
嘉兴	2068.0	1549.9	518.1
绍兴	1820.9	1686.2	134.7
常州	1820.0	1375.0	445.0
泉州	1541.0	1072.7	468.3
台州	1310.8	1169.4	141.4
温州	1192.8	1060.4	132.4

数据来源：各城市2016年统计公报。进出口总额均为货物贸易，下同

　　总体来看，温州的外贸依存度不高，以出口总额占当年GDP比重来衡量"出口依存度"，温州约为21%，仅高于泉州（16.1%）；由于纳入了口岸出口数据，宁波的出口依存度达到103%，东莞、金华、厦门、深圳、苏州的出口依存度均超过了70%（见图4-19）。出口依存度比较高是一把"双刃剑"，一方面，体现了地方经济开放程度，港口城市则体现了口岸的能级和辐射力；另一方面，对全球市场的过度依赖也使该城市容易受到全球经济波动影响。温州相对较低的外贸依存度，一方面自然利于温州降低全球经济波动对其的影响，提供温州工业发展的独立性；另一方面，则说明温州利用全球两种市场、两种资源的能力较低。在全球化日益深入的今天，这不利于开放型经济背景下温州与其他城市的竞争。

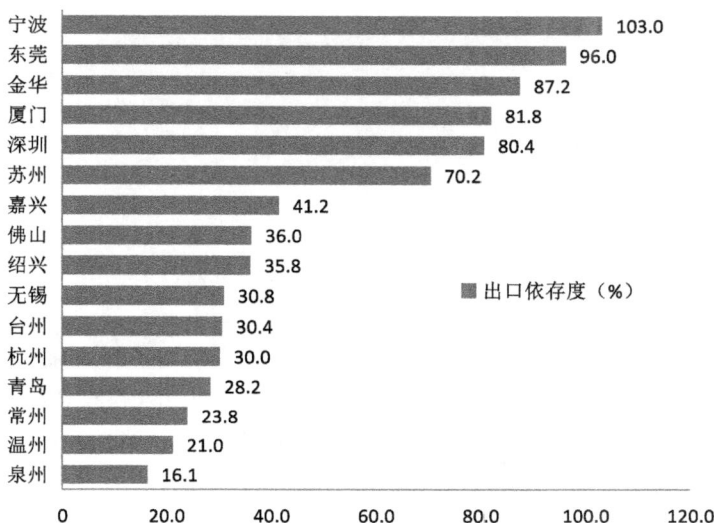

图4-19 温州与对比城市出口依存度的比较（2016年）

数据来源：各城市2016年统计公报

出口依存度=出口总额/地区生产总值（GDP）

再来比较城市的外资利用情况。一般来说，外资利用水平高的城市，体现了国际资本对地方经济发展的良好预期。改革开放以来，外资对我国经济发展的积极作用主要表现在：（1）促进经济持续快速增长和财政收入增加；（2）促进产业结构优化和升级；（3）推动了我国对外贸易的迅速发展；（4）提升了我国产业的技术水平；（5）增加就业总量；（6）推动我国现代企业制度的建立和完善。比较发现，温州实际利用外资水平较低，2016年只有2.4亿美元，不及金华（3.5亿美元）、台州（3.37亿美元）、绍兴（8亿美元），与杭州（72.09亿美元）、青岛（70亿美元）、深圳（67.32亿美元）、苏州（60亿美元）等城市更是差距明显（见图4-20）。《2015温州国际化发展报告》显示，与我国另外13个沿海开放城市相比，温州国际化发展指数落后于南通、大连、烟台等城市。在省内，温州的国际化发展指数（3.09）也远落后于杭州（8.35）和宁波（7.12）。温州是我国首批沿海开放城市，是我国著名的侨乡，浙江每3个华侨就有1个来自温州，温州有如此得天独厚的对外开放条件，其国际化发展却显得有些不尽如人意，个中缘由值得深思。

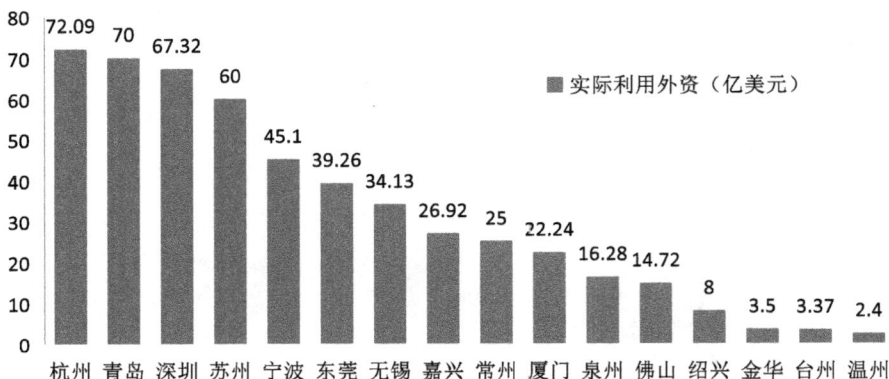

图4-20 温州与对比城市实际利用外资情况比较（2016年）

数据来源：各城市2016年统计公报

4.3.6 工业可持续发展比较

可持续发展（Sustainable Development）是指既满足当代人的需求，又不损害后代人满足需要的能力的发展，强调的是经济、社会、资源和环境保护的协调发展。改革开放以来，温州工业经济的主要驱动要素是低成本的劳动力、低成本的资源和环境等。这些要素很难在未来继续支撑温州的工业经济发展，特别是资源与环境。总体来看，资源与环境使用的物质成本和制度成本都在快速上涨。以温州合成革产业为例，温州合成皮革产业在20世纪90年代的快速发展，除了引进中国台湾地区技术外，更多得益于企业环境成本的外部化，温州合成革产业对温州本地的自然环境造成了破坏及资源浪费；随着社会承受力的快速降低，温州企业面对倒逼的环境成本，要么转型升级，要么整体外迁，温州合成革产业产能大幅削减。

以单位生产总值能耗做比较，温州2015年为0.4吨标煤/万元，与深圳的水平相当，仅高于青岛的单位能耗水平（0.31吨标煤/万元），而泉州（0.6吨标煤/万元）、绍兴（0.53吨标煤/万元）、东莞（0.45吨标煤/万元）、厦门（0.44吨标煤/万元）、杭州（0.43吨标煤/万元）等城市均高于温州，这与温州产业结构"偏轻"有一定关系。同时，近年来温州对高耗能低产出产业的关停淘汰力度非常大，印染、造纸、制革、合成革、化工等行业快速去产能。"十二五"期间，温州单位GDP能耗累计下降22.1%，超出"十二五"阶段性目标任务7.1%，目标完成率居全省首位（见图4-21）。

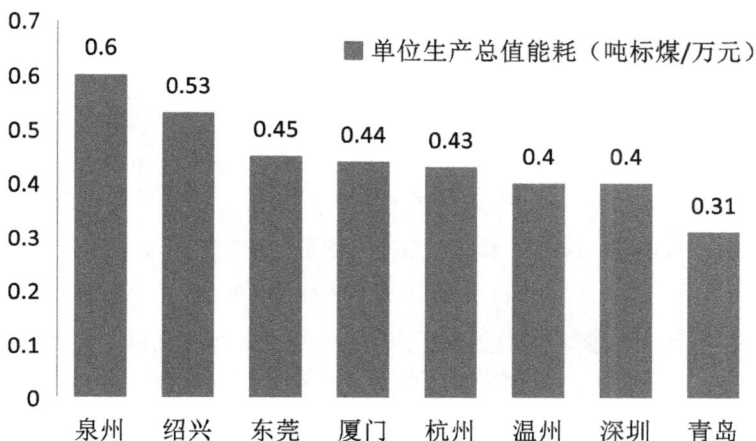

图4-21　温州与对比城市能耗水平比较（2015年）

数据来源：各城市统计公报或能源"十三五"规划

　　青岛是降能耗的标杆，青岛市单位GDP能耗五年来累计下降25%，超出全国平均水平4.6%。按2015年购买力平价计算，青岛单位GDP能耗为1.34吨标煤/万美元，已比肩美国（1.41吨标煤/万美元）、欧盟（1.28吨标煤/万美元）和日本（1.09吨标煤/万美元）等发达地区。青岛单位能耗快速下降，主要得益于清洁能源比重的提高。近年来，青岛已投入运行37个清洁能源发电项目，装机容量105万千瓦，占全市发电装机容量的1/4，发电量比2011年翻了4番，年均增长65%。

　　从单位工业增加值用水量来看，温州的工业水耗水平还是比较高的。根据2015年数据，温州单位工业增加值用水量为30.5立方米/万元，仅低于杭州的33.5立方米/万元，与嘉兴（30立方米/万元）相当，略高于绍兴（27.5立方米/万元），但明显高于宁波（16.6立方米/万元）、苏州（14立方米/万元）、大连（13立方米/万元）、厦门（11.8立方米/万元）、深圳（7.03立方米/万元）等城市（见图4-22）。

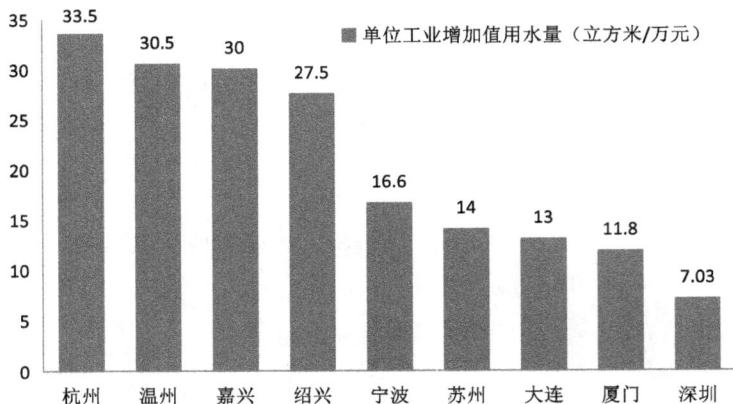

图4-22 温州与对比城市工业用水量水平比较（2015年）

数据来源：各城市水环境公报

在资源环境约束越发趋紧的形势下，工业经济的绿色发展、可持续发展被提上日程，国家"十三五"规划纲要提出要支持绿色清洁生产、推进传统制造业绿色改造，推动建立绿色低碳循环发展产业体系。《中国制造2025》将绿色发展作为实现制造业由大变强的历史跨越目标的基本方针。对于地方工业发展来讲，谁尽早完成了工业的绿色化进程，尽早构建了"两低一高"（低消耗、低污染、高产出）产业体系，谁就占得了未来产业长期持续增长的先机。从全国来看，做的比较好的工业经济绿色化转型城市有10多个，由国家工信部认定的中国11个区域工业绿色转型发展试点城市中，大部分是中西部能源城市，只有江苏镇江是沿海发达地区工业城市。镇江的工业绿色化改造经验值得借鉴，见专栏3所示。

专栏3：江苏镇江工业经济绿色化发展的经验

国家工信部将镇江列入全国"工业绿色转型发展试点城市"。作为一个东部新兴发展城市，镇江的入选源于近年来大力开展节能降耗、推进绿色转型发展。镇江的主要做法有：（1）全面调整产业结构。目前镇江装备制造、新材料、新能源、新一代信息技术、生物技术与新医药等六大战略性新兴产业贡献了工业销售总量的47.1%，但能源消费还不到10%，产业结构调整对节能降耗产生的影响比较明显。（2）引入市场机制，帮助企业降耗。浙江为能耗大户请"节能保姆"，让节能公司帮助其降耗，节约出来的费用两家分成。镇江有东方威尔、北京广茂、江苏力普、杭州泵浦等20多家节能公司，由这些公司垫资投入，已经对镇江40余家能耗大户实施了节能降耗改造，能耗企业不用担心节能改造的成本，却能够享受节能降耗的收益，因而积极性大增。（3）利用信息网络技术强化能耗监测。2012年，镇江市经信委投资2000万元建设了"中国电能云"平台，企业能耗实时情况变得一目了然。镇江市已有260家企业在"中国电能云"上线，2015年该平台助力全市削减高峰负荷15万千瓦，减少电费支出4亿多元，节电5亿千瓦时，减碳40万吨。

4.3.7 企业制度与模式创新比较

（1）企业制度创新的比较

企业制度创新是企业不断获取利润或者效益而进行的在原有企业制度基础上向新企业制度转变的过程，是对企业各种利益关系的不断深化和调整。制度创新是企业发展的重点，也是企业发展的核心。企业就是一个将各种生产要素按一定制度组合起来的经营主体。

改革开放以来，温州民营经济的制度创新走在全国前列。20世纪80年代初，为满足个体经济发展的需要，解决农村专业户和重点户的生存危机，温州放宽了对个体经济的限制政策，是全国第一个发放个体工商执照的城市。为了解决扩大企业规模过程中遇到的资金问题，一些家庭作坊开始联户、联营、集资、合股。1979年，苍南县"李家车针织厂"成立，这是改革开发以来有文字记载的最早创办的合股企业。1982年，"李家车针织厂"更名为"苍南县毛纺厂"，这可以算得上是温州股份合作企业的雏形之一。1985年，中央一号文件肯定了这种股份式合作企业，温州的合股企业开始大量浮出水面，雨后春笋般地涌现。1987年，温州全市农村拥有3.51万家股份企业，占乡镇企业总数的46.71%。为推进股份合作经济的发展，1989年11月20日，温州市人民政府颁发了《关于股份合作企业规范化若干问题的通知》，充分肯定了发展股份合作企业这种经济组织形式。据1990年底的统计数据，全市有各类股份合作企业2万余家，其中工业企业1.3万家，约占农村乡镇企业总数的60%。这种以资金、设备、田地、技术和劳力作股的股份合作制的企业形式，既适应社会化大生产和市场经济的要求，又符合当时温州家庭工业发展再上台阶的实际。这项试验，使多个业主进行资本联合和劳动者的劳动联合，解决了企业规模小的问题，推动了温州市场经济的发展。从1992年开始进行股份制企业试点以来，温州一些规模较大的股份合作制企业陆续改组为有限责任公司，温州民营企业进一步深化改革。至1998年，温州有个体工商户和私营企业20多万家，股份合作制企业2.8万多家，有限责任公司1.6万多家，股份有限公司几十家。规模最大的民营企业又大都以资本和品牌为纽带组建成企业集团，中小企业则集聚成为众多的企业集群。温州民营企业逐步向现代企业制度迈进。

　　各种企业制度形式在不同的发展阶段发挥了作用，但总体来说，目前比较公认的有效制度还是现代企业制度。现代企业制度是指以市场经济为基础，以企业法人制度为主体，以公司制度为核心，以产权清晰、权责明确、政企分开、管理科学为条件的新型企业制度。现代企业制度要求建立完整的股东大会、董事会、监事会与经理层相互制衡的公司治理结构，实行产权股份化、组织公司化和管理制度化。这一模式与家族企业治理模式相比，更符合社会化大生产和市场经济发展的要求。建立现代企业制度是我国民营企业发展的方向，是民营企业上规模、上档次、上水平的必然选择。民营企业只有建立现代企业制度，实现所有权和经营权分离，才更有可能形成相互制衡的决策监督机制，实现企业决策的民主化、科学化，有效规避企业经营风险；才更有可能将人力资本与货币资本有机结合起来，优化用人机制，为企业可持续发展提供人才保证和智力支持。中国社科院民营经济研究中心的一项研究成果也表明，逐渐实行产权社会化和经营权职业化的现代企业制度，应是家族企业的长期发展目标。

　　本书以"股份有限公司"作为现代企业制度的代表指标，对各个城市规模以上工业企业中股份有限公司的数量做对比。近年来，温州市委、市政府高度重视企业上市工作，将企业上市作为温州打造新引擎、重构新动力、提升新优势的关键一招来抓。2017年5月底，温州市政府推出了《关于进一步推进企业上市工作的十条意见》，通过政企联手推动温州企业实现从"要我上市"转变为"我要上市"的目标，充分发挥政府"有形之手"的作用，为企业上市解难题、担风险、优服务。2016年，温州规上工业中有111家股份有限公司，相比深圳（227家）、苏州（212家）、杭州（194家）、宁波（145家）还有较大的差距，但多于青岛（107家）、嘉兴（85家）、大连（64家）等城市（见图4-23）。温州家族企业在迈向现代企业制度的进程中有了比较大的进步。据不完全统计，2012—2015年，温州全市新增401家股份有限公司（不限于工业和规模以上企业），是2012年温州启动股改工作之前股份公司总量的3.2倍。但总体上，家族企业的份额还比较大，尚未普遍建立现代企业制度，这使温州企业难以在新一轮工业经济竞争中走得更远。温州企业需要将现代企业制度的普遍建立，作为其打造新引擎、重构新动力、提升新优势的关键一招来抓。

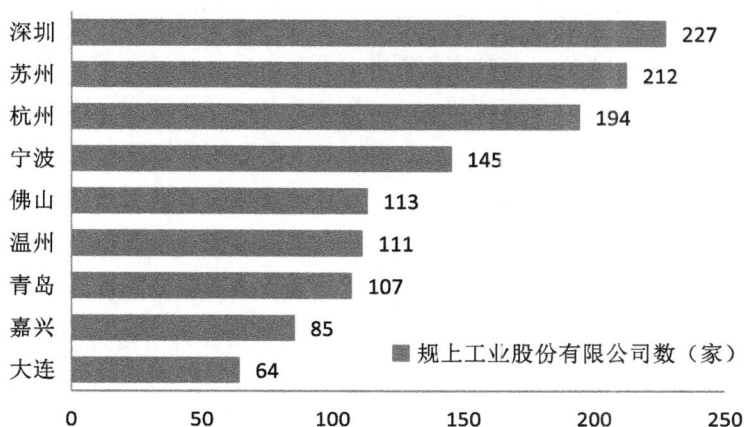

图4-23 温州与对比城市工业领域股份有限公司数量比较（2015年）

数据来源：各地统计年鉴，其中温州为2016年数据，大连为2014年数据

企业股改上市是建立规范的现代企业制度的标志。近5年多来，温州工业领域陆续主板上市企业新增了5家，而深圳新增49家，杭州新增22家，苏州、宁波均新增20家，台州和无锡新增了十几家（见图4-24）。

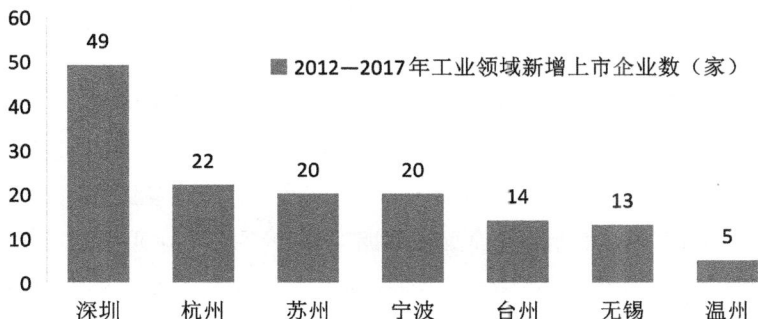

图4-24 温州与对比城市工业领域新增上市公司数量比较

统计时间段：2012年—2017年4月20日

（2）商业模式创新的比较

据《科学投资》杂志调查，在创业企业中，因为战略原因而失败的只有23%，因为执行原因而夭折的也只不过是28%，但因为没有找到赢利模式而走上绝路的却高达49%。商业模式是企业竞争制胜的关键。商业模式是一种包含了一系

119

列要素及其关系的概念性工具，用以阐明某个特定实体的商业逻辑。它描述了企业所能为客户提供的价值以及企业的内部结构、合作伙伴网络和资本关系等，用以实现这一价值并产生可持续盈利收入的要素。通过这个定义不难看出，商业模式其实就是一种简化的商业逻辑，并且是与客户需求相关的逻辑。

在企业的技术、管理等创新中，商业模式创新属于企业最本源的创新。企业离开商业模式创新，企业其他的管理模式创新或技术模式创新都将是无本之木、无源之水，没有可持续发展的基础和可能。目前，对我国企业影响较大的商业模式创新主要包括以下几种：B2B电子商务模式创新、娱乐经济模式创新、新直销模式创新、大卖场模式创新、C2C电子商务模式创新、分众模式创新及虚拟经营模式创新等。

2000年前后，"虚拟经营"是温州商业模式上最具影响力的创新。典型如美特斯邦威和森马，当时外包加工等虚拟生产方式被广泛应用于温州的服装、制鞋、低压电器、打火机、眼镜以及灯具等传统行业。而虚拟销售方式中，特许连锁加盟和代理制是非常普及的销售方式，还包括抛开中间商、直接与客户打交道的网上销售等新方式。2003年，温州还专门成立了用于虚拟销售的网络商城。虚拟经营让温州众多中小企业充分发挥了适应性强、机动性强的优势，创造经营特色，实现规模效益，在市场竞争中求得生存和长足发展。

21世纪以来，互联网的快速发展对传统商业模式的冲击非常大，平台经济、共享经济、个性化定制以及基于互联网的各种模式创新不断涌现，温州也出现了国际互联、绿森数码、唯品会等一批商业模式创新典范。但从总体上看，温州商业模式创新的步伐、推广性、影响力等都无法和拥有BAT（百度、阿里巴巴、腾讯）的深圳、杭州等信息经济核心城市相比。新的商业模式、盈利模式是天使、创投、风投等股权投资资金追逐的对象，从侧面反映了一个城市创新创业的密集度。截至2016年底，深圳VC/PE机构接近5万家，注册资本达到3万亿元；截至2016年11月份，在杭州注册的私募股权投资机构达到886家，仅次于北上深，排名全国第四。

根据阿里研究院的"阿里巴巴电子商务发展指数"（aEDI）中的"网商密度"（即平均每万人中的网商数量）指标，可以衡量一个城市大众电商创业活跃程度。根据这个指标分析形成的"2016年中国大众电商创业排行榜"前50名排名来看，温州总体上居于互联网的创业活跃度排名靠前城市（第9名），优于东莞、苏州、佛山、厦门、宁波、绍兴等对比城市，但落后于金华、深圳、杭州、中山、嘉兴、台州、泉州。其中，台州和泉州进步明显，均比2015年前进了3位，温州则退步了2位（见表4-3）。

表4-3　2016年中国大众电商创业最活跃城市前50排名

排名	市	省	名次升降	排名	市	省	名次升降
1	广州	广东	0	26	武汉	湖北	1
2	金华	浙江	0	27	常州	江苏	-4
3	深圳	广东	0	28	南京	江苏	0
4	杭州	浙江	0	29	丽水	浙江	1
5	中山	广东	0	30	徐州	江苏	4
6	嘉兴	浙江	2	31	邢台	河北	8
7	台州	浙江	3	32	宿迁	江苏	9
8	泉州	福建	3	33	无锡	江苏	-4
9	温州	浙江	-2	34	合肥	安徽	4
10	东莞	广东	-4	35	石家庄	河北	7
11	湖州	浙江	4	36	南通	江苏	-5
12	揭阳	广东	9	37	连云港	江苏	3
13	上海	上海	-1	38	青岛	山东	-6
14	苏州	江苏	-1	39	成都	四川	-4
15	北京	北京	2	40	济南	山东	-3
16	莆田	福建	-7	41	扬州	江苏	-8
17	佛山	广东	-3	42	衡水	河北	1
18	汕头	广东	1	43	长沙	湖南	1
19	潮州	广东	1	44	福州	福建	-8
20	厦门	福建	-4	45	保定	河北	0
21	宁波	浙江	-3	46	景德镇	江西	5
22	郑州	河南	3	47	廊坊	河北	2
23	惠州	广东	3	48	临沂	山东	6
24	珠海	广东	0	49	威海	山东	1
25	绍兴	浙江	-3	50	江门	广东	-3

资料来源：阿里研究院，2017年

另外，传统制造业B2C的商业模式正在向C2B转型。B2C，即传统"推动式"的生产方式，生产商追求标准化、大规模、低成本生产，以层层代理、分销系统把商品推向大市场。在消费新常态下，互联网大大削减了产销之间的信息不对称，加速了生产端与市场需求端的紧密连接。C2B，即消费者驱动的商业模式，互联网、大数据技术使市场需求信息得以被迅捷地传达给品牌商、生产者，上下游的协同变得更为顺畅。C2B的商业模式要求生产制造系统具备高度柔性化、个性化，以及快速响应市场等特性，这恰恰是制造业转型升级的方向。

专栏4：东莞基于互联网的商业模式创新——共创供应链

　　广东东莞共创供应链在2013年成立，是专门瞄准服装电商"小多快、柔性"需求而设立的柔性供应链服务商，目前服务于天猫TOP商家。东莞共创供应链为适应服装电商"小多快"的需求变化，以数据全流程贯通和共享为基础，通过IT系统（拉动式ERP、PMC）、管理方法（TPS和TOC）、设备（柔性化设备）、技术（互联网、大数据技术）和人（多能工）等五个要素对生产线、生产模式进行了彻底的改造，实现了"可大可小"的真正柔性化生产。

　　在共创柔性化生产的支持下，电商品牌产生了巨大的价值。一个典型的应用场景是：品牌商每周上新100多款，以首单50—100件的小批量来测试市场；品牌商通过淘宝平台上消费者的点击、收藏、购物车等数据就可对消费偏好、销售数据进行动态监测。这些数据实时传递给生产车间；通过建立工厂与品牌商之间的动态补货—ERP系统—生产系统，工厂就可以根据销售和库存情况，进行物料和产能准备；当出现热销款、爆款的时候，车间快速翻单，多频次小批量补货。这样能让品牌商最大限度地把握销售机会，延长每一个单品的生命周期，同时保持最小库存水平。共创成立仅一年多来，订单量突飞猛进。2014年在零库存的条件下，实现人均劳动生产率是同行业的3倍，企业净利润率达同行业5倍的效果。

　　温州服装、鞋革等消费品工业领域已经出现了一些基于C2B的模式创新，温州鞋服等行业正在推行"大规模个性化定制试点"。在浙江省经信委公布的2016年省级个性化定制示范试点企业培育名单中，全省共确定了100家试点培育企业，温州有11家企业入选，仅次于杭州（27家）和嘉兴（21家），但嘉兴有大量装饰材料个性化定制企业入围，温州该领域则为空白（见图4-25）。

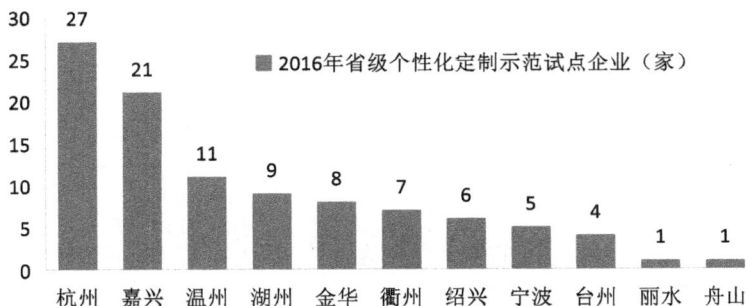

图4-25　浙江省2016年个性化定制试点企业城市排名

资料来源：浙经信信息〔2016〕424号文件

　　具体来看，温州超达阀门集团股份有限公司、伯特利阀门集团有限公司、纳百川控股有限公司、万控集团有限公司被列入装备行业个性化定制；浙江报喜鸟服饰股份有限公司、浙江红蜻蜓鞋业股份有限公司、康奈集团有限公司、巨一集团有限公司、夏梦·意杰服饰有限公司、温州庄吉服饰有限公司入选鞋服行业个性化定制；浙江国技互联信息技术有限公司入选第三方个性化定制平台，在全省居于领先地位。

4.3.8 平台环境比较

（1）产业平台比较

现代产业政策理论认为，政府对于提升地方产业竞争力的主要措施是提供功能性产业政策，即提供公共性、普惠性政策，营造公平竞争的市场环境。产业政策是国家制定的，引导国家产业发展方向，引导推动产业结构升级，协调国家产业结构，使民经济健康可持续发展的政策。产业平台是集聚产业政策的主要载体，例如，各类国家级开发区、高新区内企业更易获得国家相关扶持政策，地方的各类产业政策也主要向这些平台内企业投放；又如，各类海关特殊监管区内企业直接享受国家海关、进出口、税收优惠政策。因此，高能级的产业平台是促进地方工业经济竞争力提升的最有效、最直接的推动力。

在与对比城市的比较中发现，温州的产业平台数量和能级在近年来有明显提高，初步构建了以温州高新区、温州经济技术开发区、产业集聚区为核心的平台布局体系。2016年，浙南科技城征迁工作大步推进，创新创业新天地等一批项目落地开工。浙南产业集聚区、瓯江口产业集聚区建设步伐加快，重大产业项目招引取得新进展。生命健康小镇、时尚智造小镇和平阳宠物小镇初展形象。但温州产业平台建设与先进城市仍有差距。温州目前有国家级经济技术开发区、国家级高新技术产业开发区、国家大学科技园三大国家级产业平台各1个，这三类国家级平台苏州分别有9个、3个、3个，杭州分别有4个、2个、3个，宁波、嘉兴、绍兴、泉州的国家级经济技术开发区分别有4个、3个、3个、2个。温州目前没有综合保税区（或保税区、保税港区等），只有1个保税物流中心（B型），而省外对比城市中，苏州、大连、泉州、青岛、无锡、常州都设立了综保区，深圳有3个综保区；省内对比城市中，目前有金华—义乌的金义综合保税区、舟山港综合保税区、嘉兴综合保税区、宁波保税区、宁波梅山保税港区，以及杭州、宁波、慈溪三个出口加工区（见表4-4）。

表4-4　温州与对比城市的主要国家级平台数量比较（单位：个）

城市	国家级经济技术开发区	国家级高新区	国家大学科技园	综合保税区	自由贸易试验区
苏州	9	3	3	1	0
宁波	4	1	1	1	0
杭州	4	2	3	0	0
嘉兴	3	1	0	1	0
绍兴	3	1	0	0	0
大连	2	1	2	1	1
福州	2	1	0	0	1
泉州	2	1	0	1	0
青岛	2	1	2	1	0
无锡	2	2	1	1	0
金华	2	0	0	1	0
温州	1	1	1	0	0
厦门	1	1	1	0	1
深圳	0	1	1	3	1
常州	0	2	1	1	0
佛山	0	1	0	0	0
东莞	0	1	0	0	0

数据来源：整理自国家商务部、科技部、海关总署网站

从开发区招商实效来看，虽然目前温州的省级以上开发区是浙江省浙南重大工业投资项目的主要集聚地，但在大项目招商中仍然落后于对比城市。开发区是指由国务院和省、自治区、直辖市人民政府批准在城市规划区内设立的经济技术开发区、保税区、高新技术产业开发区、国家旅游度假区等实行国家特定优惠政策的各类开发区，是地方政府为促进区域经济迅速发展而设置的专门机构，其目的是为地方经济发展构筑集聚、吸引外资的平台。2015年，温州10个省级以上开发区总共实际利用外资7766万美元；而2014年，泉州全市14个省级以上开发区实际利用外资为2.87亿美元，是温州的3.7倍；2015年，绍兴全市12家省级以上开发区实际利用外资6.72亿美元，是温州的近10倍。2016年，无锡高新区实际到账外资达12.64亿美元，连续10年保持年度到位外资10亿美元以上。

与15个省级产业集聚区相比较，温州瓯江口产业集聚区和浙南沿海先进装备产业集聚区在全省的排名均比较靠后。2015年，在全省工业总产值排名中，浙南产业集聚区排名第9，瓯江口产业集聚区排名第13（见图4-26）。温州瓯江口产业集聚区和浙南沿海先进装备产业集聚区对要素集聚力不足，尤其表现在对创新要素集聚的不足。温州瓯江口产业集聚区科技活动经费支出、引进国千、省千人

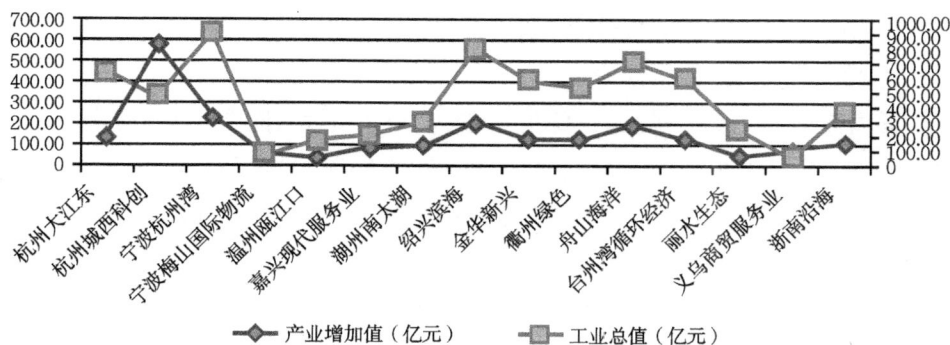

图4-26 浙江省级产业集聚区2015年综合实力比较

资料来源：浙江省产业集聚区发展"十三五"规划

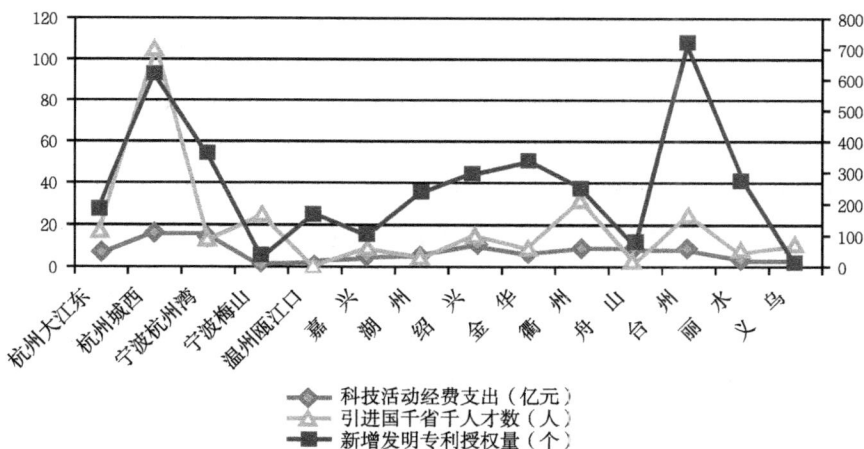

图4-27 浙江省级产业集聚区2015年科技创新比较

资料来源：浙江省产业集聚区发展"十三五"规划

数及新增发明授权量在省内均处于下游水平（见图4—27）。产业集聚区作为重要产业平台，在项目招商和要素集聚的作用发挥方面，温州增长后劲还是比较大的，近年来先后有威马新能源汽车、中电集团产业园项目等投资100亿级项目签约开工；在列入浙江省产业集聚区"十三五"重大产业项目库的项目中，温州有4个（浙南的中电产业园项目，瓯江口的文化旅游项目、LNG项目、电工电器城项目），总投资303亿元，高于杭州（2个）、宁波（3个）、嘉兴（1个）、绍兴（1

个）、台州（1个）等产业集群的项目个数和总投资额。

（2）扶持政策比较

国内关于产业政策的大讨论仍在继续，产业政策效果饱受诟病。国内一些学者以我国市场经济对计划经济的替代为例，对产业政策的实际效果表示质疑。他们认为，中国取得的经济增长就是源于市场经济这只无形的手取代了计划经济这只有形的手。由于政府权力寻租的不可避免性，政府应该进一步退出市场，废除对经济运行的产业政策管制。但毋庸置疑的是，在城市间激烈的竞争格局下，一些适用于所有产业门类的"功能性"的产业政策仍然有效。据国内知名学者林毅夫的观点，对于产业政策是否有效的争论重点，不应放在政府是否应该出台产业政策方面，而应放在出台怎样的产业政策及怎样执行产业政策方面。

在工业经济领域，温州近年来明确了发展短板，着力在人才引进培育、创新创业培育、领军型和成长型企业培育等实体经济领域出台了一系列有含金量、能落得了地的扶持政策，也起到了一定效果。但必须看到的是，温州工业发展总体趋势落后于工业一线城市，在处于"追赶"的状态下，"矫枉必须过正"，扶持政策如果做不到"人无我有、人有我优"，甚至拿出"超常规"的政策力度，在要素流动更加自由的现阶段，就很难起到明显效果。

由于各类扶持政策涉及领域条款众多，本研究重点从"资金扶持"的角度，比较了温州与杭州、苏州、深圳等先进城市在人才政策、企业培育、产业基金等领域的政策力度。总体上看，温州与过去相比，政策力度加大了，但与先进城市比，还有一定差距。如表4-5所示。

表4-5 工业领域主要的资金扶持政策比较

领域	温州	杭州	苏州
人才政策（针对青年人才）	对E类人才和新就业本科学历高校毕业生分别提供900元/月、450元/月的租房补贴，补贴期限不超过3年。	向新引进到杭州工作的应届全日制硕士研究生以上学历的人员和归国留学人员发放一次性生活补贴，其中，硕士每人2万元，博士每人3万元。提高E类人才租赁补贴到每月1500元。	积极吸引全球优秀青年人才到苏州市从事博士后研究，新进站的博士后给予12万元生活补贴。对出站留苏工作的博士后科研人员，给予最高30万元生活补贴。

领域	温州	杭州	苏州
人才政策（针对领军人才）	引进培养在温州市工作或创业的A类人才，给予不少于1200万元的奖励资助。	领军型创新人才团队项目经评审认定后给予60—2000万元资助。对顶尖人才和团队的重大项目实行"一事一议"，最高可获得1亿元项目资助。	围绕重大产业发展的核心技术需求，引进5—10个重大创新团队，给予1000—5000万元项目资助。
小微企业政策	按照国家税务总局《关于贯彻落实扩大小型微利企业减半征收企业所得税范围有关问题的公告》（国家税务总局公告〔2015〕17号）和《关于小微企业免征增值税和营业税有关问题公告》的相关要求减税。设立总规模达10亿元的政策性科技创新创业引导基金。	各类小微企业发展基金规模达到25亿元。贷款风险池、转贷引导基金、融资周转金等其他投融资建设资金，中央专项资金按市级专项资金新增安排部分给予不超过30%配套安排。	设立规模为10亿元的中小微企业发展子基金，重点支持苏州市符合"专精特新"发展方向的培育期、成长期中小微企业发展。
龙头（领军）企业或创新团队政策	对年销售产值首次达到10亿元、50亿元、100亿元的企业（或企业集团）分别给予30万元、50万元、100万元的一次性奖励；年销售产值首次达到50亿元、100亿元的企业（或企业集团），由市委市政府颁发赠送牌匾。	对确定的杭州市领军型创新团队和创业团队，财政科技人才专项资金给予不超过2000万元的财政资助。对顶尖人才和团队的重大项目采取"一事一议"方式专题论证支持方式与额度，最高1亿元的经费资助。	对首次入选"世界500强"的高新技术企业给予3000万元奖励，对首次入选"中国500强"的高新技术企业给予1000万元奖励。
产业基金规模	政府产业基金规模初定为20亿元人民币（其中一期规模为10亿元人民币）。	杭州市各级政府产业基金总规模达到150亿元；其中仅下城区成立的产业基金就有50亿元（首期15亿元）。	苏州工业园区产业发展基金5年募集总规模达到100亿元。

政策文件来源：温州人才新政10条，杭州人才新政27条及补充条款，苏州人才40条，《关于进一步推进人才优先发展的若干措施》、《苏州市关于打造具有国际竞争力先进制造业基地的若干措施》、《温州市"小微企业三年成长计划"（2015—2017年）》、《2017年杭州小微企业优惠政策及政策解读》、《温州市领军工业企业培育实施方案》（温政办〔2015〕115号）、《杭州市领军型创新创业团队引进培育计划实施细则（试行）》、《温州市政府产业基金管理暂行办法》等

首先是人才的奖励补助方面。温州2015年出台了人才新政10条，杭州出台了人才新政27条及补充条款，苏州有40条；深圳则出台了《关于促进人才优先发展的若干措施》（以下简称《措施》），提出了20个方面81条178个政策点，按目前20个方面的措施测算，每年深圳市级财政的投入将达44亿元，新增23亿元。各城市对人才的支持政策一般都分类分层次进行，以领军人才比较，对于A类的领军人才，温州的支持力度是不少于1200万元，上限没有明确；杭州是60—2000万元资助，顶尖人才及团队最高可获得1亿元项目资助；苏州是1000—5000万元项目资助。在具体执行中，由于明确了上限，高额度的资助更易落实到位。再以针对最低层级的青年人才住房补贴为例，温州对E类人才和新就业本科学历高校毕业生分别提供900元/月、450元/月的租房补贴，补贴期限不超过3年；杭州是向新引进到杭州工作的应届全日制硕士研究生以上学历的人员和归国留学人员发放一次性生活补贴，其中硕士每人2万元，博士每人3万元；2016年又将来杭的E类人才租赁补贴提高到每月1500元，远高于温州水平。

其次，比较直接对企业的资金扶持政策。小微企业是温州的特色，但经过文件检索，对于小微企业的资金扶持，温州除了落实国家税收减免政策外，并没有特别的地方性配套，设立的支持创新创业的引导性基金为10亿元规模，但这不是专门针对小微企业的。杭州对各类小微企业发展基金规模达到25亿元。苏州针对小微企业设立了规模为10亿元的中小微企业发展子基金。

对于龙头领军型企业，温州对年销售产值首次达到10亿元、50亿元、100亿元的企业（或企业集团）分别给予30万元、50万元、100万元的一次性奖励；苏州对首次入选"世界500强"的高新技术企业给予3000万元奖励，对首次入选"中国500强"的高新技术企业给予1000万元奖励，力度大于温州。另外，苏州还将资金扶持集中投放到主导产业领域，例如为了突出着力打造国家软件名城和国家集成电路产业基地的目标，苏州市对营业收入首次超过5000万元、1亿元、5亿元、10亿元的软件和集成电路设计企业，分别一次性奖励100万元、200万元、300万元、500万元。

另外，单以市级层面设立的产业基金规模来比较，温州也不及杭州和苏州。温州目前的产业基金规模初定20亿元，一期10亿元。杭州市政府发布的《关于推动政府产业基金发展促进产业转型升级的实施意见》提出，通过3年的努力，力争全市各级政府设立的政府产业基金总规模达到150亿元。其中，仅杭州市下城区政府成立的产业基金总规模就有50亿元，首期到位15亿元，3年内计划撬动300亿元社会资本跟投。仅苏州工业园区对外募集设立的"苏州工业园区产业发展基金"5年内就有不小于人民币100亿元的规模。

（3）政府服务效率比较

服务型政府是在公民本位、社会本位理念的指导下，在整个社会民主秩序的框架下，通过法定程序，按照公民意志建立起来的以为公民服务为宗旨并承担着服务责任的政府。近年来，温州政府从"无为"向"有限有效有为"政府的转型步伐加快，政府服务能力不断加强。温州市域范围内尊重企业、服务企业、帮助企业的风气和体制机制正在逐步形成，企业发展的政务环境得到明显改善。

2016年11月26日，北京师范大学政府管理研究院与江西师范大学管理决策评价研究中心联合发布了《2016中国地方政府效率研究报告》（以下简称《报告》）。《报告》采用4个一级指标、37个二级指标，结合统计数据加公众调查的方式，测度了全国31个省级政府和292个设区地级市政府的政府服务效率。在地级市排名中，温州位列第13名，对比城市中，排在温州前面的城市有：深圳第1名，苏州第5名，无锡第7名，泉州第8名，厦门第10名，常州第11名，绍兴第12名；排在温州后面的城市有：东莞第16名，杭州第17名，宁波第18名，大连第22名，福州第27名，佛山第28名，台州第34名，青岛第37名，金华第38名，嘉兴第57名。

在信息化与互联网加快发展的背景下，基于互联网的政府服务也十分重要。"互联网+政务服务"无论是在政府功能定位方面，还是在建设内容评价方面，都具有非常重要的意义和作用。2016年，中国社会科学院信息化研究中心与国脉互联政府网站评测研究中心联合测评了国内301个地市的政府网站绩效，在省会及计划单列市排名中，前10位分别是厦门市、宁波市、广州市、深圳市、南京市、青岛市、成都市、贵阳市、南昌市、合肥市网站。在地级市排名中，温州名列第二，前10位分别是无锡市、温州市、佛山市、东莞市、芜湖市、湛江市、遵义市、攀枝花市、中山市和黔南布依族苗族自治州。

4.4 小结

工业是实体经济主要的物质生产和服务部门。壮大工业经济、振兴实体经济是当前温州经济工作的重头戏。工业经济仍然是温州国民经济的主体，只有抓好工业，经济才能"壮实"，不得"浮肿病"。温州作为我国民营经济的发祥地，近年来从我国区域经济发展的优等生变为后进生，其中的问题值得更深入和全面的分析。近年来，学术界和决策咨询领域比较侧重于对温州工业发展阶段、结构、行业、布局、效率、要素供给等方面的探讨，但缺乏对表面数据背后原因的分析（或是分析了原因但缺乏数据的支撑）以及工业经济历史与面板数据的深入挖掘，也缺乏与国内、省内兄弟城市的横向比较研究。本章的研究目的在于通过将温州与国内沿海地区工业经济相对领先的17个城市的对比，总结造成温州工业发展相对弱势的原因，提出指导提升温州工业竞争力的政策建议。温州工业经济竞争力的分类比较结果显示，温州工业经济竞争力的主要短板是科技创新（包括人才流失）、企业规模结构、工业投资、土地产出效率、现代企业制度，以及高水平的产业平台和更能集聚要素资源的产业政策等，温州工业经济竞争力只在工业资本获利水平、商业模式创新、政府服务效率等方面仍具有一定优势。根据温州工业竞争力的分类比较结果，提升温州工业经济竞争力任重道远。对此，关键在于统一认识、集聚人才、优化产业政策、加大工业有效投资、提升平台能级、创新发展模式等。

第五章
温州城市工业竞争力的综合评价

当今世界，随着劳动、资本、信息等要素跨区域流动的加剧，任何一个地区的发展都处于与外部区域不断的要素交换流中，一个地区要发展好，就必须按照自身的总体发展水平，在区域要素分工合作交流中找准自己的位置，嵌入合适的区域分工合作体系中，温州也不例外。出于判断温州在我国城市工业分工合作位置的目的，本章将在已分类比较温州城市工业竞争力的基础上，通过构建温州城市工业竞争力综合评价指标体系，对温州城市工业竞争力做出总体评价。

5.1 城市工业竞争力指标体系

5.1.1 理论框架

本书提出了一个全面理解与评价城市工业竞争力的钻石框架模型。该钻石框架模型用于分析一个城市的工业发展如何形成整体竞争优势，包括三个层面的含义：其一认为，城市工业竞争力与区域政府整体的政策供给力及区域政府整体提供的要素供给环境有关；其二认为，城市工业竞争力还与城市工业竞争主体现实的资源配置力及工业创新能力有关；其三认为，对城市工业竞争的关注，除了需要关注城市工业发展的现实或显在的竞争力外，还要对城市产业扩张所体现的潜在竞争力予以关注。总体而言，本书认为，城市工业竞争力由城市工业增长力、城市资源配置力、城市工业创新力、城市人力资源供给力及城市政府政策供给力共同构成（见图5-1）。

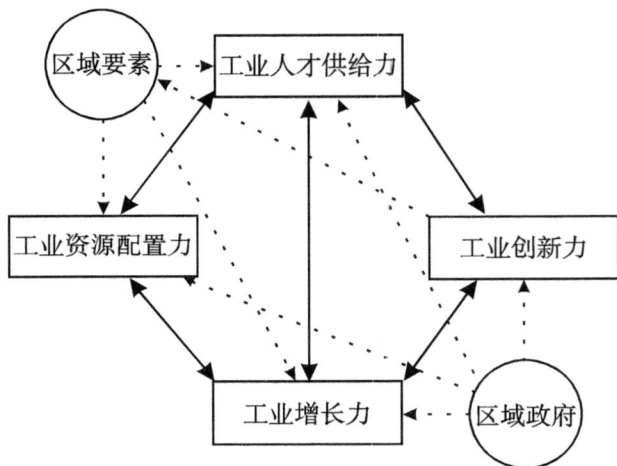

图5-1 城市工业竞争力"钻石模型"框架图

5.1.2 基本原则

（1）科学性原则

在理论研究基础上，专著着重提取重要、具有本质特征和代表性强的指标因素，使指标体系严谨、清晰、科学、完整，以体现城市工业竞争力建设进程及发展的水平和特征。本书选取指标体系的科学性原则主要体现在以下四个方面：

第一，注重指标的代表性。城市工业竞争力是由多方面因素共同构成的，任何城市工业竞争力评价模型都不可能涵盖所有影响城市工业竞争力的因素，而只能选取其中的代表性指标，这就要求选取的指标代表性强、客观、全面。

第二，注重指标的准确性。指标的概念要准确，含义要清晰。评价城市工业竞争力指标有主观的定性评价和客观的定量评价两种。为提高评价指标的准确性，应尽量避免或减少概念不清的主观评价。对于一些难以量化的主观评价因素，应尽量采用定性与定量相结合的方法来设置指标。

第三，注重指标的灵敏性。为保证构建的城市工业竞争力评价指标体系能准确反映城市工业竞争力的变化，一要保证构建的指标数值尺度较小，保证城市工业竞争力的细微变化都能由所选指标反映。二要保证构建指标的强相关性，保证城市工业竞争力评价指标的细微变化都能敏感地反映城市工业竞争力的变化。

（2）综合性原则

为了保证评价指标体系的总体最优，既要避免指标体系过于庞杂，又要避免由于指标过于单一而影响测评质量。因此，在设计城市工业竞争力指数指标体系时，本书考虑以相对较少的层次和指标，较全面、系统地反映城市工业竞争力评价的内容。

第一，关注指标的完备性。鉴于影响城市工业竞争力因素的多样性，本书将围绕监测与评价目的，保证城市工业竞争力评价指标体系不能遗漏重要方面或有所偏颇，力争让构建的城市工业竞争力评价指标体系能全面反映被监测对象的工业竞争力状况。

第二，关注指标的独立性。保证指标体系中各指标之间不应有很强的相关性。影响城市工业竞争力的因素很多，在保证评价指标体系完备性原则的同时，最终构建的城市工业竞争力评价指标体系，不应出现过多的信息包容、涵盖而使指标有所重叠情况。

需要指出的是，上述指标体系设计中的完备性是针对监测与评价目的而言的，而不是包罗万象，指标越多越好，对指标的数量选择有一个适度原则。另外，在实践中，指标之间完全独立无关是很难做到的，一方面，因为事物各方面本身就是相关的；另一方面，指标体系不是许多指标的简单堆砌，而是由一组相互间具有有机联系的个体指标所构成的，指标之间绝对的无关往往就构不成一个有机整体，因此指标之间应有一定的内在逻辑关系。

（3）适应性原则

构建指标体系时必须以坚实的理论为基础，同时也应考虑各项指标在统计实践中能否操作，要求指标有数据来源、能够获取，便于收集整理并进行可持续动态监测，同时应尽可能采用国际通用或相对成熟的指标，各指标应涵义准确，统计口径、统计方法科学统一[1]。

第一，保证指标的可操作性。保证所选取的各个指标都应该能够快捷、方便、低廉地收集到相对准确、可靠的指标值，尽力保障指标数据准确可靠。

第二，保证指标的可比性。在满足监测与评价目的的前提下，应尽可能采用

[1]由于以城市为统计对象的数据缺乏。本书对温州城市工业竞争力比较研究的指标设置，受数据可获得性限制较大。

相对成熟和公认的指标，与国内外相关方面的工作相衔接，以便于评价结果的比较与应用。

第三，保证指标的可理解性。在监测与评价过程和评价结果使用中往往涉及多方面的人员，如评价者、咨询专家、管理者、决策者和公共使用者。因此，在设置反映城市工业竞争力的评价指标体系时，应尽量采用国际通用或相对成熟的指标，以保证评价判定及其结果交流的准确性和高效性。

（4）绝对指标分析和相对指标分析相结合的原则

从统计分析角度出发，每个统计指标都反映某一侧面内容。绝对指标是反映社会经济现象发展的总规模、总水平的综合指标，是对社会经济现象总体认识的起点，通过绝对指标分析，可反映总量、规模等因素，如工业总产值、固定资产总额、财政总收入等。相对指标是两个相互联系现象数量的比率，用以反映现象的发展程度、结构、强度、普遍程度或比例关系，揭示事物内部联系和现象间的对比关系，如人均工业总产值、工业销售利润率、每百万人高校数等。把绝对指标与相对指标结合起来，可相辅相成，更准确地反映城市工业竞争力。

5.1.3 指标体系

根据城市工业竞争力的定义及特征，遵循指标体系的构建原则，本书构建了由5个二级指标和14个三级指标组成的城市工业竞争力指数评价体系（见表5-1）。

表5-1　指数主要分项构成

二级指标	指标解释
工业增长力	从城市工业总产值Y1、人均工业总产值Y2、固定资产总额Y3、第二产业占GDP的比重Y4、工业总产值的增长率Y5等指标角度反映城市工业增长力。
工业资源配置力	从工业销售利润率Y6、全员劳动生产率Y7等指标角度反映城市工业发展的资源配置力。
政府竞争力	从财政收入Y8、人均财政收入Y9等角度反映城市工业发展的政府竞争力。
工业创新力	从科技实力、科技创新能力、科技转化能力等方面衡量一个城市的工业创新竞争力。主要用发明专利数量Y10、获得专利授权数量Y11来反映城市总体创新能力。
工业人才供给力	从普通高等学校数量Y12、高等学校在校学生数Y13、每百万人高校数Y14等方面衡量城市人力资源供给能力。

（1）工业增长力：工业增长力反映了城市工业壮大和发展的能力，它是城市工业竞争力的重要表现。如果城市工业具有较强的竞争力，通常会呈现出较好的增长势头；反之，如果城市工业竞争力较弱，则一般增长速度缓慢甚至出现衰退现象。我们选取工业总产值Y1、人均工业总产值Y2、固定资产总额Y3、第二产业占GDP的比重Y4、工业总产值的增长率Y5等5项指标来反映城市工业增长力。其中，工业总产值和人均工业总产值是旨在从静态角度反映一个城市工业增长力通常采用的指标；固定资产总额、第二产业占GDP的比重从规模经济效应方面反映了城市工业增长潜力大小；工业总产值的增长率则直接反映了工业增长力[①]。

（2）工业资源配置力：是指城市配置和使用各种经济资源进行工业生产活动以求得最佳经济效率的能力。这里，我们采用工业销售利润率和全员劳动生产率加权平均来衡量地区工业资源配置力，其中，工业销售利润率是地区工业利润总额与总销售收入之比Y6，全员劳动生产率是工业增加值除以全部从业人员平均人数Y7。一般地讲，资源配置力越强，就越能有效地利用地区所能争取和控制的各种经济资源，使得地区工业的经济效率和技术效率都保持着很高的水平。这样，该地区工业就越有可能实现低成本、高利润的目标，从而在市场竞争中立于不败之地。因此，提高地区工业的资源配置力，将有利于提高地区工业的竞争力。

（3）政府竞争力：反映地方政府对工业竞争的作用及政府重新分配资源的能力，以及地方政府对工业的重视与支持程度，也从某种程度上反映着政府间竞争力的大小。我们选择财政收入Y8、人均财政收入Y9来反映地方政府竞争力，财政收入高的城市有实力提供更为优质的公共服务，创造更优的营商环境，可增强其所辖区域的比较优势及竞争优势的能力。

（4）工业创新能力：是市场竞争的关键。一般地说，地区工业的创新能力主要包括技术创新。技术创新会使得地区工业效率提高，增强市场竞争力。从当前我国的实际情况来看，工业技术创新主要体现在新产品开发等方面。这里，我们用非国有工业产值占地区工业总产值的比重来反映该地区的制度创新能力，使用

[①]工业增长力由显在的工业增长力及潜在的工业增长力两部分组成。本书对温州城市工业增长力的比较，同时兼顾了温州城市工业的显在增长力及潜在增长力。

发明专利数量Y10、获得专利授权数量Y11来反映该地区工业的总体创新能力。

（5）工业人才供给力：一个城市的工业竞争力从根本上由其人力资源供给水平决定。城市人力资源供给水平，对城市工业竞争力的持续维持具有决定意义。这里选用普通高等学校数量Y12、高等学校在校学生数Y13、每百万人高校数Y14等三项指标，反映样本城市可供使用人力资本的数量多少和质量高低。

5.2 城市竞争力指数评价分析

5.2.1 定量评估方法选取

以上选取的由18个城市（包括温州）、14项指标构成的城市工业竞争力综合评估指标体系矩阵Y18×14，由于变量指标多、数据量大，而且变量之间还存在着一定的关联关系，从而产生信息重叠，很难直接用其进行综合分析判别。为了避免传统工业化与工业能力评估时直接采用简单或加权算术平均法合成指数算法简单化的不足，本书决定选用SPSS for WINDOWS 10.0 的因素分析法（Factor Analysis）和聚类分析法（Cluster Analysis），将14项指标合成转化为一个可以评估18个城市工业竞争力的综合变量，并对18个样本城市工业竞争力的14个指标进行因素分析、综合评估与类别划分研究。在此基础上，结合知识经验进行从定性到定量的相互印证的综合集成分析，最后得出研究结论。

目前，对工业竞争力综合评价的方法主要有德尔菲法、主成分分析法、因子分析法、对应分析法和熵值法等。其中，德尔菲法又称专家咨询法，是通过征求各方面的专家意见，将专家提供的权数意见经多次统计处理，直到专家赋权比较协调的情况下，得到指标的适宜权数。它是主观赋权法，指标权数随问卷专家的不同会有不同，因此主观性较大。

与德尔菲法不同，主成分分析法和因子分析法是定量赋权法。其中，主成分分析（Principal Components Analysis）又叫矩阵数据分析、主元分析、主分量分析，是多元统计分析中应用广泛的一种方法。它是一种通过降维技术把多个具有一定相关性的指标约化为少数几个综合指标的统计分析方法，被广泛应用于自然科学和社会科学的各个领域。在实证经济问题中，有时必须考虑众多因素对同一个经济过程的影响，而每个因素都在不同层面、不同程度上反映了所研究问题的某些信息，并且指标之间彼此存在一定的相关性。也就是说，统计数据反映的信息在一定程度上有重叠。如何找出影响此经济过程的几个综合指标，使综合指标成为原来变量的线性组合，综合指标不仅保留原始变量的主要信息，彼此之间既不相关，又比原始变量具有某些更优越的性质，使得在研究复杂的经济问题时容易抓住主要矛盾，主成分分析是一个理想的工具。

主成分分析是设法将原来众多具有一定相关性的数据（比如P个指标）重新组合成一组新的相互无关的综合指标来代替原来指标的分析方法。通常数学上的处理就是将原来P个指标做线性组合形成新的综合指标。最经典的做法就是用1F（选取的第一个线性组合，即第一个综合指标）的方差来表达，即Var（1F）越大，表示1F包含的信息越多。因此在所有的线性组合中选取的1F应该是方差最大的，故称1F为第一主成分。如果第一主成分不足以代表原来P个指标的信息，再考虑选取2F即选第二个线性组合。为了有效地反映原来信息，1F已有的信息就不需要再出现在2F中，用数学语言表达就是要求Cov（1F，2F）=0，则称2F为第二主成分，依此类推，可以构造出第三、第四……第M个主成分。主成分分析方法的数学模型如下：

$$
\left\{
\begin{array}{l}
F_1 = A_{11}X_1 + A_{21}X_2 + \cdots\cdots + A_{P1}X_{P;} \\
F_2 = A_{12}X1 + A_{22}X_2 + \cdots\cdots + A_{P2}X_{P;} \\
\cdots\cdots \\
F_M = A_{1M}X_1 + A_{2M}X_2 + \cdots\cdots + A_{PM}X_P.
\end{array}
\right.
$$

其中 A_{1I}，A_{2I}，$\cdots\cdots$，A_{PI}（$I=1$，$\cdots\cdots$，M）为X的协方差阵的特征值所对应的特征向量，X_1，X_2，$\cdots\cdots$，X_P是原始变量经过标准化处理的值（因为在实际应用中，往往存在指标的量纲不同，所以在计算之前需先消除量纲的影响，而将原始数据标准化）。主成分分析方法的步骤：（1）选题指标体系；（2）将原始指标标准化，以消除量纲的影响；（3）根据标准化后的数据，建立变量的相关系数矩阵；（4）求相关系数矩阵的特征值及其相对应的单位特征向量；（5）计算方差贡献率，并选出累积方差贡献率大于85%的主成分（也可以按照自己模型要求，适当选择累积贡献率大小）；（6）根据所选出的主成分及相应的方差贡献率，得出综合评价方程；（7）计算出综合评价值。

主成分分析法和因子分析法的本质都是寻求少数的几个变量（因子）来综合反映全部变量（因子）的大部分信息，变量虽然较原始变量少，但所包含的信息量却占原始信息的85%以上，用这些新变量来分析经济问题，其可信度仍然很高，而且这些新的变量彼此间互不相关，消除了多重共线性。二者的不同之处在于，主成分分析是研究如何通过少数几个主成分来解释多变量的方差—协方差结构的分析方法，也就是求出少数几个主成分（变量），使它们尽可能多地保留原始变量的信息且彼此不相关。它是一种数学变换方法，即把给定的一组变量通过线性变换，转换为一组不相关的变量（两两相关系数为0，或样本向量彼此相互垂直的随机变量），在这种变换中，保持变量的总方差（方差之和）不变，同时具有最大方差，称为第一主成分；具有次大方差，称为第二主成分，依次类推。因子分析是根据相关性大小把变量分组，使得同组内的变量之间相关性较高，但不同组的变量相关性较低，每组变量代表一个基本结构，这个基本结构称为公共因子。对于所研究的问题就可试图用最少个数的不可测的所谓公共因子的线性函数与特殊因子之和来描述原来观测的每一分量。通过因子分析得来的新变量可对每一个原始变量进行内部剖析。因子分析不是对原始变量的重新组合，而是对原始变量进行分解，分解为公共因子和特殊因子两部分。具体地说，就是要找出某个问题中可直接测量的具有一定相关性的诸指标，如何受少数几个在专业中有意义、又不可直接测量到、且相对独立的因子支配的规律，从而可用各指标的测定来间接确定各因子的状态。

主成分分析的优点在于：首先，它利用降维技术用少数几个综合变量来代替原始多个变量，这些综合变量集中了原始变量的大部分信息。其次，它通过计算综合主成分函数得分，对客观经济现象进行科学评价。再次，它在应用上侧重于信息贡献影响力综合评价。其缺点在于：当某主成分的因子负荷的符号有正有负时，综合评价函数意义就不明确。命名清晰性低。

因子分析的优点在于：第一，它不是对原有变量的取舍，而是根据原始变量的信息进行重新组合，找出影响变量的共同因子，化简数据。第二，它通过旋转使得因子变量更具有可解释性。命名清晰性高。其缺点是，在计算因子得分时所采用的是最小二乘法，此法有时可能会失效。

熵值法也是一种客观赋值法。主成分分析法与熵值法的主要区别为：主成分分析法是从指标间的重复信息量出发赋权的，而熵值法是根据指标的变异信息量确定权数；主成分分析法消除了变量相关性对综合评价的影响，熵值法却不能消除相关性的影响；主成分分析法在尽可能地反映原来指标信息的基础上，选出几个综合指标来代替原来指标，使定量分析设计的变量较少，而熵值法不能减少评价指标的个数；主成分分析法对于数据没有特别的要求，而熵值法需要完整的样本数据，数据标准化后如负值也不能直接参与计算；主成分分析法中的综合评价值与变量是线性函数关系，而熵值法的综合评价结果与变量不是线性函数关系。

熵值法主要包括以下六个步骤：（1）将原始数据标准化，以消除量纲的影响。一般采用Z-Score公式进行标准化。对于逆向指标，在其标准化值上乘以（-1）化为正向指标。另外为消除负值，做坐标平移，可根据标准化后的数据确定平移数值A的大小，即令：$Z_{JI}=X_{JI}+A$, I=1, 2,..., M; J=1, 2,..., N；（2）计算第J个指标下第I年份指标的比重，令$P_{JI}=Z_{JI}/\sum Z_{JI}$；（3）计算每个指标的熵值，令$HZ=-\sum F（Z_{JI}）\ln（Z_{JI}）=-K\sum P_{JI}\ln（P_{JI}）$，其中K=1 /ln M，0≤H(Z)≤1；（4）计算第J项指标的差异性系数，GJ=1－HZ；（5）定义第J项指标的权数，$A_J=G_J/\sum G_J$ 计算第I年份的区域可持续发展度；（6）计算第I年份的区域可持续发展度，$RSDS_I=\sum A_J P_{JI}$。

由于工业竞争力指标体系所包含的指标较多，指标之间有一定的相关性，存在重复信息现象。因此采用主成分分析法从各个子系统选出一组新的相互无关的综合指标来代替原来指标，并计算出各个子系统的竞争力水平值，是比较合适的。这样既排除了在指标选择和权数确定时的主观因素影响，又可以消除指标间相互重叠的信息影响。基于以上对于各种综合评价方法的介绍及比较，虽然主成分分析法也存在诸如"命名不清晰"等缺点，但从各种方法的比较及我们所研究问题的特点等因素来看，本书拟采用主成分分析法，对我国区域工业竞争力水平进行评估。

5.2.2 数据处理

由于本书所选指标的量纲千差万别，在后续分析之前有必要先对数据进行无量纲化的标准化处理。常用的无量纲化方法有多种，如极值法、阈值法、均值

法、归一化法等。通过对上述几种无量纲化方法的比较和分析，本研究选择级差
公式法对原始数据进行无量纲化处理。

$$CC_{ij}= (C_{ij} - C_{jmin}) / (C_{jmax} - C_{jmin})$$

式中，CC_{ij}为区域i指标j转换后的无量纲化值，C_{ij}为区域i指标j标准化的原值，C_{jmin}为各区域中指标j的最小值，C_{jmax}为各区域中指标j的最大的原值。

5.3 城市工业竞争力的测算与评价分析

在建立了城市工业竞争力综合评估指标体系，以及确立了综合评估方法以后，就可以利用定量方法进行实证分析了。因子分析的第一步是对综合评估数据的无量纲化处理。无量纲化是指通过一定的数学变换来消除原始变量不同量纲的影响。

因子分析通过对指标值进行正态标准处理来消除量纲的影响。然后，计算相关系数矩阵、特征值、贡献率和累计贡献率，得到表5-2、表5-3、表5-4及图5-2。

表5-2　变量的描述性统计

变量	样本数	最小值	最大值	平均值	标准差
VAR00001	18	40525239	3.03×10^8	1.22×10^8	70632795
VAR00002	18	59765.81	771166.9	274933.2	196063.1
VAR00003	18	10263040	75525700	27455949	15271579
VAR00004	18	41.77	61.98	49.28167	5.625731
VAR00005	18	0.2	8.9	5.95	2.460571
VAR00006	18	3.950219	13.18069	8.906752	2.676798
VAR00007	18	0.193393	35.07388	19.95805	8.805635
VAR00008	18	2652092	20824400	6774612	4707178
VAR00009	18	4349.479	64812.95	15352.23	14027.36
VAR00010	18	2545	44973	15052.72	13978.5
VAR00011	18	1015	16957	4350.5	4208.128
VAR00012	18	3	38	14.88889	10.1743
VAR00013	18	32631	474700	156120.7	119310.2
VAR00014	18	0.671592	8.495752	2.999329	1.916435

在表5-2统计量描述中，第二列是样本数目（Analysis N），第三列是变量最小值（Minimum），第四列是变量最大值（Maximum），第五列为对应变量的算术平均值（Mean），第六列是样本标准差（Std.Deviation），这些数值是对原始数据在统计上的基本描述。

图5-2为特征根数值衰减折线图。从图中，我们可以明显地看到，第2个点和第6个点为两个明显的折点，从第6个点开始，以后的全部点的纵坐标均接近于0，也就是特征根的值都约等于0。也就是说，单纯从图5-2我们可以判断，我们所取的主成分的个数应该是小于等于6个。根据特征值的具体值，我们看到前4个特征值都大于1，而且它们的累积方差贡献率达到了82.308%，因此选择前4个变量作为主成分是合适的。然而考虑到对数据原始信息的完全覆盖，在这里我们也可以选取前6个变量作为主成分，因为第5个、第6个变量的特征根分别为0.835、0.729，方差贡献率分别为5.21%、3.20%。由于贡献率也相对较大，在这里，本书选择前6个变量作为主成分。

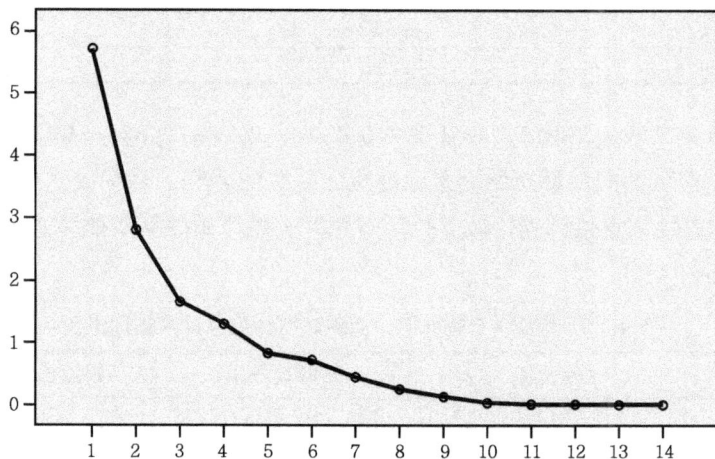

图5-2　山麓图

表5-3为全部解释方差表。其中"Initial Eigen values"为初始特征根，第一列"Total"为按顺序排列的主成分方差，在数值上等于相关系数阵的各个特征根。第二列"% of Variance"为方差贡献率，第三列"Cumulative%"为方差累积贡献率。在右边"Extraction Sums of Squared Loadings"中，给出了从左边栏目中提取的3个主成分及有关参数，提取的原则是满足方差大于1。

表5-3　累计贡献比例值

主成分	初始特征根（Initial Eigen values）			主成分分析提取结果（Extraction Sums of Squared Loadings）		
	贡献率（Total）	贡献率占比（% of Variance）	累计贡献率（Cumulative%）	贡献率（Total）	贡献率占比（% of Variance）	累计贡献率（Cumulative%）
1	5.7345738	40.9612411	40.9612	5.73457376	40.9612411	40.9612
2	2.8151947	20.1085333	61.0698	2.81519466	20.1085333	61.0698
3	1.6720356	11.9431114	73.0129	1.67203560	11.9431114	73.0129
4	1.3013337	9.29524102	82.3081			
5	0.8351842	5.96560113	88.2737			
6	0.7287418	5.2052983	93.4790			
7	0.4486794	3.20485305	96.6839			
8	0.2616580	1.86898590	98.5528			
9	0.1360752	0.97196540	99.5248			
10	0.0364412	0.26029410	99.7851			
11	0.0162294	0.11592394	99.9011			
12	0.0114361	0.0816861	99.9827			
13	0.0015671	0.01119346	99.9939			
14	0.0008501	0.00607180	100			

　　变量相关系数矩阵的6大特征值在5.7346—0.7287之间，其累计贡献率达90.18%，它们可共同解释原始变量标准化方差的93.47%，即只要选择前6个主因子，其所代表的信息量已能比较充分地解释并提供原始数据所能表达的信息（见表5-3及表5-4）。

表5-4　已提取因子特征值、贡献比例值及累计贡献比例值

主因子	特征值	贡献比例值	累计贡献比例值
1	5.7346	40.9612	40.9612
2	2.8152	20.1085	61.0698
3	1.6720	11.9431	73.0129
4	1.3013	9.2952	82.3081
5	0.8352	5.9656	88.2737
6	0.7287	5.2053	93.4790

　　同时，主因素方差（Communalities）在0.8348—0.9588之间，说明全体变量能很好地被6个主因子解释，所以，选择6个主因子的信息已能比较充分地反映和代表各个样本区域教育竞争力的综合水平。对提取的6个主因子建立原始因子载荷

矩阵；同时，为了便于对各因子载荷做出合理解释，需要对其进行旋转使其结构简化，排除噪声干扰。由于城市工业竞争力原始数据之间存在正相关现象（相关系数有些很大），因此，用主成分方法（Principal Components）析取主因子时，进行方差极大斜交旋转（Promaxw ith Kaiser Normalization），从而使其结构简单化，最后得到了斜交因子装载（图形）矩阵（见表5-5），进而计算得到了由原始变量指标的线性组合构成的新的综合变量。旋转以后得到的斜交因子装载矩阵清晰地将指标值按照斜交旋转因子矩阵中的高载荷分成6类。在上述基础上，我们接下来计算18个样本城市分别在6个主因子上的单项因子分数及综合得分（见表5-6及图5-3）。

表5-5 城市工业竞争力斜交因素旋转装载（图形）矩阵

因素	主因素1	主因素2	主因素3	主因素4	主因素5	主因素6
工业总产值	0.908*	0.040	−0.249	0.263	0.124	−0.031
人均工业总产值	0.848*	−0.260	0.229	0.140	−0.185	−0.165
固定资产总额	0.747*	0.166	−0.473	0.338	0.208	−0.075
第二产业占GDP比重	−0.144	−0.318	0.005	0.892*	0.091	0.182
工业总产值增长率	−0.171	−0.063	0.875*	0.030	0.160	0.187
工业销售利润率	0.085	0.038	0.114	0.079	0.961*	0.018
全员劳动生产率	−0.120	−.073	0.181	0.139	0.011	0.929*
财政收入	0.923*	0.210	−0.094	−0.211	0.045	−0.077
人均财政收入	0.847*	−0.055	0.328	−0.254	−0.152	−0.218
发明专利授权数	0.841*	0.127	−0.263	−0.137	0.232	0.113
专利授权数	0.894*	0.193	−0.160	−0.271	0.010	−0.033
普通高等学校数量	0.054	0.968*	−0.133	−0.079	0.080	−0.006
高等学校在校学生数	0.085	0.939*	−0.158	−0.154	0.082	0.073
每百万人高校数	0.086	0.765*	0.328	−0.131	−0.163	−0.345

注：*标注各主因素的载荷大于0.7的指标

首先，用表 5-5（主成分载荷矩阵）中的数据除以主成分相对应的特征根，开根号便得到6个主成分中每个指标所对应的系数，然后据此获得6个主成分得分方程（6个主成分的得分方程从略）。

其次，用第1主成分1F中每个指标所对应的系数乘上第1主成分1F所对应的贡献率，再除以所提取6个主成分的6个贡献率之和，然后加上第2主成分2F中每个指标所对应的系数乘上第2主成分2F所对应的贡献率，再除以所提取6个主成分的6个贡献率之和，再加上第3主成分3F中每个指标所对应的系数乘上第3主成分3F所对应的贡献率，再除以所提取6个主成分的6个贡献率之和，接着加上第4主成分4F中每个指标所对应的系数乘上第4主成分4F所对应的贡献率，再除以所提取6个主成分的6个贡献率之和，再加上第5主成分5F中每个指标所对应的系数乘上第5主成分5F所对应的贡献率，再除以所提取6个主成分的6个贡献率之和，最后加上第6主成分6F中每个指标所对应的系数乘上第6主成分6F所对应的贡献率，再除以所提取6个主成分的6个贡献率之和，即可得到综合得分模型。

将原始数据代入综合得分模型，就可得出2016年温州与其他城市工业竞争力比较因素分析结果。

表5-6　城市工业竞争力主因素得分及排序

	城市	主因素F1得分	排序	主因素F2得分	排序	主因素F3得分	排序	主因素F4得分	排序	主因素F5得分	排序	主因素F6得分	排序
1	温州	-0.959	16	-0.815	16	-0.273	12	-0.982	16	-0.410	13	0.370	6
2	杭州	0.050	8	2.190	1	-0.218	10	-0.714	13	0.397	8	-0.267	12
3	泉州	-0.596	13	0.235	7	0.980	3	1.903	2	1.430	2	0.042	8
4	大连	-0.075	9	1.425	3	-1.261	17	0.037	8	-1.723	17	1.023	4
5	宁波	0.192	7	-0.071	8	-0.497	15	0.353	6	0.017	9	0.361	7
6	台州	-1.169	18	-1.318	18	-1.260	16	-1.178	17	-0.652	14	-0.402	13
7	金华	-1.084	17	-0.690	11	-0.320	13	-0.801	15	-0.093	10	-0.412	14
8	深圳	2.882	1	-0.823	17	1.258	2	-1.476	18	-0.101	11	-0.15616	10
9	嘉兴	-0.587	12	-0.769	13	-0.031	9	0.495	4	0.755	5	-0.044	9
10	绍兴	-0.667	14	-0.694	12	0.041	8	0.144	7	1.439	1	-0.761	15
11	苏州	1.576	2	0.292	6	-2.307	18	1.013	3	0.849	4	-1.893	18
12	常州	-0.076	10	-0.403	10	0.957	4	-0.181	11	1.135	3	1.316	3
13	厦门	-0.469	11	0.940	4	1.814	1	-0.247	12	-0.909	15	-1.705	17
14	佛山	0.483	4	-0.790	15	0.295	7	2.357	1	-1.889	18	0.929	5
15	无锡	0.460	5	-0.263	9	-0.268	11	-0.063	9	0.418	7	1.408	2
16	东莞	0.270	6	-0.771	14	0.653	6	0.186	5	-1.202	16	-1.146	16
17	福州	-0.745	15	1.585	2	0.763	5	-0.084	10	-0.183	12	-0.170	11
18	青岛	0.512	3	0.741	5	-0.326	14	-0.761	14	0.722	6	1.506	1

因素分析结果显示，影响样本城市工业竞争力的因素可分为六类：

第一类主要包括政府财政收入（装载量为0.923）、工业总产值（装载量为0.908）、专利授权数（装载量为0.894）、人均工业总产值（装载量为0.848）、人均财政收入（装载量为0.847）、发明专利授权数（装载量为0.841）。主要反映工业增长力、政府竞争力及工业创新力，其贡献率40.9612%。温州在这些因素上竞争力较差，在18个城市中排名16，仅高于金华和台州。深圳、苏州分别排名第一和第二。说明温州工业竞争力在工业增长力、政府竞争力及工业创新力方面表现较差。温州工业创新力的不足，不仅会束缚温州现在的发展，对温州未来的进位发展也是极为不利的。创新是现代经济的主要竞争力，对温州工业的发展具有长远意义。与此同时，"温州模式"向来是以政府的不作为发展为特征的，温州近年来顺应城市转型的需要，强化了政府对经济运行的干预作用，主要从补足城市发展基础设施建设短板角度，强化政府的公共服务作用。但因素分析结果显示，温州政府公共服务能力在我国仍处于相对落后水平。温州工业竞争力的提升，需要从提高温州工业创新力及温州政府公共服务能力等方面着手。这些因素对温州工业竞争力的提升具有长远意义。2016年，温州人均财政收入在18个样本城市中排名垫底，为4349元。温州在反映工业创新力的专利授权数方面表现相对较好，2016年获得的专利授权数达1802件。在18个样本城市中，排名12位，省内样本城市仅次于杭州。但温州专利授权主要局限在实用新型和外观设计两种，温州专利授权发明专利授权较少。此外，在人均工业生产总值方面，温州在18个样本城市当中同样排名垫底。

第二类主要包括普通高等学校数量（装载量为0.968）、高等学校在校学生数（装载量为0.939）、每百万人高校数（装载量为0.765），主要反映城市工业发展后续人才供给情况，贡献率为20.1085%。温州在这些条件因素上，同样居于后列，排名16。与省内样本城市杭州、金华、绍兴、嘉兴、台州比较，温州仅高于台州。杭州作为浙江省省会，区内较多的高校数是杭州工业发展重要的智力基础。目前，杭州每百万人有5.34所高校，厦门每百万人有8.49所高校，大连每百万人有5.06所高校，温州每百万人只有0.99所高校，远远落后于杭州、厦门及大连。温州是浙南重要城市，是浙南闽北赣东中心城市，温州除了需要加大本土人才的培养力度之外，还需注意本地高校人才培养毕业之后大量外流的问题。据调查，温州工业人才目前培养不足问题，除了表现在温州本土高校数量较少，工业人才培养数量不足之外，还表现为培养的工业人才难以留住。温州高校人才培养为他人做嫁衣现象突出。温州作为浙江"铁三角"城市，其对人才的吸引力，没有体现出它在浙江的"铁三角"地位。

第三类、第四类、第五类、第六类分别包括工业总产值增长率（装载量为0.875）、第二产业占GDP比重（装载量为0.892）、工业销售利润率（装载量为0.961）、全员劳动生产率（装载量为0.929）。作为资源配置力因素，工业销售利润率、全员劳动生产率等因素对样本城市的工业竞争力发展有影响，但占比不高，所在的主因素5和主因素6贡献率分别为5.9656%及5.2053%。表明我国工业内涵式发展特点不强，我国城市之间的工业竞争力差异主要体现在工业要素的投入规模上，而不是工业要素的利用效率上。温州作为国内新二线城市，在产业投入上，肯定无法与杭州、苏州、深圳等一线城市相比。温州要发挥工业发展的后发优势，应与国内城市实现错位发展，将发展的主轴放在如何提高工业投入要素的利用效率方面，着力提高温州工业的全员劳动生产率及销售利润率。温州工业经过多年发展奠定的品牌优势及技术优势，是温州工业破茧成蝶、浴火重生的基础。凤凰涅槃，沧海桑田，温州相对落后的工业产业基础，从一定角度看既是温州工业率先实现转型发展的挑战，又是温州工业率先实现创新发展的基础，温州目前的工业产业发展水平，利于温州在工业产业转型发展中轻装上阵。而相对而言，我国国内的一些领先城市比如深圳、苏州、杭州、青岛等城市，则更要树立全国工业发展一盘棋的思路，从构建我国工业完整产业链角度，主动挑起我国工业创新转型重任，将产业制造等一些配套环节转移到一些国内相对落后城市，带动我国工业以国家整体姿态参与全球竞争。国际工业竞争已转移到配套的产业链竞争方面。

从综合得分来看，与温州在各主因素相对落后的得分一致，温州与样本城市工业竞争力的综合差异较大。深圳、苏州、杭州、青岛、佛山、无锡、泉州、常州、福州、大连、宁波、厦门12个城市的工业竞争力在样本城市平均水平之上（＞0），其他6个城市工业竞争力在样本城市平均水平以下（＜0）。浙江的嘉兴、绍兴接近于样本城市平均水平；浙江其他入选的城市金华、台州在样本城市

城市工业竞争力综合因素得分指数

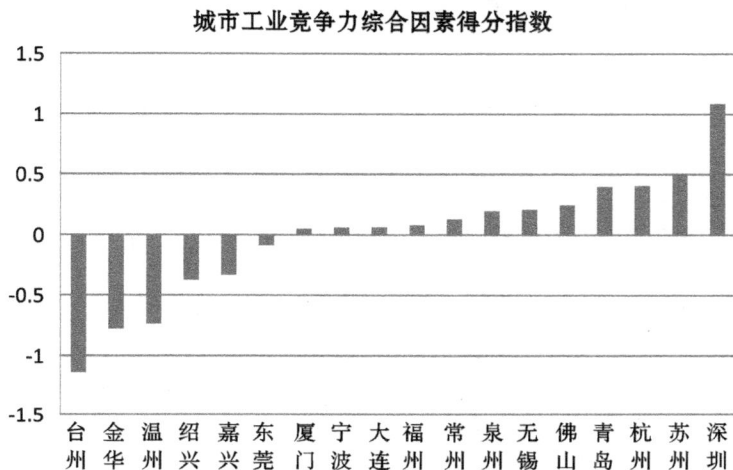

图5-3 18个城市工业竞争力综合因素得分指数图

最后列，是样本城市工业竞争力最弱区，综合得分在-0.7以下，与深圳、苏州两市差距巨大。温州是浙江第三大城市，居杭州、宁波两个副省级城市之后，与杭州、宁波同为浙江经济发展的"铁三角"，但温州近年来的经济发展有被绍兴、嘉兴赶超之势，温州相对落后的工业产业，将阻碍温州成为浙江经济社会发展重要一极的实现。温州要进一步奠定在浙江省的"铁三角"地位，必须以工业产业的发展为突破口，夯实自身在浙江省"铁三角"位置的实体基础。

5.4 聚类分析及结果

虽然因素分析结果比较清晰地反映了温州与17个样本城市工业竞争力综合发展的先后次序，但是未能对其进行确切的类型划分。为了对温州及17个样本城市进行类型的科学划分，总结温州同国内标杆城市及省内领先城市的差距，本书又以温州及17个样本城市的原始指标作为可观测因素变量，采用离差平方和法（Dendrogram Using Ward Method）进行系统聚类分析，最后得到了聚类谱系图（图5-4）。

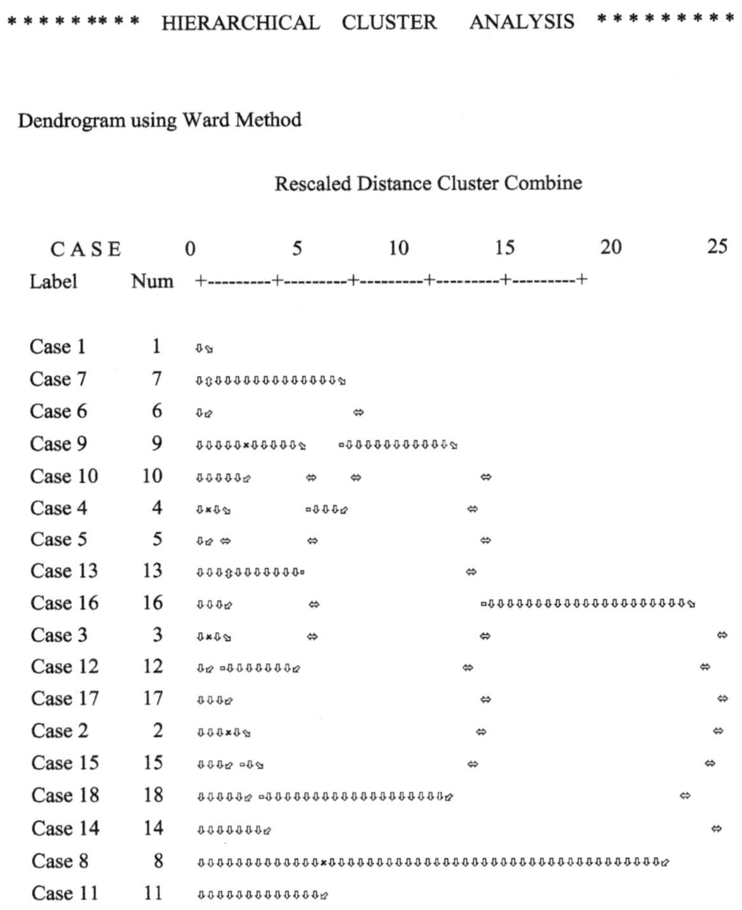

********* HIERARCHICAL CLUSTER ANALYSIS *********

Dendrogram using Ward Method

Rescaled Distance Cluster Combine

```
    C A S E      0      5      10      15      20      25
    Label   Num  +---------+---------+---------+---------+---------+

    Case 1    1
    Case 7    7
    Case 6    6
    Case 9    9
    Case 10  10
    Case 4    4
    Case 5    5
    Case 13  13
    Case 16  16
    Case 3    3
    Case 12  12
    Case 17  17
    Case 2    2
    Case 15  15
    Case 18  18
    Case 14  14
    Case 8    8
    Case 11  11
```

图5-4　城市工业竞争力聚类分析谱系图

聚类分析结果数形图显示：温州与金华、台州的工业竞争力较为接近，为工业竞争力同组别城市。总体而言，18个样本城市（个案case）可合并成4大类，一类：深圳、苏州2个城市（个案号8、11），二类：杭州、青岛、佛山、无锡等4个城市（个案号2、18、14、15），三类：泉州、常州、福州、大连、宁波、厦门、东莞等7个省区（个案号3、12、17、4、5、13、16），四类：嘉兴、绍兴、温州、金华、台州等5个城市（个案号9、10、1、7、6）。可以看出，各个类型所包含的城市数不一，从形式上看不如人为分组整齐划一，但这恰恰反映了聚类分析的科学性，避免了人为定性分析分类的主观随意性。其中，温州与金华、台州、嘉兴、绍兴等为样本城市中工业竞争力最低的组别，深圳、苏州为工业竞争力最高组别，杭州、青岛、佛山、无锡为工业竞争力次高组别，泉州、常州、福州、大连、宁波、厦门、东莞为工业竞争力第三高组别，可以看出，长期以来形成的我国一、二、三线城市工业竞争力分布非常不平衡，基本形成了深圳、苏州、杭州、青岛等一线或新一线城市工业竞争力极化区域，且各具特点和优势。温州处于样本城市工业竞争力最低组别。

5.5 综合集成分析结果

为进一步反映温州同国内标杆城市及省内先进城市的差距，综合因素分析与聚类分析结果，结合我国城市工业化发展的经验和知识，并考虑历史和现实的因素，本书进一步将温州及17个样本城市划分为工业竞争力发展水平的4个不同类型Ⅰ、Ⅱ、Ⅲ、Ⅳ，其结果如表5-7所示。

表5-7 城市工业竞争力综合集成分类

城市	因素综合得分	因素排序	分类	
深圳	1.085	1	Ⅰ	城市工业竞争力超强城市Ⅰ
苏州	0.508	2		
杭州	0.405	3	Ⅱ	城市工业竞争力较强城市Ⅱ
青岛	0.396	4		
佛山	0.245	5		
无锡	0.210	6		
泉州	0.197	7	Ⅲ1	城市工业竞争力一般城市Ⅲ
常州	0.130	8		
福州	0.082	9		
大连	0.063	10	Ⅲ2	城市工业竞争力一般城市Ⅲ
宁波	0.062	11		
厦门	0.051	12		
东莞	−0.086	13		
嘉兴	−0.332	14	Ⅳ1	城市工业竞争力低下城市Ⅳ
绍兴	−0.373	15		
温州	−0.733	16	Ⅳ2	城市工业竞争力低下城市Ⅳ
金华	−0.773	17		
台州	−1.138	18		

概括而言，通过对温州及17个样本城市工业竞争力的综合评估与比较，可以看出温州同国内标杆城市及省内先进城市的工业竞争力的差距比较大。温州城市工业竞争力在6个主因素上的得分排名大部分靠后，仅在贡献率较小的主因素F6上的得分排名相对靠前。在研究启示意义上，这说明温州城市工业竞争力对国内标杆城市及省内领先城市的落后是全方位、综合的。目前，温州城市工业竞争力综合排名位列18个样本城市中的第16位。温州城市工业竞争力综合排名在省内不仅落后于杭州、宁波，而且还落后于绍兴、嘉兴。作为浙江省浙南地区的一个重要的经济增长极，温州相对落后的工业竞争力，对温州夯实自身在浙江省经济发展版图中的"铁三角"地位构成了巨大挑战。

温州作为国内民营经济发展标杆城市，其工业竞争力尽管总体处于低位，但温州仍然在反映城市工业竞争力的资源配置力指标上，展现了领先样本城市的水平。如表5-6所示，温州在主要反映城市全员劳动生产率差异的主因素F6上的得分较高，在18个样本城市中，排第6位。其次，温州在主要反映城市工业增加值的主因素F3上的得分尽管相对较低，排第12位，但相对总体排第16的位次，这一得分至少是领先温州工业平均发展水平的。作为国内民营经济发展标杆城市，温州在主因素F3上相对较高的得分说明，温州配置和使用各种经济资源进行工业生产活动以求得最佳经济效率的能力较强。温州以民营经济为主体的经济结构，决定了温州经济效率优先的特点。

目前，深圳、苏州的工业竞争力为第一集团，处于领先位置；杭州、青岛、佛山、无锡为第二集团，处于对第一集团的挑战位置；泉州、常州、福州、大连、宁波、厦门为第三集团，处于追赶型位置；温州和嘉兴、绍兴、金华、台州为第四集团，城市工业竞争力较弱，处于后进位置。

5.6 小结

出于判断温州在我国城市工业分工合作位置的目的，本章的研究目的是在前一章已分类比较温州城市工业竞争力的基础上，对温州城市工业竞争力做总体评价。基于对城市工业竞争力的概念以及城市工业竞争力核心要素的分析，本章首先归纳总结了国内外知名城市工业发展特点以及魏后凯等人对城市工业竞争力的理解，构建了温州城市工业竞争力评价的总体模型，建立了温州城市工业竞争力的综合评价指标体系。温州城市工业竞争力的综合评价结果显示，温州同国内标杆城市及省内先进城市的工业竞争力的差距比较大。温州城市工业竞争力综合排名不仅落后于省内的杭州、宁波，而且还落后于省内的绍兴、嘉兴。温州作为浙南闽北赣东地区的一个重要的经济增长极，其相对落后的工业竞争力限制了区域工业分工合作的铺开，是温州夯实自身在浙江省经济发展版图中"铁三角"地位的巨大挑战。温州作为国内民营经济发展标杆城市，目前只在反映城市工业竞争力的资源配置力指标上，展现了领先样本城市的水平。

第6章
温州提升工业经济竞争力的若干对策建议

6.1 统一认识:"工业化后期"而非"后工业化"

工业发展是有阶段之分的。由于在不同阶段,工业发展的促进政策重点不同,因此为了确定区域产业发展政策,对区域工业发展阶段的判断,除了需要确立总体视角外,还需要深入决策区域内部,分区域进行。

中国的工业化区域发展极不平衡,中国各地区工业化进程差异之大,在工业化史上实属罕见。温州也一样,充分认识温州所处的工业化阶段,对温州现阶段的战略选取和经济发展方向具有重要的意义。

本书选择人均GDP(用2004年美元汇率<8.2>换算)与三次产业结构两个主要指标,按照陈佳贵等(2012)提出的工业化阶段标志值对全市及各县(市、区)的工业化阶段进行初步比对后发现,温州全市总体已处于工业化后期阶段,按照西方经验,这一阶段以资本品的工业生产为主导,以创新战略为驱动,呈现出工业规模扩大、比重下降、提质增效升级的特征。但温州各县市区工业发展存在严重的区域不均衡现象,鹿城、瓯海、龙湾、乐清、瑞安"三区两市"已步入工业化后期阶段,苍南、平阳、永嘉、洞头还处于工业化中后期过渡阶段。由于温州存在区域发展不平衡问题,温州推进新型工业化、调整经济结构和转变发展方式应尊重县域经济特点,因地制宜。

当前,美国提出制造业回归,德国发展工业4.0,即便是最发达经济体也没有放弃工业;"中国制造2025"明确了中国正在经历制造业由大变强的历史跨越。**温州总体上处于工业化后期阶段,而非后工业化,后工业阶段是服务业全面占据**

主导地位，但目前温州工业仍是经济支柱，任何放弃工业发展的言论都是十分危险的。对于服务业，本阶段的核心是生产性服务业的快速发展，为工业升级带来扎实支撑，促进工业经济向知识密集型发展，向智能化、绿色化、服务型方向发展。暂时的工业竞争力下降是"转型阵痛"的表现，尽快重构竞争力方能赢得新一轮发展先机。

6.2 集聚人才：适应产业升级的人才和新型产业工人

工业经济竞争力的提升主要靠以创新为核心的高端要素驱动，而人才是第一要素。集聚人才是系统工程，首先要达到超常规的政策力度，同时要提供全方位的人才引进、培育、使用、服务和管理优质环境，还要建立与温州工业经济转型升级相匹配的新型产业工人队伍。

6.2.1 以超常规力度集聚高层次人才

坚持人才优先发展战略，加快搭建人才项目引进平台。在温州"人才新政10条"的基础上，对标杭州、深圳、苏州等先进城市，加大人才政策力度、优化政策体系。建议：（1）**政策力度方面**。要以先进城市为基准，全面提高对各层级人才的奖励和补助力度，政策标准要动态调整，确保力度不低于周边兄弟城市。优化各类人才服务方式，完善落实各类人才落户、安居、社会保障、子女入学、配偶安置、家属随迁等政策措施。（2）**人才引进方面**。要加强人才工作海外合作组织动态管理，创设新型海外引才联络站，引入国际知名猎头，拓宽国际高端人才寻访渠道，大力实施"580海外精英"引进计划、海外工程师引进计划、领军型团队引进计划、"750罗峰计划"，积极引进掌握国际领先技术的高层次人才、与产业具有关联性的高端产业人才、具有持续创新能力或成果转化能力的创新团队，创成省"千人计划"产业园，建立一批院士专家工作站、博士后科研工作站，带动高端资源集聚发展。健全高端人才引进机制和激励政策，完善人才评价制度，创新高层次人才人事编制管理和动态管理机制，争取纳入省人才管理改革试验区。（3）**人才使用与管理方面**。要建立更加灵活高效的机制。优化人才评价机制，进一步提升企业在人才评价中的话语权，健全人才认定的市场化机制。发挥以才荐才、以才引才的正向效应，建立人才举荐专家库。（4）**人才培养方面**。要打造更加系统完备的人才培养发展平台。充分发挥高校院所在人才集聚、科技创新中的"桥头堡"功能，支持在温高校、科研院所建设与温州发展需求相匹配的若干优势学科，集成校地政策和平台共同引育高端人才，促进人才链、创新链与产业链的深度融合。支持企业建设工程技术研究中心、企业技术中心、工程中心（实验室）等创新载体，对新建的国家级、省级、市级企业研发机构，分别给予不同标准的经费支持。（5）**人才公共服务方面**。要着力解决温州亟待突破的瓶颈问题。营造人才安居环境。加大人才公寓建设力度，优先保障人才公寓建设用地，到2020年，市县两级提供不少于5万套人才公寓。实行差异化限购限贷政策，分层分类向人才提供安家补贴、租房补贴，以货币化、市场化方式解决人才住房问题。提高各级人才安家补贴标准，特别要提高应届毕业生来温工作的住房补贴标准。人才购买自住住房申请住房公积金贷款的，不受缴存时间限制，贷款额度可放宽至最高限额的2—4倍。整合相关部门人才服务职能，构建全市统一的人才综合服务平台，开通人才服务专线，实行"一站式受理、一站式办结、一站式答复"，为各类高层次人才提供政策咨询、项目申报、融资对接、业务办理等"一揽子"服务。

6.2.2 大力培育新型产业工人队伍

温州工业经济要从劳动密集型转向资本密集型、知识密集型，向智能化、绿色化、服务型转型升级，必须留住并培养一批与产业升级相匹配的高素质、高技能的劳动力大军，一批掌握现代科技知识和劳动技能的新型产业工人队伍，也就是"高级蓝领""技术工匠"。温州目前面临三个不利因素：一是人口数量红利加快消失的大环境，劳动力绝对数量不足，成本上升明显；二是"机器换人"深度推进，而熟悉机器运行原理、掌握先进管理技术的技术工人缺口在扩大；三是大拆大整在一定程度上减少了外来人口居住的生活场所。

因此建议：（1）**出台政策**。针对新型产业工人的企业需求，展开深入全面的摸底调查，并制定具有针对性的扶持政策，在发挥市场化作用的同时，加强政府支持引导，扩大高技能工人队伍规模。（2）**强化培训**。建立技能导向的激励机制，调动工人积极主动参与技能培训；加强对企业劳动力素质提升和职业化转型的培训，将就业岗位与企业所需工种结合起来，有序组织工人参加各种线上、线下培训；打造人才培训基地，将基地建设作为创新人才吸收和培育的重要项目，加快先进技术的研发、应用和推广。要营造全社会关心重视产业工人的良好氛围，扭转重学历轻技能的观念。（3）**加强服务和保障**。引导鼓励企业建立制度化的技能人才薪酬体系，优化从初级工、中级工、高级工、技师到高级技师的薪酬待遇成长梯度；温州各级劳动就业部门以政府购买服务等多种方式，加强对新型产业工人的就业指导、心理疏导、创业培训、法律维权等方面的服务；支持各类人力资源服务机构、中介为技术工人需求量大的企业提供系统用工服务，如包岗位、包产线、包车间等，对贡献突出的人力资源服务机构给予政策扶持和奖励。（4）**提供市民化待遇**。放宽对新型产业工人的市民化待遇条件，以有合法稳定就业、合法稳定住所（含租赁）或连续就读为基本条件，扩大对新型产业工人的居住证发放范围。以居住证为载体，加快优化推行与学历、技能、参加社会保险和居住年限等条件相挂钩的基本公共服务积分管理制，逐步完善基本公共服务和便利提供机制。（5）**解决住房问题**。针对新型产业工人的居住生活需求，加大全市各产业集聚区、产业基地、工业园区的技术工人公寓、公租房等建设。参照高层次人才住房补贴政策，对新型产业工人购房和租房进行适当的补贴补助。

6.3 转换动力：以全面创新为工业经济构筑新引擎

创新是国家经济社会进步发展的灵魂，是城市工业经济转型升级的重要驱动力量。区域创新受多方面因素影响。温州工业经济创新受限于城市经济发展水平和企业发展规模，创新投入和产出远低于周边城市。为推动温州工业经济持续发展，还需从建立健全创新投入体制，建设高质量创新创业载体，从资金到平台，从政府到企业，全面创新，持续充电。

6.3.1 建立多元化多渠道的创新投入体系

（1）**强化政府引导作用**。学习深圳经验，探索实施银政企合作贴息、科技保险、天使投资引导、科技金融服务体系建设和股权投资项目，放大政府财政科技资金"四两拨千斤"的杠杆作用，撬动银行、保险、证券、创投等要素资源支持企业创新创业，引导更多的金融资本、民间资本、社会资本"脱虚向实"，支持企业科技创新发展。健全财政性科技经费稳定增长机制，通过财政投入激励企业以自有资金投入研发，激发金融资金和社会资金投入科技事业的积极性。借鉴其他省（市、区）的做法，制定优惠措施吸引省外优秀创业、风险投资机构来温州发展，鼓励外来资本参与设立创业投资基金。加快建立和完善以市和县（市、区）政府财政投入为引导，以企业投入为主体，以银行信贷和风险投资等金融资本为支撑，以民间投资为补充的多元化、多渠道、多层次的区域科技投融资体系。**（2）提高创投基金规模**。学习杭州经验，增加天使投资引导基金规模和比重。杭州市天使投资引导基金是由杭州市政府设立的不以营利为目的的政策性基金，其宗旨是发挥财政资金的杠杆效应和引导作用，通过引导基金的投资引导，鼓励天使投资企业和天使投资管理企业对初创期企业实施投资、提供高水平创业指导及配套服务，助推创新型初创期企业快速成长和市级及以上众创空间发展。效仿杭州做法，温州市、区县（市）应联合建立创业投资和天使投资引导基金的运营机制，力争用3—5年时间，把温州市科技创新创业投资基金和科技成果转化引导基金规模从10亿元提高到20亿元以上。**（3）完善创新投入政策和机制**。完善政府引导基金利益让渡政策，对符合政策要求的参股创投机构，政府引导基金参股后4年内的利益予以让渡。鼓励银行加强差异化信贷管理，放宽创新型中小微企业不良贷款容忍率。支持在温金融机构向拥有自主知识产权的高新技术企业提供信用增信等金融服务，拓宽科技型中小企业融资渠道。进一步扩大市政策性担保资金规模，优化服务管理制度，支持科技型中小企业创新发展。探索科技保险发展新模式，鼓励保险公司积极推出符合科技型企业需求的保险产品。加大政策扶持力度，设立有一定规模、非盈利性的温州市重点产业投资专项引导资金，与产业基金匹配投资，也可以将一定比例用于补贴产业基金的投资损失。**（4）积极对接国家产业基金**。积极对接国家新兴产业创投基金、国家先进制造产业投资基金等国家级产业基金，争取"基金带项目"，促进重大高新技术产业化项目落户温州。**（5）积极承接优势特色产业**。积极承接有利于延伸产业链、提高技术水平、促进资源综合利用、充分吸纳就业的产业，因地制宜发展优势特色产业。**（6）建**

立健全技术创新体系。建立健全以企业为主体、市场为导向、产学研用紧密结合的技术创新体系，支持企业与科研院所、高等院校共建研发机构，大力引进科研世界500强企业研发机构，培育发展企业技术工程中心、企业重点研究院、企业研究开发中心等研发梯队。加快孵化器建设，培育以特色产业、创业创新为主要功能的特色小镇，创新研发服务和保障体系建设，集聚各类科研与技术服务平台、创业服务机构，建设服务全市的温州科技大市场，组建产业技术创新战略联盟、高新技术产业技术联盟建设，形成创新服务链。加快国家知识产权试点园区。

6.3.2 大力建设高质量的创新创业载体，提高创新产出效率

（1）**突出一批核心科创大平台建设**。以浙南科技城和国家大学科技园为主要载体，吸引知名科技型企业以及科研院所、高等院校等国内外一流研发机构来温落户。学习杭州城西科创大走廊[①]建设经验，启动温州科技智创大走廊建设，制定实施规划，集聚高端科创平台和要素，打造温州城西南"学城联动产城融合"样板示范区。全面提升国家级高新区发展水平，加快两大省级产业集聚区创建省级高新园区的步伐。（2）**着力建设高层次研发载体**。提升发展激光与光电、泵阀（流体装备）等产业研究院，办好国家大院名校温州联合研究院、北航温州研究院、中津先进科技研究院等创新平台，加快中科院温州生材所建设进度。支持各县（市、区）、各级开发区引进大院名校、企业集团和高层次人才团队在温州建设具有独立法人资格、符合温州产业发展方向、引入核心技术并配置核心研发团队的高层次科研机构。高层次科研机构在申报、承担各级财政科技计划项目时，可享受科研事业单位同等资格待遇。（3）**打造一批新型创新创业载体**。打造一批形式多样、主题鲜明的众创空间，培育发展众创、众包、众扶、众筹等新模式、新业态。支持骨干企业建设基于互联网的"双创"平台，对经认定的国家、省级企业互联网"双创"平台，分别给予专项资助或奖励。（4）**创建省级、市级制造业创新中心**。积极创建省级、市级制造业创新中心，力争在国家级制造业创新中

---

① 杭州城西科创大走廊、城东智造大走廊、钱塘江金融港湾"两廊一湾"构筑了杭州科创区域大平台。

心创建方面取得重大突破，形成三级联动支撑体系。加快贯彻落实《浙江省制造业创新中心建设工程实施方案》（浙转升办〔2016〕48号），[1]申报1—2个省级制造业创新中心，全市整合企业、高校、科研院所及各类技术创新平台的创新资源，集中攻克一批事关温州电气、汽摩配、阀门、激光光电、新材料等重点产业竞争力提升的关键共性技术，带动产业转型升级。制定市级配套政策，引导各县（市、区）培育建设一批市级制造业创新中心。（5）**加强开放平台建设**。支持建设温州对外合作制造业产业园区。优化外商投资结构，鼓励外商投资先进制造业、战略性新兴产业、生产性服务业等产业。支持毗邻的工业化城市和资源型城市在相对集中的成片区域内试点，加强二、三产业融合合作与协同发展，促进要素流动和资源整合，强化产业链上下游的衔接配套，推进共同转型。（6）**加强企业研发机构建设**。完善和落实各类扶持政策，加大财政支持力度，引导企业加强研发机构建设。鼓励企业加快建立研发中心、企业技术中心、工程技术中心和企业研究院等各类创新载体，争取高新技术企业研发机构全覆盖。鼓励有条件的企业到海外设立或收购研发团队，积极引进国际组织和跨国公司在温设立研发机构。

6.4 提升规模：优化企业规模结构，促进企业做大做强

企业是产业的细胞。大企业是龙头，规模企业是重头，小企业是源头，抓成长型企业就是抓重头。根据温州市企业现状，扩大企业规模，促进小企业转型提升，调整企业结构，培育龙头骨干企业，优化产业结构，做大做强企业，是温州市提升市场竞争力的必要选择。近年来，温州市提出质量立市、质量兴企战略，坚持把实施中小企业成长工程摆在突出位置，全市企业加快发展步伐，工业经济逐步步入良性发展轨道。如何进一步提升全市经济总量，促进工业经济持续健康发展，是温州面对的一项重要课题。

---

[1]浙江省制造业创新中心是省级创新平台的重要形式，是由在浙江省注册的具有行业领先地位和业界影响力的企业、科研院所、高校等各类创新主体，通过自愿组合、优势互补、自主结合而成的独立法人或联盟形式的制造业创新共同体。省级制造业创新中心的核心功能定位是突破制约行业发展的关键和共性技术，促进行业新型通用技术的转移扩散和首次商业化应用，开展行业前沿基础性技术的研发与储备。

6.4.1 做大做强一批领军企业

以行业、区域龙头骨干企业为对象，针对企业不同发展阶段，强化需求导向、优化资源配置，实施精准服务，内培外引，着力培育一批发展速度快、质量效益好、文化内涵深、核心竞争力强、带动作用明显的领军企业。支持领军企业加大有效投入，进行产业链升级项目的储备和实施。鼓励领军企业扎根本市，打造"研发创新、集成制造、体系营销、售后服务"等各有特色的综合型总部企业。围绕龙头做大产业集群、做强产业优势，促使温州传统轻工产业实现跨越式发展。积极创造条件吸引一批大项目落户温州，通过大项目带动领军企业成长；积极培育在细分行业具有领导地位的专业化龙头骨干企业，积极引导其向专业化生产、精细化管理、自主化创新方向发展，充分发挥其在主业领域的示范作用。发展一批成长性好、专业性强的中小微企业，形成大中小企业竞相发展的梯队格局。

6.4.2 做精做专一批高成长型企业

高成长型企业，是指目前尚处在创业阶段，但由于自身的某些优势（如行业领先、技术垄断和管理高效等）而可能在将来迸发出潜力的、具有可持续发展能力、能得到高投资回报的创业企业。按照《温州市领军工业企业培育实施方案》和《温州市高成长型工业企业培育实施方案》，温州已启动工业强市建设，企业发展环境不断优化，针对高成长型企业发展的阶段特点，已建立"措施量身定做、政策集中倾斜"的扶持机制，政策的需求导向不断增强。为打造温州区域经济发展中坚力量，温州应以"五亿板块、亿元群体"为目标，进一步培育一批成长潜力大、创新能力强、科技含量高、商业模式新、产业特色鲜明的高成长型企业。着重鼓励高成长型企业围绕主业走"专、精、特、新"发展之路，加快形成一批具有国际竞争力的"隐形冠军"，提升在全球价值链中的地位。重点扶持一批高成长型工业企业做精、做专、做大、做强，培育、提升一批高成长型工业企业的创新竞争力。

159

6.4.3 加快企业上市步伐

上市是现代企业发展的必由之路。温州应以推进区域性资本市场发展为主线，引导企业充分利用多层次资本市场平台做强做大。坚持"政府引导、企业主体、政策支持、市场孕育"的原则，加大对领军企业资本对接的服务和指导，加快推动企业上市和上市企业的再融资工作；成立由上市公司、政府、金融机构三方合作的并购基金，通过优势组合提升对市场资源的配置能力，撬动金融资本和社会资本合力推进区域经济转型发展，大力推进指导服务企业上市工作。力争到2020年，全市境内外上市企业累计达到40家以上，推动一批符合条件的企业通过新三板挂牌融资，并进一步完善公司治理。

6.4.4 加大企业整合重组力度

鼓励领军企业通过兼并、收购、联合、参股等多种形式，开展对本地关联中小企业的整合重组，推动优势企业强强联合和兼并重组。突破企业整合重组的地域、行业、所有制等边界限制，开展跨地区、跨行业、跨所有制的兼并重组及投资合作，促进温州工业企业的规模化、集约化经营。抓住跨国兼并重组的新趋势，建立跟踪服务机制，完善精准对接、精准服务机制，推动一批企业到国外并购国际知名企业和隐形冠军。积极与PE基金合作，采用市场化手段，推进重点行业的兼并重组。

6.5 政策加力：加大政策力度，突出功能性产业政策

党的十九大报告指出，我国经济由高速增长阶段转向高质量发展阶段。温州工业经济的发展亦是如此，全面创新是温州工业经济动能转换的源泉，加大政策力度，突出功能性产业政策运用，是促进温州工业经济健康发展、加快适应经济发展新阶段的迫切需要。

6.5.1 加大工业经济领域的政策力度

温州处于转型关键期，产业路径依赖严重，没有超常规的发展力度和政策出台，难以扭转局面。以温州的十大新兴产业为例，这些产业都出台了一个专项扶持政策，但实际上多为原有政策的汇编，缺乏重量级的激励新政策；很多政策条款与兄弟城市相比并没有优势；十个产业普遍没有专项资金的支持，实际工作中牵头单位缺乏有力的抓手。经过梳理发现，现有产业政策体系中，"意见"一类的政策性文件偏多，以指导性为主，弹性较大，缺乏明确的执行衡量标准，很多意见没有后续实施细则或管理办法跟进，操作性受到影响。即便是深圳、杭州、苏州、青岛等要素吸引力已经很强的城市，产业政策力度都比温州大。本研究认为，应当对标先进城市，拿出创新、人才、招商、土地、资金等领域更大的政策力度，为温州工业经济创造更好的政策环境。

6.5.2 突出功能性政策运用

功能性产业政策是指政府通过加强各种基础设施建设（广义的基础设施包括物质性基础设施、社会性基础设施和制度性基础设施），推动和促进技术创新和人力资本投资、维护公平竞争、降低社会交易成本、创造有效率的市场环境、使市场功能得到发挥的产业政策。21世纪以来，中国的产业政策更加强调利用市场机制，开始重视市场友好型"功能性产业政策"的运用。功能性产业政策对于所有产业"一视同仁"，属于"中立性"政策，主要作用是弥补市场失灵，着力于营造公平竞争的市场环境；特别是避免了政府代替市场做选择，顺应了技术创新的不确定性，促进了企业家精神的发挥。温州市自2013年以来出台了60多项功能性产业政策，主要集中在要素配置领域，包括科技创新要素、土地要素、资本要素、人才要素等，取得了一定的政策效果。本研究认为，未来应当更加注重普惠性的功能性产业政策应用，特别是在创新创业、人力资本、政府服务、审批等商事制度、优化市场环境方面，通过这些政策进一步形成新技术、新企业、新产业成长的良好土壤和生态。

6.6 增加投入：加大工业有效投资增强发展后劲

今天的投入就是明天的产出。扩大有效投资是赢得区域竞争的必由之路，是补齐产业发展短板的重要抓手，是增强发展后劲的必然选择。在转型升级背景下，科学研判温州工业有效投资，冷静分析存在的问题，探索符合温州的工业强市之路，显得尤为重要。为增强工业发展后劲，温州一要加大工业有效投资力度，年度固投占比至少要达到1/3；二要在政策上加大对技改投资、传统优势产业领域的高新技术升级性项目、战略性新兴产业的倾斜；三要优化对县（市、区）和产业功能区的投资考核办法，强化对投资项目产业结构和投资质量的考核。

6.6.1 着力推进一批重大工业经济项目

落实温州市重点建设项目投资和工业领域的有关规划，至2020年实施28个重大工业经济项目，总投资约600亿元。重点推进实施温州中国电子信息产业园、威马新能源智能汽车产业园项目、苍南核电及核电延伸产业项目、浙南产业集聚区新能源汽车动力总成研发及生产基地项目、瓯江口产业集聚区商务电动汽车生产基地建设项目、瑞明汽车发动机系统研发创业联盟平台投资项目、华峰产业园等一批总投资超20亿元、技术水平高、产业带动性强的重大工业经济项目。促进这批项目尽快落地、建成、投产并同步谋划其产业链关键环节和配套项目的招商，"以龙头拉链条"，放大投资效益。

6.6.2 重点招引高新技术产业项目

重点招引激光与光电、生命健康、新一代信息技术等高新技术产业项目，争取国内招商引资和利用外资年均增速分别保持在30%、20%以上，累计引进总投资亿元以上战略性新兴产业项目50个，确保每年引进战略性新兴产业及高新技术产业占全区引资总量的30%以上。加快招引重大创新创业项目。优先招引总部项目，争取引进各类总部（地区总部）企业40家。

6.6.3 加大工业技改投入

2015年温州实现工业性投资886.8亿元，其中技改投入672亿元，"十二五"期间年均增速分别高达26.3%和31.4%。大规模的技改投入，促进了温州战略性新兴产业、高新技术产业和装备制造业新产品层出不穷。技改是温州传统产业升级的最有效途径，要进一步加大对机器人应用、设备更新、工艺改造和行业试点等项目的补助力度，加快推进"零土地"技改审批方式改革，"零土地"技术改造项目实行审批目录清单管理，清单以外项目实行承诺验收制。放开建筑面积20%以内的"空间换地"技改项目审批。力争2020年技改投资达到1300亿元，年均增长率保持在14%左右。

6.6.4 推进产业链关联性强的新兴产业项目

龙头企业或项目是新兴产业"无中生有"的核心引爆点、增长极，特别是对于产业链关联度强的企业或项目，将集聚配套企业，加快产业集群的形成。因此，应进一步关注这些产业链关联度强的龙头企业（项目），包括第一梯队领军企业、第二梯队中坚力量。例如，要全程做好中电温州信息产业园的项目推进，鼓励中电集团将其配套产业群引入温州落地，对配套企业的进驻同样做好各环节服务。加快新能源、新材料、高端装备等龙头企业的项目推进，并提早布局配套产业链，鼓励本地供应商队伍培育，提高"本地配套率"，从全市各行业的"单打冠军"中选优进入这些新兴产业领域。整合提升新型产业集群基地，着力打造具有国内影响力的新型产业集群。重视发展总部经济。积极培育和扶持领军企业和高成长型企业，争取新增年销售产值超10亿元企业（集团）5家、高新技术企业50家、市级以上科技型企业300家。

6.6.5 优化产业功能区的考核制度安排

考绩是各地工作的"指挥棒"，为了引导各产业功能区按照自身主体功能定位开展招商引资和项目布局，建议对《县（市、区）考绩法》进行优化调整，具体为"一减一调"。"一减"指适当减少对各功能区主要经济指标（特别是分值较大的GDP）赋分分值，"一调"指对加减分办法进行调整，明确产业导向，对不符合产业导向的项目引进不予加分（但也不减分）；对引入的新兴产业项目给予加分；强化对各区的科技创新指标的考核，如R&D占比、发明专利授权量、高新技术企业数、三大产业指标（高新技术、装备制造、战略性新兴产业）等。

6.7 构筑平台：加快构建若干高能级的产业战略平台

平台层次决定了招商格局和竞争位势。在区域及国际经济合作日益深化发展的今天，温州在强调民营经济内生增长驱动力的同时，必须全面强化外源性增长动力的注入。由于改革先发优势的逐渐丧失，温州必须以加快构建若干高能级的产业战略平台为抓手，再创促进区域工业发展的制度红利。

6.7.1 争取浙江省级层面的战略倾斜

巩固提升温州在全省的"铁三角"地位，是温州必须扛起的新使命新责任。温州作为浙江省"铁三角"不可或缺的部分，近年来获得的省级支持相比浙北城市明显不足，浙江省经济重心逐渐向杭州湾周边地区集聚，杭州湾经济区拥有浙江省68%的经济总量、55%的人口、78%的发明专利申请量、76%的高新技术产业产值、78%的境内上市公司、75%的中国民营500强企业（2016年统计数据）。目前，中国（浙江）自由贸易区、舟山群岛新区、杭州国家自主创新示范区、义乌国家跨境电商综合试验区等平台是国家赋予浙江的主要平台和政策红利。出于推动区域协调发展及巩固温州在浙江省的"铁三角"地位目的，浙江省层面要给予温州更多的"制度红利"，将省政府及省直部门可主导的、有含金量的政策或先行先试权限集成赋予温州，并积极向国家争取政策支持。例如，可以争取中国（浙江）自由贸易试验区经验优先推广复制，将发改、商务、海关等省级部门给予舟山的政策，经研究、有选择地在温州复制推广。

6.7.2 加快申报综合保税区等高能级产业平台

大项目是拉动经济增长的"牛鼻子",也是推动海关特殊监管区域增强发展动能,构建更高能级的开放型经济新平台的重要抓手。温州应在保税物流中心(B型)建设基础上,加快积累经验,争取申报获批并加快建成综合保税区,建议优先考虑乐清湾和龙湾空港新区,分别申报海港综合保税区和空港综合保税区,同步推进。探索发展保税研发、境内外维修等高附加值产业,加快延伸海关特殊监管区域主导产业发展链条。培育空港新业态,推动温州转型升级。

6.7.3 联合宁波、台州申报打造国家"东南沿海自主创新示范区"

国家自主创新示范区是指经国务院批准,在推进自主创新和高技术产业发展方面先行先试、探索经验、做出示范的区域。对区域经济发展而言,国家自主创新示范区的建立,对区域完善科技创新的体制机制、加快发展战略性新兴产业、推进创新驱动发展、加快转变经济发展方式等方面都有重要作用。全国已经批复了17个自主创新示范区,2015年8月25日,国务院批复同意建设杭州国家自主创新示范区,这也是国务院批复的第10个国家自主创新示范区。目前,宁波也在申报国家自主创新示范区。国家自主创新示范区是目前推进工业经济创新发展的最高等级平台,温州创新实力相对较弱,但从国家层面看,东南沿海区域缺少高能级创新平台,宁波、台州、温州可以联合各自创新资源和高新技术平台,联合打造"东南沿海自主创新示范区(示范带)"。

6.7.4 在"一带一路"倡议中谋划开放型经济平台

在中国与东亚、中东欧多双边贸易协定中谋求国际产业合作园区等战略平台,并进一步依托全球温商网络、境外园区体系等优势,在"一带一路"建设中发挥温州作用、借力提升平台能级,全力打造"一带一路"枢纽。关注中国与有关国家自由贸易协定谈判和建设进程,以"区中园"方式谋划建设一批主体功能突出、外资来源地相对集中、契合国际规则体系的国际产业合作园,并以产业合作推动科研、教育、健康服务、文化娱乐等领域全方位合作，努力成为参与"一带一路"建设的"排头兵"。充分利用海外温商网络，促进进口增长，扩大时尚消费品、先进装备和资源型产品进口，打造国家级的进口商品集散基地、国际时尚消费品进口贸易高地。为建设和平"一带一路"、繁荣"一带一路"、开放"一带一路"、创新"一带一路"、文明"一带一路"贡献更多温州人的智慧和力量。

6.8 优化空间：促进工业经济用地空间优化配置

工业经济是城市发展基础和动力。近年来，温州工业经济可持续发展面临着空间资源紧缩的挑战。进一步创新空间利用方式，挖掘土地资源潜力，优化空间资源配置，保障工业经济用地需求，是加快温州工业转型升级的迫切需要。

6.8.1 优化工业经济供地结构

进一步促进温州生产力布局优化，制定并发布《温州市工业产业布局规划》，并纳入人大审议程序，提高规划地位、增强规划实施的法律保障，突出温州沿海地区的工业经济主战场、主平台地位，在沿海产业带内合理配置产业用地资源，优化产城融合的布局结构。根据不同产业的规模结构特征，对瓯江口、乐清、平阳、苍南等主要工业经济平台的工业供地结构进行合理引导。引导产业集聚发展、要素合理配置、资源集约利用，形成特色鲜明、优势互补、集约高效的产业发展空间格局。合理分配龙头企业用地、成长性的单独供地企业用地、龙头企业配套用地、小微企业园用地的规模结构；在引导企业发展壮大的同时，为小微企业提供充足的发展空间。各个工业园区均要制定符合自身发展要求的"入驻标准"，把好产业入驻门槛关卡，并预留足够的新兴产业用地空间，形成可持续的工业用地供给机制。

6.8.2 创新工业用地供给形式

推进土地利用指标向工业用地倾斜，重大工业项目优先列入年度用地计划。

创新工作机制,加快前期审批工作,拓宽筹融资渠道,开展滩涂围垦、建设用地复垦与低丘缓坡开发。坚持以市场化改革和推进新型工业化为导向,在市区范围内试行"弹性年期出让""先租后让"等方式的工业用地供应制度,探索企业用地全生命周期管理,促进土地利用方式的转变,提高工业用地节约集约利用水平,降低工业企业用地成本,为经济社会发展提供有力的土地资源保障。积极争取省重点工程预留计划指标等用地专项指标,充分利用如省级特色小镇建设等优惠的用地政策,进一步扩大用地空间。建立和完善公开公正的效益综合评价排序机制,制定低效企业淘汰退出配套政策,全面清理闲置用地,盘活低效用地。深入推进"亩产倍增行动计划",探索新增用地弹性出让制度,重点推行小微园工业用地长期租赁政策,完善土地租赁、转让、抵押二级市场。

6.9 创新模式:鼓励工业经济领域制度与模式创新

创新是一个复合范畴。由于影响温州区域工业竞争力提升的模式创新因素的多样性,温州工业经济竞争的提升,应以温州商人基于市场需求的创新能力的充分发挥为基础,实现温州工业企业技术创新、制度创新及商业模式的多维创新。

6.9.1 加快推进温州工业企业建立现代企业制度

促进温州工业企业建立与国际接轨的现代企业制度。温州是中国民营经济的发祥地和先行区,民营经济是温州的主体力量、发展根基和最大特色。但是,民营经济不应该成为"个体户""生意人"甚至"低小微"的代名词,温州应该与时俱进,鼓励企业进行股份制改造,加快建立现代企业制度,进一步改善公司治理结构。全面推行以企业资源计划管理、供应链管理、客户关系管理等为重点的信息化管理。加快推行以柔性制造、准时制生产、仓储智能化等为重点的精细化管理,积极推进卓越绩效管理。实施企业管理创新工程,培育一批管理创新示范企业。实施企业家素质提升工程,对企业家开展分领域、分层次、多形式的培训,培养一批具有全球化视野的高素质企业家;健全新生代企业家培养工作机制,构建新生代企业家联系服务机制;积极引进高层次经营管理人才,培养高水平职业经理人，创新激励机制，提升企业经营管理水平。

6.9.2 为模式创新企业营造更加宽松和包容的政策环境

为商业模式创新企业提供更加宽松和包容的政策环境，加强商事、统计、审批服务改革。完善和推行"五张清单一张网"，深入开展市场准入"五证合一"商事制度改革，推进涉企审批制度改革。推动"最多跑一次"改革，充分运用"互联网＋政务服务"和大数据，全面推进政府自身改革，倒逼各地各部门简政放权、放管结合、优化服务，促进体制机制创新，使企业对改革的获得感明显增强、政府办事效率明显提升、发展环境进一步改善。创新财政资金支持方式，加大对有代表性的商业模式创新企业的支持力度，提高财政专项资金使用绩效。

6.9.3 大力发展创投产业、加速新模式产业化

大力发展创投产业，发挥市场对商业模式创新的发现机制和推动力。创业投资是以支持新创事业并为未上市企业提供股权资本的投资活动。创业投资主要是以私人股权方式从事资本经营，并以培育和辅导企业创业或再创业来追求长期资本增值的高风险、高收益行业。不同于私募股权投资等创业后段的投资基金，创投基金善于发现早期的新商业模式，进而通过股权投资等手段加速新模式企业成长。杭州、深圳等城市集聚了大量的创投公司，每天从大批涌现的创业团队中挑选未来的"潜力之星"和"独角兽"企业。要充分发挥这种资本市场的机制作用，出台创投扶持政策，以创投促进温州商业模式创新企业群体的壮大发展。

第七章
结论与展望

7.1 研究结论与启示

工业是实体经济主要的物质生产和服务部门。实体经济是指人通过思想使用工具在地球上创造的经济，包括物质的、精神的产品和服务的生产、流通等经济活动。壮大工业经济、振兴实体经济是当前温州经济工作的重头戏。工业经济仍然是温州国民经济的主体，只有抓好了工业，经济才能"壮实"，不得"浮肿病"。并且，从温州经济目前所处的阶段特点来讲，也远远没有到抓服务业不抓工业的阶段。温州经济的高质量转型发展，绝不能以削弱工业的发展为基础。温州需要抓住促进工业经济发展的"牛鼻子"，止住区域经济发展出现的"脱实向虚"的发展态势。

实干兴邦、实体兴国。尽管在历史上，温州经济曾辉煌一时，温州工业经济规模甚至一度超过了省会杭州。但进入新世纪，温州经济风光不再。2016年，温州全社会工业增加值、规上工业增加值、工业总产值不仅远低于杭州和宁波，甚至被绍兴超越，在省内分居第4位、第5位、第5位。温州规模以上工业企业利润增长低于全省平均水平10%左右。按照温州目前的经济水平，温州在浙江省内被赋予的"铁三角"位置，社会政治考量可能大于经济考量。温州经济社会发展的弱势实体短板表现明显。由于先发优势的弱化，温州已由我国区域经济发展的优等生、标兵生，变为后进生。国内学术界对温州的关注已从"学习经验"转向"诊断问题"，国内（特别是浙江）学术界甚至展开了对"温州模式"困境及"是否过时"的大讨论。

　　工业是实体经济主要的物质生产和服务部门。面对发展优势弱化的形势，温州正在积极探索破题之道。"知不足而后进"，温州经济社会发展的差距和短板究竟在哪里需要全面深入的分析，特别是围绕工业经济竞争力这一主线，在与兄弟城市的对标比较中找准短板、开准药方、着力补上、赶超发展，这正是本书重点探讨的核心问题。目前，温州正以翻篇归零的勇气，努力再造改革开放新优势。温州将着眼大局，立足实际，确立更高层次、更长时期的战略定位，以发展理念转变引领发展方式转变，以发展方式转变推动发展质量和效益提高，努力建设民营经济创新发展示范城市、东南沿海重要中心城市。

　　参照钱纳里等（1989）对工业化阶段的划分方法和世界上其他国家（地区）经验，温州已（先于全国）总体上进入了工业化后期阶段。根据中国社科院（2014）的判断，与我国其他已进入工业化后期阶段的城市相比，温州在这一阶段遭遇的极富冲击性的挑战，既包括摆在我国工业经济面前的产能过剩、产业结构转型升级和"新一轮工业革命"等带有普遍性的挑战，也包括市场环境的"巨大转变"、竞争形势的"全面升级"、传统产业的"路径依赖"、高端要素的"导入障碍"、"政策制约"的越发严格等对温州具有特殊意义的挑战。由于温州工业发展的特殊性，对温州工业加快发展的政策制定，除了需要了解摆在我国工业经济面前的普遍性问题外，更需要深入温州区域内部，将温州作为一个相对独立的工业产业区，深入了解温州工业发展的特殊性及地区性。

　　本书的研究目的就在于围绕工业经济竞争力这一主线，通过与兄弟城市的比较，找准温州工业经济的特殊短板，形成对新时代温州工业经济发展现状的全面认识。本书为达到全面判断温州工业经济发展的特殊性问题目的，遵循的是理论架构—现状描述—分类比较—综合评分的研究思路。本书选取了国内沿海地区工业经济相对领先的18个城市（省内：杭州、宁波、温州、绍兴、嘉兴、台州、金华，省外：深圳、东莞、佛山、苏州、无锡、常州、厦门、福州、泉州、青岛、大连），从对比中发现温州工业经济竞争力的特殊短板和问题所在，并提出建议。本书首先在理论概括现代区域工业经济竞争力的影响因素的基础上，从工业企业的规模结构、创新能力、成长性（生命周期）、要素投入产出效率（资本、劳动力、土地等）、开放型经济水平、制度与模式创新、可持续发展、平台环境等八个方面，对温州工业经济竞争力做了比较。结果发现：

工业经济总量方面。从总体产业规模来看，虽然是沿海工业经济先发地区，但温州工业总体规模已经落后于沿海主要工业城市。2016年，温州规模以上工业增加值为1150亿元，绝对数在全省排名第5，增速排名第3，占全省比重为8.2%，比2015年下降0.1%。深圳和苏州分别达到了7199亿元和6365亿元，无锡、泉州、杭州、东莞、常州、宁波等城市也已迈入了3000亿元级别，温州仅高于金华和台州。

工业企业规模方面。鉴于一个地区工业经济整体竞争力与企业平均规模之间的争议性，专著并不简单地在工业经济整体竞争力与企业平均规模之间建立确定的对应关系，只是通过与先进城市企业规模结构的比较，揭示温州工业企业规模的总体现状，并分析原因。按照2015年可比数据，温州规模以上工业企业有4779家（2016年达到5013家），与宁波（7509家）、深圳（6539家）、杭州（6051家）、佛山（5758家）等城市有较大差距；但高于泉州、绍兴、台州等城市。然而泉州和绍兴的龙头企业梯队比温州壮大：温州年产值超亿元、超十亿元、超百亿元企业分别有963家、55家、2家，绍兴这三类企业分别有1407家、151家、10家，泉州分别有2308家、189家、5家。温州缺乏龙头带动影响工业经济整体竞争力，如汽车零部件产业，温州汽摩配起步最早，但因为一直缺少整车企业带动，逐步被宁波、金华超越，目前温州汽车产业规模只有600多亿元，而金华超1000亿元，宁波近2000亿元。

工业技术创新方面。研究与实验发展（R&D）投入是科技进步的物质基础和重要前提，是直接推动科技创新的主要动力。在影响地区研发创新投入水平因素方面，政府和企业规模结构都有重要影响。由于政府财政收入不足及企业规模普遍偏小等因素的影响，温州研发创新投入相对不足，2015年温州R&D经费投入只占到GDP的1.71%，除了台州，其他城市均高于2.0%的"标准线"（2016年全国平均水平为2.1%）；深圳更是达到了4.05%，杭州为3.0%；"全市财政科技支出占财政支出比重"指标，杭州、绍兴、宁波和嘉兴均超过4%，苏州占5.9%，温州不到3%。相对而言，温州创新产出有一定优势，2016年温州发明专利授权量为2463件，高于大连、厦门、绍兴、嘉兴、台州、泉州、金华等城市，但与深圳（17666件）、苏州（12000件）、杭州（8647件）、青岛（6561件）、宁波（5669件）、无锡（5583件）还有差距。2016年温州国家级高新技术企业为1107家，高于嘉兴、台州、金华等城市，但与苏州（4133家）、杭州（3035家）、东莞（2028家）等城市还有差距。2016年，温州高新技术产业增加值占规上工业增加值的比重为39.3%，而杭州（46%）、嘉兴（45%）、台州（42.9%）、宁波（41.2%）均超过了40%。

工业资本贡献方面。资本投入是工业经济竞争力的重要来源。以工业投资来衡量工业资本绝对投入水平，2016年温州工业投资总额为960亿元，占全社会固定资产投资的比重为24.6%，不到1/3。对比城市中，2016年青岛工业投资达到3371亿元，连续4年保持15个副省级城市首位，占全社会固定资产投资比重达45.2%；苏州为1982亿元，占比35.1%；常州为1919亿元，占比53.2%；占比超过1/3的城市还有佛山（41.7%）、泉州（36.2%）、绍兴（45.1%）、嘉兴（43.5%）；台州、金华两地的工业投资绝对数不及温州，但占比也都超过了30%。再以规模以上工业企业的"总资产利润率"（利润总额/资产总计）来看企业资产获利能力。从可获得的2015年数据看，温州规上工业总资产利润率为6.02%，高于苏州（5.69%）、大连（4.43%）等城市，但低于泉州（17.86%）、佛山（12.71%）、深圳（7.08%）、杭州（6.36%）、绍兴（6.25%）等城市，民间借贷风波使温州工业企业出现不同程度的资产闲置问题，工业资产获利能力受到影响。

工业劳动生产率方面。全员劳动生产率是指根据产品的价值量指标计算的平均每一个从业人员在单位时间内的产品生产量，是衡量企业经济活动的重要指标，是企业生产技术水平、经营管理水平、劳动力技术熟练程度的综合表现。以规模以上工业企业的全员劳动生产率做比较，2016年温州该指标只有15.5万元/人（比2015年的14.7万元/人略有增加）。对比城市中，规上工业全员劳动生产率最高的城市是青岛，2016年达到38.9万元/人，是温州的2.5倍；杭州（2015年25.9万元/人）、佛山（2014年25.6万元/人）、泉州（23.97万元/人）、苏州（22.5万元/人）、厦门（21.28万元/人）均高于温州。

土地产出效率方面。土地作为工业经济的重要投入要素，其利用效率直接影响工业经济竞争力。土地产出效率（以单位用地的工业产值或税收衡量）既体现了集约节约用地的要求，是土地资源优化配置的反映，又反映了产业技术和附加值水平，是经济质量的重要体现。根据浙江省公布的数据，在省级产业集聚区中，2015年温州浙南沿海先进装备产业集聚区的单位用地工业总产值为6.31亿元

/平方千米；而省内可比较的（除去服务业为主的）产业集聚区，如杭州大江东产业集聚区（8.57亿元/平方千米）、宁波杭州湾产业集聚区（8.26亿元/平方千米）、绍兴滨海产业集聚区（7.79亿元/平方千米）等都高于温州；台州湾循环经济产业集聚区、金华新兴产业集聚区则低于温州。根据国土资源部2016年对全国472个国家级开发区的土地集约利用评价报告，温州经济技术开发区的工业用地地均税收为194.6万元/公顷，与排名前10位的深圳高新区（10052.37万元/公顷）、宁波石化经济技术开发区（3978.2万元/公顷）、厦门象屿保税区（3125.51万元/公顷）、苏州工业园区（521.16万元/公顷）差距较大。

开放型经济水平方面。开放型经济发展水平体现了地方工业嵌入全球价值链和生产网络的深度。在全球化不断深化发展的今天，地方经济难以脱离全球市场而封闭发展，工业经济也不例外。温州的外贸依存度不高，2016年出口总额占GDP比重约为21%，仅高于泉州（16.1%）；宁波的出口总额占GDP比重达到102%（纳入了口岸数据），东莞、金华、厦门、深圳、苏州均超过了70%。温州实际利用外资水平较低，2016年为2.4亿美元，不及金华（3.5亿美元）、台州（3.37亿美元）、绍兴（8亿美元），与杭州（72.09亿美元）、青岛（70亿美元）、深圳（67.32亿美元）、苏州（60亿美元）等城市差距明显。

工业可持续发展方面。工业经济绿色发展是大势所趋，温州工业绿色化转型已有基础，但任重道远。以单位生产总值能耗做比较，温州2015年为0.4吨标煤/万元，与深圳的水平相当，只有青岛的单位能耗水平（0.31吨标煤/万元）优于温州；而泉州（0.6吨标煤/万元）、绍兴（0.53吨标煤/万元）、东莞（0.45吨标煤/万元）、厦门（0.44吨标煤/万元）、杭州（0.43吨标煤/万元）等城市能耗水平都比温州高。"十二五"期间温州单位GDP能耗累计下降22.1%，目标完成率居全省首位。从单位工业增加值用水量来看，温州的工业水耗水平比较高。根据2015年数据，温州单位工业增加值用水量为30.5立方米/万元，仅低于杭州的33.5立方米/万元，与嘉兴（30立方米/万元）相当，略高于绍兴（27.5立方米/万元），但明显高于宁波（16.6立方米/万元）、苏州（14立方米/万元）、大连（13立方米/万元）、厦门（11.8立方米/万元）、深圳（7.03立方米/万元）等城市。

现代企业制度方面。企业制度创新是企业为不断获取利润或者效益而进行的在原有企业制度基础上向新企业制度转变的过程，是对企业各种利益关系的不断深化和调整。温州工业经济的制度和模式创新一度走在全国前列。以"股份有限公司"作为现代企业制度的代表指标，对各个城市规模以上工业企业中股份有限公司的数量做对比发现：2012—2015年的3年间，温州全市新增了401家股份有限公司（不限于工业），是2012年温州启动股改工作之前股份公司总量的3.2倍。2016年，温州规上工业中有111家股份有限公司，不及深圳（227家）、苏州（212家）、杭州（194家）、宁波（145家），但比青岛（107家）、嘉兴（85家）、大连（64家）等城市多。在企业股改上市方面，温州还有差距，近5年温州工业领域陆续主板上市企业新增了5家，而深圳新增49家，杭州新增22家，苏州、宁波均新增了20家，台州和无锡新增了十几家。产权社会化和经营权职业化的现代企业制度应是温州家族企业的长期发展目标。

商业模式创新方面。商业模式是企业竞争制胜的关键。温州一直走在企业商业模式创新的前列。敢想敢干的温州人正在从"前店后厂"的传统创业向基于互联网的创业转型。在商业模式创新方面，温州虽然比不上拥有BAT（百度、阿里巴巴、腾讯）的深圳、杭州等城市，但也出现了一批如国际互联、绿森数码、唯品会等商业模式创新典型企业。在阿里研究院基于"网商密度"（即平均每万人中的网商数量）指标统计的"2016年中国大众电商创业排行榜"中，温州互联网创业活跃度排名第9，优于东莞、苏州、佛山、厦门、宁波、绍兴等对比城市，但落后于金华、深圳、杭州、中山、嘉兴、台州、泉州。在浙江省经信委公布的2016年省级个性化定制示范试点企业培育名单中，全省共确定了100家试点培育企业，温州有11家企业入选，仅次于杭州（27家）和嘉兴（21家），远高于省内其他城市。一批基于互联网的平台经济、共享经济、个性化定制等商业创新模式正在温州不断兴起。

产业平台方面。产业平台是集聚产业政策的主要载体。温州目前有国家级经济技术开发区、国家级高新技术产业开发区、国家大学科技园三大国家级产业平台，苏州这三类国家级平台分别有9个、3个、3个，杭州分别有4个、2个、3个，宁波、嘉兴、绍兴、泉州的国家级经济技术开发区分别有4个、3个、3个、2个。温州目前没有综合保税区（或保税区、保税港区等），只有1个保税物流中心（B型）；苏州、大连、泉州、青岛、无锡、常州都设立了综保区，深圳拥有3个综保区。省内城市中，目前有金华—义乌的金义综合保税区，舟山港综合保税区、嘉兴综合保税区、宁波保税区、宁波梅山保税港区，以及杭州、宁波、慈溪3个出口加工区。从创新平台看，深圳的国家级科技企业孵化器和众创空间分别达到83家、67家，苏州分别有41家、32家，杭州分别有30家、35家，青岛分别有17家、66家，温州分别只有3家和6家。

人才政策方面。 人才政策是区域产业政策的重要组成部分。目前，关于产业政策的大讨论仍在继续，产业政策效果饱受诟病，但毋庸置疑的是，在城市间激烈的竞争格局下，一些适用于所有产业门类的"功能性"产业政策仍然有效。温州人才政策与过去相比力度加大，与标杆城市相比仍显薄弱。温州2015年出台了人才新政10条，杭州有人才新政27条，苏州有人才新政40条；深圳的《关于促进人才优先发展的若干措施》含20个方面81条178个政策点。以领军人才政策为例，对于A类的领军人才，温州的支持力度是不少于1200万元；杭州是60—2000万元资助，顶尖人才及团队最高可获得1亿元项目资助；苏州是1000—5000万元项目资助。再以青年人才住房补贴为例，温州对E类人才和新就业本科学历高校毕业生分别提供900元/月、450元/月的租房补贴，补贴期限不超过3年；杭州是向E类人才发放每月1500元的房租补贴，远高于温州水平；而新到杭州工作的应届全日制硕士研究生以上学历的人员和归国留学人员可以领到一次性生活补贴：硕士每人2万元，博士每人3万元。温州没有此项政策。

产业基金规模方面。 产业基金作为政府产业项目资金扶持的新方式，体现了政府资金扶持力度。温州市级产业基金规模为20亿元，一期10亿元。杭州全市各级政府设立的政府产业基金总规模达到150亿元，仅杭州市下城区政府的产业基金总规模就有50亿元，首期到位15亿元。苏州工业园区的产业发展基金规模为100亿元，泉州市新兴产业股权投资基金总规模100亿元，嘉兴政府产业基金规模累计达到72.75亿元。小微企业方面，温州支持创新创业的引导性基金为10亿元规模（这还不是专门针对小微企业的）；杭州对各类小微企业发展基金规模达到25亿元；苏州针对小微企业设立了规模为10亿元的中小微企业发展子基金。

政府服务效率方面。 政府作为区域工业产业发展的公共服务的提供者，对区域工业产业发展的影响巨大。近年来，温州政府加快"无为"向"有限有效有为"的服务型政府转型，在城市对比中有一定优势。根据北京师范大学政府管理研究院的一项对全国31个省级政府和292个设区地级市政府的政府服务效率的调查测度（见《2016中国地方政府效率研究报告》），在地级市排名中，温州位列第13名，对比城市中，排在温州前面的城市有：深圳第1，苏州第5，无锡第7，泉州第8，厦门第10，常州第11，绍兴第12；排在温州后面的城市有：东莞第16，杭州第17，宁波第18，大连第22，福州第27，佛山第28、台州第34，青岛第37，金华第38、嘉兴第57。另外，在信息化与互联网加快发展的背景下，基于互联网的政府服务也十分重要。2016年，中国社会科学院信息化研究中心与国脉互联政府网站评测研究中心联合测评了国内301个地市的政府网站绩效，温州在地级市排名中名列第2，仅次于无锡。

从上述比较来看，温州工业经济总体竞争力弱化的背后，隐藏着一系列关键特殊短板，主要是：科技创新（包括人才）、企业规模结构、工业投资、土地产出效率、现代企业制度，以及高水平的产业平台和更能集聚要素资源的产业政策等；而温州在工业资本获利水平、商业模式创新、政府服务效率等方面还是有一定优势的。另外，必须承认的是，温州工业经济各领域与自身比进步很大，但与先进城市比差距却很大，正视问题方能奋起赶上。

本书出于判断温州在我国城市工业分工合作位置目的，进一步对温州城市工业竞争力做总体评价。基于对城市工业竞争力的概念以及城市工业竞争力核心要素的分析，本书首先归纳总结了国内外知名城市工业发展特点以及魏后凯等人对城市工业竞争力的理解，构建了温州城市工业竞争力评价的总体模型，建立了温州城市工业竞争力的综合评价指标体系。本书根据城市工业增长力、城市资源配置力、城市工业创新力、城市人力资源供给力及城市政府政策供给力的"五力模型"，构建了由5个二级指标和14个三级指标组成的城市工业竞争力指数综合评价体系。温州城市工业竞争力的综合评价结果显示，温州工业综合竞争力排在第16位，仅高于金华和台州，深圳、苏州、杭州、青岛、佛山排名前5。按照18个对比城市的工业竞争力的综合排名，深圳、苏州的工业竞争力为第一集团；杭州、青岛、佛山、无锡为第二集团；泉州、常州、福州、大连、宁波、厦门为第三集团；温州和嘉兴、绍兴、金华、台州为第四集团。在"五力"综合排名中，温州配置和使用各种经济资源进行工业生产活动以求得最佳经济效率的能力（资源配置力）较强；温州工业增长力处于平均水平；温州工业创新力、人力资源供给力和政府政策供给力在18个比较城市中，处于下游水平。

知己知彼，方能百战不殆。本研究的核心目的是通过多方面的比较和深挖，考察温州的工业经济竞争力综合水平和分领域水平，提出提升温州工业竞争力的针对性政策。按照温州工业竞争力的分类比较结果，本书认为，提升温州工业经济竞争力，关键在于统一认识、集聚人才、优化产业政策、加大工业有效投资、提升平台能级、创新发展模式等。

要有统一的认识。 美国提出制造业回归，德国发展工业4.0，即便是最发达经济体也没有放弃工业；"中国制造2025"明确了中国正在经历制造业由大变强的历史跨越。温州总体上处于工业化后期阶段，工业仍是经济支柱，关键要提质增效升级，向智能化、绿色化、服务型方向发展。暂时的工业竞争力下降是"转型阵痛"的表现，尽快重构竞争力方能赢得新一轮发展先机。

要有更多的人才。 在温州"人才新政10条"的基础上，对标先进城市，动态调整政策标准，确保力度不低于兄弟城市。更加重视平台引人、企业引人，建立更加灵活高效的人才柔性引进机制。在人才公寓建设、住房公积金使用、差异化限购限贷、住房补贴上给予各层次人才更优惠的政策。搭建"人才综合服务平台"，推行人才绿色通道、一站式办理、一揽子服务等，全面优化人才服务体系。建立与温州产业转型升级相匹配的新型产业工人队伍。

要有更优的政策。 即便是深圳、杭州、苏州、青岛等要素吸引力已经很强的城市，产业政策力度都比温州大。一是要对标先进城市，拿出创新、人才、招商、土地、资金等领域更大的政策力度；二是在政策结构上注重功能性产业政策，即减少对具体行业和市场行为的直接干预，而是强化功能性产业设施、平台和政策配套环境的整体提升；三是强化政策落实、政策延续性，给予企业长期稳定的政策预期。

要有更大的投入。 今天的投入是明天的产出，一是要加大工业有效投资力度，年度固投占比至少达到1/3；二是在政策上加大对技改投资、传统优势产业领域的高新技术升级性项目、战略性新兴产业的倾斜；三是优化对县（市、区）和产业功能区的投资考核办法，强化对投资项目产业结构和投资质量的考核。

要有更强的平台。 平台层次决定了招商格局和竞争位势，强调民营经济内生增长驱动力的同时，温州必须全面强化外源性增长动力的注入。一是向省里争取中国（浙江）自由贸易试验区经验优先推广复制，将发改、商务、海关等省级部门给予舟山的政策，有选择地在温州复制推广；二是加快乐清湾、瓯江口、空港整合申报综合保税区；三是联合宁波、台州申报打造国家"东南沿海自主创新示范区"；四是在中国与东亚、中东欧多双边贸易协定中谋求国际产业合作园区等战略平台，并进一步依托全球温商网络、境外园区体系等优势，在"一带一路"建设中发挥温州作用、借力提升平台能级。

要有更高的效率。一是借大拆大整机遇，加快全市分散的小微企业向小微园、产业集聚区集聚；二是继续深入推进以工业企业绩效综合评价为重点的土地要素配置市场化改革，将用地配置到最有效率的企业；三是围绕新能源汽车、电子信息、高端装备、核电关联等带动性强的战略性新兴产业，尽快建立产业链式布局的园区体系，在沿海产业带集聚一批高质量的大中型企业。

要有更新的模式。不仅技术创新，制度与商业模式创新同样是工业经济竞争力提升的驱动力，要充分发挥温商基于市场需求的创新能力：一是促进温州工业企业建立与国际接轨的现代企业制度，深化"三转一市"；二是为商业模式创新企业提供更加宽松和包容的政策环境，加强商事、统计、审批服务改革；三是大力发展创投产业，发挥市场对商业模式创新的发现机制和推动力。

7.2 研究不足与展望

城市工业与区域多要素驱动有关。本书以区域工业受多要素驱动的理论为支撑，主要选择从企业规模结构、科技创新能力、企业成长性、要素投入产出效率、开放型经济、工业可持续发展、企业制度与模式创新、平台环境角度对温州与标兵城市的工业发展差距进行了分类比较，并构建了基于工业增长力、工业资源配置力、政府竞争力、工业创新能力、工业人才供给力的温州城市工业竞争力综合评价"五力"模型。考虑到城市工业主要受区域企业、市场及政府驱动的多要素特点，本书主要从企业规模结构、政府竞争力、市场资源配置力等角度对温州工业与标兵城市的发展差距进行分类比较和综合评价，具有一定的科学性和合理性。但是，从完整性角度考虑，本书对温州工业与标兵城市分类比较的全面性方面仍有待加强，并且，对温州工业与标兵城市的综合评价也存在综合性不强的问题。由于城市工业多要素驱动特征，本书对温州工业分类比较与综合评价全面性不足的问题主要体现为：一是出于分类比较温州工业目的，本书提供的比较温州工业与先进城市工业差距的概念框架，体系不全。由于数据可获得性限制，本书对温州工业的分类比较，主要侧重可以量化的硬环境比较。比较的全面性不足。二是即使在单个分类比较内部，也存在分类比较不全，比较主要侧重有数据支撑的硬环境比较方面的问题。比如对平台环境的比较，城市是区域工业发展最大的平台，但由于没有数据支撑，或者城市平台概念外延过于广阔，本书主要侧重政策及政府角度，对温州工业与标兵城市的平台环境进行分类比较。

没有建立统一的指标体系对温州工业经济竞争力进行分类比较与综合评价是本研究的又一缺陷。为了确定温州在区域工业分工中的等级位置，本书在对温州工业经济竞争力进行分类比较的基础上，还构建了温州城市工业竞争力综合评价指标体系，对温州城市工业竞争力做了总体评价。由于统计指标数据的非连续性，本书对温州城市工业竞争力的总体评价与分类比较，使用的指标数据有所不同。在总体评价中，本书主要从工业增长力、工业资源配置力、政府竞争力、工业创新能力、工业人才供给力等方面，将温州工业竞争力与标兵城市做了综合比较。而在分类比较中，使用的指标数据则更多，本书从企业规模结构、创新投入（产出、平台）、企业成长性、要素投入产出效率、开放型经济、工业可持续发展、企业制度与模式创新、平台环境等方面，对温州与标兵城市的工业竞争力进行了全方位比较。考虑到对温州城市工业竞争力分类比较与综合评价研究结果的一致性及互补性，本书对温州城市工业竞争力总体评价没有采用与对温州城市工业竞争力分类比较统一指标的做法值得商榷——即出于提高研究结果的可比性及互补性目的，本书对温州城市工业竞争力总体评价与分类比较本应建立相对统一的指标体系。当然，由于数据的可获得性限制，本书对温州城市工业竞争力的综合评价之所以没有完全延用对温州城市工业竞争力分类比较的指标体系，是有一定客观原因的。这些客观原因主要包括：一是对温州城市工业竞争力分类比较的数据是间断的。本书对温州城市工业竞争力分类比较的政府普查及个人课题调查数据的年度间断性特征明显。在对温州城市工业竞争力的综合比较中，由于对温州城市工业竞争力的分类比较无须做综合排名，因此对温州城市工业竞争力的综合比较无须统一研究的年份，研究只需取有统计年份的数据即可。但对温州城市工业竞争力的综合评价研究则不同。由于对温州城市工业竞争力的综合评价需要给出温州与标兵城市在某一年份的综合排名，故为统一研究年份，本书对研究用于分类比较温州城市工业竞争力的数据做了重新筛选。本书综合评价温州城市工业竞争力的数据，都是综合比较年份（2016年）可查数据。二是对温州城市工业竞争力分类比较的数据部分是强相关的。本书为了达到全面总结温州城市工业竞争力与标兵城市之间的分类差距目的，在对温州城市工业竞争力的分类比较时，选用的比较指标较多。本书对温州城市工业竞争力的综合评价没有完全照搬对温州城市工业竞争力分类比较的指标数据，部分原因是如果消除选用太多提供相关重叠信息的指标，将人为扩大对比城市特别是温州与对比城市综合差距。总体而言，因为区域工业统计年鉴数据的非连续性，本书在综合评价和分类比较温州城市工业竞争力时，没有使用完全一致的工业竞争力评价指标体系是合理的，并且城市工业竞争力评价指标间的强相关性，也不允许对温州城市工业竞争力的综合评价和分类比较使用完全一致的比较指标。但是，考虑到对温州城市工业竞争力分类比较与综合评价研究结果的一致性及互补性，对温州城市工业竞争力的综合评价与分类比较如果能使用统一的指标数据，或许可以得到更有价值的研究结论。

政策研究中没有将全球经济出现的一些新情况、新问题纳入温州区域工业政策制定分析考察的范畴是本书的又一缺陷。随着全球化的日益深入，任何一个地区或国家都不能摆脱世界上其他国家或地区而获得发展，任何一个区域在制定本区域发展规划时都不能将本区域作为一个孤立的个体，仅从本区域的要素禀赋、基础设施、发展战略等角度制定促进本区域的发展政策。本书出于推动温州区域工业发展的考虑，在给出促进温州区域工业发展的政策时，确立了开放视角，强调温州的工业发展应结合我国的"一带一路"倡议，谋划构建对外合作的大平台，并结合我国加快自贸区建设的实践，提出温州应加快申报综合保税区等高能级产业平台。"一带一路"倡议是我国顺应世界多极化、经济全球化、文化多样化、社会信息化的潮流，秉持开放的区域合作精神，是出于维护全球自由贸易体系和开放型世界经济目的而提出的区域合作战略。表现在对温州区域工业政策的影响研究中，由于"一带一路"倡议以点带面，从线到片，最后将逐步形成区域大合作格局的发展特性，因此对温州区域工业发展政策的制定不能罔顾"一带一路"倡议的影响，将温州工业发展仍置于传统的国际分工格局中。站在国际分工调整角度，本书主要立足开放性的产业发展视角，侧重从"一带一路"倡议角度提出促进温州区域工业发展的开放型政策。但不可否认的是，对温州区域工业发展政策的制定，仅考虑"一带一路"倡议的影响是不够的，也是具有一定落地风险的。一是"一带一路"倡议是一个倡导性质的区域合作框架，是一个不具有法律约束力的区域合作框架，在考虑"一带一路"倡议对温州区域工业发展的政策影响时，应充分考虑到"一带一路"倡议的不可预测性和不可估性，至少目前还不能作为最重要的开放政策因素予以考虑。二是随着全球化进程中不确定因素的增多，全球经济中出现的一些新情况、新问题更值得温州区域工业政策制定者考虑。比如，面对国内经济发展疲软的态势，很多发达国家启动再工业化进程对温州区域工业的发展就具有更直接的影响。再比如，面对不断扩大的贸易逆差，美国作为当今世界头号经济强国不断挑起的贸易战争，对于出口导向型的温州工业经济的影响，无疑也更值得温州区域工业发展的政策研究者及制定者的关注。当然，从长远来看，随着我国全方位对外开放新格局的形成，及邻国与我国加强合作的意愿不断增强，"一带一路"倡议将为我国企业提供全新的国际合作环境，"一带一路"倡议对我国经济发展的影响将越发明显。为此，鉴于政策制定的前瞻性要求，本书将"一带一路"倡议作为温州区域工业开放型政策制定的主要依据，虽然具有一定的合理性，但考虑到全球经济最新出现的一些新情况、新问题对温州工业发展影响的迫切性，未来研究需要突破"一带一路"的框架，强化对全球经济新情况、新问题的分析，提高温州区域工业发展政策制定的时效性。

至于未来进一步的研究方向，除了可在上述已经指出的研究局限基础上对指标设置做进一步改善外，还可以对研究空间尺度、具体工业企业案例分析做更进一步的突破。首先，在分类研究温州工业与标兵城市的发展差距时，本研究是针对温州全市与对比城市的工业对比，研究对比数据具有相对更易获得性的特点，但由于区域（包括城市）工业发展的空间集聚性特点，使研究对比温州与标兵城市的工业差距最佳的空间尺度是集聚区域工业主体的特色产业区。在有效克服区域特色产业区工业数据收集难度大及区域特色产业区地理边界容易变动的前提下，后续研究可细化到温州与对比城市特色产业区的对比，以便更准确地把握温州与标兵城市的工业差距水平，这将使研究分析结果更具现实意义和政策含义。温州的柳市、娄桥、塘下可作为主要的与标兵城市对比的工业区块。

另一个研究方向是要深入具体的工业企业案例对比分析温州工业与标兵城市的分类差距与综合水平。落实到企业层面，温州的工业发展从根本上讲需要温州作为市场主体的企业特别是龙头企业的带动。特别是，由于区域企业的重要作用，对温州与标兵城市的工业发展差距比较，区域龙头企业的比较不容回避。本书鉴于区域龙头工业企业在温州工业发展中的重要作用，从企业生命周期及企业外迁情况角度，对温州与标兵城市的企业比较有所涉及，但由于本研究主要从区域总体角度对比分析温州与标兵城市的工业发展差距，即使涉及企业之间的对比，也更多地是从行业总体角度进行对比，缺乏温州与其他城市的龙头企业的案例比较。考虑到本书主要立足于较为宏观的总体角度开展对温州与标兵城市的工业对比，本研究缺少龙头企业案例分析的研究安排具有一定的合理性。但由于龙头企业对区域工业发展具有重要作用，未来有必要从区域龙头企业案例的角度进一步完善对温州与标兵城市的工业比较研究，这样将有助于获得一个更为具体的研究结论。

参考文献

艾·M.胡佛,弗·杰莱塔尼,1992.区域经济学导论[M].上海:上海远东出版社.

埃尔赫南·赫尔普曼,2000.市场结构和对外贸易[M].上海:上海人民出版社.

包华彬,2003.较优势理论的发展及其启示[J].广西商业高等专科学校学报(3):14-16.

蔡昉,王德文,2002.比较优势差异、变化及其对地区差距的影响[J].中国社会科学(5):41-54.

蔡刚,2005.新疆工业竞争力的时空——行业分析与工业发展[D].乌鲁木齐:新疆大学,硕士学位论文.

蔡建娜,2010.社会资本视角下的温州模式与发展转型[D].上海:上海社会科学院,博士学位论文.

蔡文浩,赵霞,等,2014.西北少数民族地区工业化历史进程、现状评价与发展路径[J].西北民族大学学报(哲学社会科学版)(1):81-91.

蔡武,程小军,2012.国内外典型区域发展模式的实践与启示[J].现代管理科学(9):82-84.

常阿平,郭海华,2004.工业竞争力指标体系的构建及其评价方法研究[J].统计与决策(8):89.

陈宏,2010.河南省工业竞争力研究——基于因子分析方法[J].河南社会科学18(2):213-216.

陈佳贵,黄群慧,吕铁,等,2012.中国工业化进程报告(1995-2010)[M].北京:社会科学文献出版社.

陈奎,2013.西部省域工业竞争力综合评价与提升对策研究[D].兰州:兰州商学院,硕士学位论文.

陈秋月,2002.区域经济竞争力比较模型[[J].现代情报(6):15-21

陈升,李兆洋,2014.共享性资源对资源型地区产业集群竞争力影响的实证研究[J].经济地理34(2):114-119.

陈伟民,2008.温州人人际契约观念的产生及经济效应[J].学术交流2):130-134.

陈晓声,2002.产业竞争力的测度与评估[J].上海统计(9):13-15.

陈英,2008.经济全球化中的后工业经济"解构"——对产业结构"升级论"的后现代主义挑战[J].经济学动态(2):30-34.

陈志,董敏杰,金碚,2009.产业竞争力研究进展评述[J].经济管理31(9):30-37.

成小平,2011.内蒙古产业竞争力评价与分析[J].内蒙古师范大学学报(哲学社会科学版)40(4):82-85.

储慧慧,宋殿清,2010.基于循环经济的区域产业竞争力模型构建研究[J].商业研究(8):136-139.

崔冀民,2007.分析长江三角洲区域工业化模式——对新疆新型工业化发展的思考[J].中国西部科技(学术)(10):27-28,31.

代爽,2012.沈阳市工业竞争力研究[D].沈阳:辽宁大学,硕士学位论文.

戴敏荣,2005.温州市产业结构与产业集群实证研究[D].杭州:浙江大学,硕士学位论文.

狄昂照,1992.国际竞争力[M].北京:改革出版社.

狄昂照,1992.亚太地区十五个国家(地区)国际竞争力的比较[J].中国国情国力(3):52-54.

狄昂照,吴明录,等,1992.国际竞争力[M].北京:改革出版社.

樊纲,1998.论竞争力:关于科技进步与经济效益关系的思考[J].管理世界(3):10-15.

樊纲,2002.中国企业的战略选择[J].决策与信息(9):31-32.

方向东,1996.温州工业化进程的独特之处及其启示[J].经济与管理研究(5):20-24.

冯浩,2007.中国区域工业竞争力研究:理论探索与实证分析[D].长春:吉林大学,博士学位论文.

冯宇彤,2015.区域政策对于民族地区发展的作用——以延边地区为例[J].商(42):69.

费孝通,1995.家底实创新业——再访温州（下）[J].瞭望新闻周刊(13):16-18.

盖文启，王缉慈,1999.论区域创新网络对我国高新技术中小企业发展的作用[J].中国软科学(9):102-106.

盖文启,2001.产业的柔性集聚及其区域竞争力[J].经济理论与经济管理(10):25-30.

葛励闻,2017.民族自治州工业竞争力研究[D].延吉:延边大学,硕士学位论文.

龚奇峰,彭炜,于英川,2001.工业竞争力评价方法及其应用[[J].中国软科学(9):108-112.

顾海兵，余翔,2007.我国区域工业竞争力的测定与评价——我国十大沿海城市工业的广义竞争力实证比较研究[J].学术研究(3):49-56.

郭晖,彭晖,李忠斌,2008.西部地区工业竞争力的实证研究[J].黑龙江民族丛刊(1):62-69.

郭京福,2004.产业竞争力研究[J].经济论坛(14):32-33.

郭克莎,2003.工业化新时期主导产业的选择[J].中国工业经济(2):5-14.

郭占恒,1997.温州区域性规模特色经济的特点、成因、效应及启示[J].浙江学刊(5):36-38.

H.钱纳里,等,1989.工业化和经济增长的比较研究[M].上海:上海三联书店.

海闻,P.林德特,王新奎,2003.国际贸易[M].上海:格致出版社.

韩珍堂,2014.中国钢铁工业竞争力提升战略研究[D].北京:中国社会科学院,博士学位论文.

郝寿义,倪鹏飞,1998.中国城市竞争力研究——以若干城市为案例[J].经济科学(3):50-56.

郝玉龙,2008.区域经济元竞合关系的研究[D].北京:北京交通大学,博士学位论文.

何宣,刘周阳,2011.基于偏离—份额分析法的滇、桂、黔工业竞争力分析[J].学术探索(6):6-10.

何英俊,2013.温州市区域竞争力评价模型及其实证分析研究[D].济南:山东大学,硕士学位论文.

何云魁,于志达,2010.国际贸易地理概论[M].天津:南开大学出版社.

河北经贸大学统计系区域经济研究课题组,武义青,2000.中国地区工业竞争力评价与分析[J].经济与管理(5):39-41.

胡俊文,2006.中国制造业发展实施雁阵产业集群战略研究[J].社会科学辑刊(2):93-98.

胡一凡,高文君,2018.温州模式的转型、创新与发展研究[J].现代商业(1):108-110.

胡勇,2006.我国不同地区区域发展模式的比较研究——以温州泉州为例[D].福州：福州大学,硕士学位论文.

黄传峰,张正堂,吕涛,等,2013.产业间竞争的内涵、特征及其理论依据[J].工业技术经济32(8):11-18.

黄龙潜,2008.温州城市竞争力研究[D].上海:复旦大学,硕士学位论文.

霍利斯,钱纳里,等,2015.工业化和经济增长的比较研究[M].上海:格致出版社.

贾若祥,刘毅,2003.产业竞争力比较研究——以我国东部沿海省市制造业为例[J].地理科学进展,22(2):195-202.

贾若祥,刘毅,2003.中国区域可持续发展状态及类型划分[J].地理研究(5):609-617.

金碚,胥和平,谢晓霞,1997.我国各类产业的国际竞争态势[J].经济研究参考(68):37-38.

金碚,李钢,陈志,2006.加入WTO以来中国制造业国际竞争力的实证分析[J].中国工业经济(10):5-14.

金碚,李钢,陈志,2007.中国制造业国际竞争力现状分析及提升对策[J].财贸经济(3):3-10,128.

金碚,李钢,2009.竞争力研究的理论、方法与应用[J].综合竞争力(1):4-9.

金碚,李鹏飞,廖建辉,2013.中国产业国际竞争力现状及演变趋势——基于出口商品的分析[J].中国工业经济(5):5-17.

金碚,胥和平,谢晓霞,1997.我国各类产业的国际竞争态势[J].经济研究参考(68):37-38.

金碚,胥和平,谢晓霞,1997.中国工业国际竞争力报告[J].管理世界(4):53-67,75.

金碚,1996.产业国际竞争力研究[J].经济研究(11):39-44,59.

金碚,1997.中国工业国际竞争力:理论、方法与实证研究[M].北京:经济管理出版社.

金碚,2002.经济学对竞争力的解释[J].经济管理(22):4-12.

金碚,2003.企业竞争力测评的理论与方法[J]. 中国工业经济(3):5-13.

金祥荣,2001.农村工业化中的分工制度创新[J].中国农村观察(1):20-23.

金祥荣,等,1998.组织创新与区域经济发展[M].杭州:杭州大学出版社.

金一鸣,黄丽君,2010.提升郑州工业竞争力的战略构想[J].现代商贸工业22(11):97-98.

靖学青,2010.京津沪渝四直辖市工业结构与竞争力评析——基于偏离份额分析的实证研究[J].学习与实践(2):5-11,2.

柯荣住,1998.私营企业发展中的几个问题:交易费用分析——来自温州模式的经验调查[J].浙江社会科学(2):58-62.

克鲁格曼,2000.地理和贸易[M].北京:北京大学出版社.

克鲁格曼,2000.战略性贸易政策与国际经济学[M].北京:中国人民大学出版社.

克鲁格曼,2001.克鲁格曼国际贸易新理论[M].北京:中国社会科学出版社.

李东宇,2009.区域文化传媒产业竞争力综合评价体系研究[D].重庆:重庆大学,硕士学位论文.

李浩然,1996.温州新跃迁[M].上海:上海社会科学院出版社.

李健,2010.金融危机背景下温州民营制造业的现状与比较优势[J].科学咨询(12):50-52.

李健,2011.后金融危机时期温州民营企业转型升级的路径选择[J].温州大学学报(自然科学版)32(4):18-24.

李婧琦,2008.我国地区工业竞争力综合评价与提升对策研究[D].长春:吉林大学,硕士学位论文.

李梦觉,2008.区域工业产业竞争力指标体系的构建及其评价方法研究[J].改革与战略(5):107-109.

李明,黄珊燕,刘宇嘉,2011.成都市工业竞争力的统计评价[J].统计与决策(18):132-135.

李明,2011.湖北省民营企业核心竞争力研究[D].武汉:武汉工程大学,硕士学位论文.

李娜,于涛方,2005.论城市竞争力及评价方法和程序[J].人文地理20(3):44-48.

李素喜,2008.区域服务业竞争力评价理论与应用研究[D].天津:河北工业大学,博士学位论文.

李小建,李二玲,2002.产业集聚发生机制的比较研究[J].中州学刊(4):5-8.

李小建,1997.新产业区与经济活动全球化的地理研究[J].地理科学进展(3):18-25.

李晓斐,2017.温州、宁波、杭州开放型经济发展比较研究[D].南宁:广西大学,硕士学位论文.

李晓青,2007.海峡西岸经济区产业竞争力研究——基于层次分析法的实证研究[J].厦门理工学院学报(4):1-6.

李毅,2008.云南省工业竞争力的地区差异及其比较研究[D].昆明:云南财经大学,硕士学位论文.

廖飞燕,2006.仪器仪表跨国公司在中国的发展及本土企业策略分析[D].北京:对外经济贸易大学,硕士学位论文.

林秀梅,郝华,宋晓杰,2008.提升我国区域工业竞争力的对策研究[J].经济纵横(1):97-99.

林秀梅,宋晓杰,郝华,等,2007.我国地区工业竞争力比较研究[J].当代经济研究(9):47-51.

林毅夫,李永军,2003.比较优势、竞争优势与发展中国家的经济发展[J].管理世界(7):21-28.

林祝波,2009.产业集群视角下的温州民营经济发展路径[J].中国工商管理研究(4):44-48.

刘春香,2007.产业集群条件下中小企业的配套协作行为研究——以温州产业集群为例[J].科技进步与对策(8):71-73.

刘恒江,陈继祥,2004.产业集群竞争力研究述评[J].外国经济与管理(10):2-9.

刘恒江,陈继祥,2004.民营企业簇群机理的新诠释:涌现性观点[J].商业研究(21):25-27.

刘晶,2007.成渝两地工业竞争力比较研究[D].重庆:西南大学,硕士学位论文.

刘力,2008.珠三角企业迁移调查与区域产业转移效应分析[J].国际经贸探索(10):74–79.

刘奇,2006.坚持实施"两轮驱动"加快推进工业化和城市化进程[J].浙江经济(7):4–9.

刘茜,2015.西部工业竞争力评价与提升对策研究[D].重庆:重庆大学,硕士学位论文.

刘娅琼,2007.产业竞争力来源及其评估指标体系研究——以江苏、浙江、上海高科技产业为例[D].上海:同济大学,硕士学位论文.

刘友金,2004.集群式创新:中小企业技术创新的有效组织模式[J].经济学动态(5):40–43.

刘友金,2007.产业集群竞争力评价量化模型研究——GEM模型解析与GEMN模型构建[J].中国软科学(9):104–110,124.

吕淼,2017.探温州,四十年的坚与守[J].浙江经济(18):30–32.

吕政,2000.关于中国工业化和工业现代化的思考[J].中国工业经济(1):5–9.

卡尔·马克思,弗里德里希·恩格斯,2009.马克思恩格斯文集[M].北京:人民出版社.

马克思,1975.资本论(第1卷)[M].北京:人民出版社.

马银戌,2002.中国地区工业竞争力统计分析[J]. 数量经济技术经济研究19(8):86–89.

马银戌,2002.区际工业竞争力比较[J].经济师(9):80–81.

迈克尔·波特,1988.竞争优势[M].北京:中国财政经济出版社.

迈克尔·波特,2012.竞争论[M].北京:中信出版社.

苗长虹,2004.马歇尔产业区理论的复兴及其理论意义[J].地域研究与开发(1):1–6.

苗长虹,2006."产业区"研究的主要学派与整合框架:学习型产业区的理论建构[J].人文地理(6):97–103.

明娟,王子成,张建武,2007.广东制造业产业竞争力评价与分析[J]. 经济地理27(4):565–570.

倪鹏飞,2001.中国城市竞争力理论研究与实证分析[M].北京:中国经济出版社.

聂辰席,聂玮,2005.河北省各市工业竞争力的未确知测度模型研究[J].河北建筑科技学院学报(3):1-3.

牛继昌,2004.柳州工业竞争力研究[D].天津:天津大学,硕士学位论文.

裴长洪,王镭,2002.试论国际竞争力的理论概念与分析方法[J].中国工业经济(4):41-45.

裴长洪,1998.生产技术与国际分工的分析———种关于东南亚金融危机原因的解释[J].数量经济技术经济研究(7):14-17.

裴长洪,2001.利用外资与产业竞争力[M].北京:社会科学文献出版社.

裴长洪,2002.试论国际竞争力的理论概念与分析方法[J].中国工业经济(4):41-45.

彭宇文,2012.产业集群创新动力机制研究评述[J].经济学动态(7):77-81.

彭羽,2010.中国纺织工业竞争力结构提升研究[D].上海:上海社会科学院,博士学位论文.

千庆兰,陈颖彪,2006.中国地区制造业竞争力类型划分[J].地理研究(6):1050-1062.

钱凯,2006.中国民营经济发展与政府职能转变[D].南京:南京师范大学,硕士学位论文.

强永昌,王天滨,2005.FDI与中国地区产业竞争力实证研究[J].世界经济文汇(4):132-141.

秦琴,方苏春,2007.产业集群:提升区域经济竞争力的战略模式[J].商场现代化(32):224-225.

任歌,2007.陕西工业竞争力评价研究[D].西安:西安电子科技大学,硕士学位论文.

任海平,1998.各国综合国力排行榜[M].北京:中国经济出版社.

任海平,2003.论国防科技工业竞争力[J].国防科技(2):17-21.

任剑翔,2013.基于灰色关联度的甘肃省工业竞争力评价研究[D].兰州:兰州理工大学,硕士学位论文.

任晓,2008.温州地区民营企业的国际化模式[J].国际贸易问题(9):76-81.

任晓,2009.当前温州工业经济形势探析[J].浙江经济(15):46-47.

任晓,2010.2009—2010年温州工业经济形势分析与展望[J].温州职业技术学院学报10(1):1-5.

任晓,2011.2010—2011年温州工业经济运行分析与趋势判断[J].温州职业技术学院学报11(1):1-6.

任晓,2012.2011—2012年温州工业经济运行分析与趋势研判[J].温州职业技术学院学报12(1):1-7.

任晓,2013.平流缓进:2013年温州工业经济展望[J].温州职业技术学院学报13(1):1-7.

任晓,2014.负重前行:2014年温州工业经济运行形势展望[J].温州职业技术学院学报14(1):1-6.

任晓,2015.守得云开见月明:2015年温州工业经济趋势前瞻[J].温州职业技术学院学报15(1):5-10.

任晓,2016.霜降水痕收:2016年温州工业经济展望[J].温州职业技术学院学报16(1):1-7.

任晓,2017.越过山丘:2017年温州工业经济运行分析与展望[J].温州职业技术学院学报17(1):1-8.

任晓,2018.跨入新时代:2018年温州工业经济运行分析与展望[J].温州职业技术学院学报18(1):1-7.

芮明杰,2004.中国产业竞争力报告[M].上海:上海人民出版社.

芮明杰,2005.企业度过创业期的四大标志[J].中国企业家(10):36.

盛世豪,1999.知识经济与工业经济的知识化过程(下)[J].中国软科学(1):73-74,118.

盛世豪,2004.从产业集群视角看温州模式[J].浙江社会科学(2):29-33.

盛世豪,2004.经济全球化背景下传统产业集群核心竞争力分析——兼论温州区域产业结构的"代际锁定"[J].中国软科学(9):114-120.

施震雷,2016.温州:出台推进新型建筑工业化实施意见[J].墙材革新与建筑节能(9):19-20.

施政政,2016.新常态下政府推动产业转型升级的作用研究[D].上海:华东政法大学,硕士学位论文.

石奇义,2015.温州工业4.0发展现状及对策[J].统计科学与实践(4):37-38.

史晋川,朱康对,2002.温州模式研究:回顾与展望[J].浙江社会科学(3):5-17.

苏红键,李季鹏,朱爱琴,2017.中国地区制造业竞争力评价研究[J].中国科技论坛(9):114-122.

苏利,2009.沈阳装备制造业集群竞争力研究[D].长春:吉林大学,硕士学位论文.

孙洛平,2004.竞争力与企业规模无关的形成机制[J].经济研究(3):81-87.

孙静,2007.镇江市工业竞争力及系统动态仿真研究[D].镇江:江苏大学,硕士学位论文.

孙晓琳,2009.辽宁省灯塔市工业园区发展与布局研究[D].长春:东北师范大学,硕士学位论文.

谭元发,2010.装备制造业循环经济研究[M].北京:中国经济出版社.

腾飞,郭腾云,2011.西部大开发前后新疆工业竞争力变化及统计检验[J].鲁东大学学报(自然科学版)(3):267-273.

王秉安,晁中,洪文生,2004.福建产业集群研究[J]. 福建行政学院学报(3):25-29.

王秉安,陈振华,徐小佶,等,1999.区域竞争力研究——理论探讨[J].福建行政学院福建经济管理干部学院学报(1):2-4.

王秉安,2000.企业核心竞争力理论探讨[J].福建行政学院福建经济管理干部学院学报(1):5-9,80.

王秉安,2001.区域工业结构竞争力模型初探[J].福建行政学院福建经济管理干部学院学报(3): 30-34,79.

王秉安,2005.我国省域经济综合竞争力现状研究[J].华东经济管理(6):55-59.

王福君,2010.区域比较优势与辽宁装备制造业升级研究[M].北京:中国经济出版社.

王国刚,杨德刚,乔旭宁,等,2010.基于偏离份额法的新疆工业结构与竞争力研究[J].干旱区地理33(5):817-824.

王辑慈,1992.别树一帜的国家竞争优势理论[J].管理世界(1):213-214.

王缉慈,1994.淄博市高新技术产业开发区发展机制研究[J].地域研究与开发(2):26-29,63.

王凯,2008.河南省产业竞争力评价研究[D].开封:河南大学,硕士学位论文.

王倩,2006.温州经验对欠发达地区中小企业的启示[J].合肥学院学报(社会科学版)(4):104-106.

王勤,2006.当代国际竞争力理论与评价体系综述[J].国外社会科学(6):32-38.

王秋香,2011.河南省传统优势产业竞争力提升研究[D].郑州:郑州大学,硕士学位论文.

王文普,2013.环境规制、空间溢出与地区产业竞争力[J].中国人口·资源与环境23(8):123-130.

王翮锋,2003.温州企业是否真的需要转型?——温州企业发展中值得商榷的三大问题[J].浙江经济(1):44-46.

王洋,2007.中国区域工业竞争力研究[D].长春:吉林大学,硕士学位论文.

王与君,2002.发挥政府在提高国际竞争力中的有效作用[J].理论参考(7):5-7.

王志锋，蔡方，2008.现代城市管理概论[M].北京：清华大学出版社.

王志文,王大超,2007.中国环渤海经济圈产业竞争力要素分析[J].东北亚论坛(3):74-80.

魏后凯,2000.21世纪中西部工业发展战略研究[M].郑州:河南人民出版社.

魏后凯,2000.新世纪我国地区工业结构调整的基本思路[J].管理世界(2):93-102.

魏后凯,2002.经济转型、市场竞争与中国产业集中[J].当代经济科学(4):51-57,95.

魏后凯,吴利学,2002.中国地区工业竞争力评价[J].中国工业经济(11):54-62.

魏后凯,2006."十一五"时期中国区域政策的调整方向[J].学习与探索(1):15-23,276.

魏后凯,2011.现代区域经济学[M].北京:经济管理出版社.

魏守华,石碧华,2002.企业群的竞争优势[J].经济理论与经济管理(5):21-25.

吴贵生,2004.试论区域科技发展中的十个关系[J].中国软科学(6):96-102.

吴贵生,魏守华,等,2007.区域科技论[M].北京:清华大学出版社.

温建轩.温州开启建筑工业化时代[N].中国建设报,2016-02-16(2).

吴敬琏,2005.思考与回应:中国工业化道路的抉择(上)[J].学术月刊(12):38-45.

吴先满,陈涵,2005.江苏工业竞争力研究[J].南京社会科学(3):87-92.

吴晓军,2005.产业集群与工业园区建设[M].南昌:江西人民出版社.

吴玉鸣,李建霞,2003.企业核心竞争力评估指标体系构建及评估模型[J].南阳师范学院学报2(3):59-63.

吴玉鸣,岳文泽,2008.我国工业综合竞争力的省际空间差异及影响因子[J].广西师范大学学报(哲学社会科学版)44(3):33-37.

武海建,2003.省级工业产业竞争力评价统计指标体系初探[J],经济师(8):230-231

武义青,2000.中国地区工业竞争力评价与分析[J].经济与管理(5):39-41.

武义青,马银戌,等,2002.河北工业竞争力报告[J].河北经贸大学学报(1):71-85.

武义青,陈岩,2011.中国区域国有工业竞争力实证分析——基于中国大陆经济普查规模以上国有控股工业企业数据的分析[J].经济与管理25(12):38-40.

肖森,2005.区域产业竞争力生成机制研究[D].上海:复旦大学,博士学位论文.

谢健,2001.温州工业经济增长与区域差异研究[J].温州大学学报(3):3-7.

谢健,2006.区域经济国际化:珠三角模式、苏南模式、温州模式的比较[J].经济理论与经济管理(10):47-51.

谢立新,2003.论地区竞争力的本质[J]. 福建师范大学学报(哲学社会科学版)(5):59-66.

谢立新,2003.区域产业竞争力论——以泉州、温州、苏州三个地级市为例[D].福州:福建师范大学,博士学位论文.

谢立新,2004.温州产业集群成长机制与竞争优势[J].发展研究(3):12-14.

谢丰.2011.我国钢铁产业国际竞争力及影响因素研究[D].衡阳:南华大学,硕士学位论文.

徐剑光,魏也华,宁越敏,2013.产业区视角的温州模式研究综述:内涵、起源与演化[J].中国城市研究(0):193-204.

薛欣欣,2005.山东省工业产业竞争力分析[D].济南:山东大学,硕士学位论文.

杨国安,2005.东北三省区与工业结构和竞争力分析[J].中国科学院研究生院学报22 (3):371-379.

杨金锋,2011.产业集群视角下重庆工业竞争力研究[D].重庆:重庆工商大学,硕士学位论文.

杨晓兰,倪鹏飞,2017.城市可持续竞争力的起源与发展评述[J],经济学动态09(9):96-110.

姚德文,2008.产业结构优化升级的制度分析[D].上海:复旦大学,博士学位论文.

姚维妮,2017.温州民间金融利率影响因素的研究[D].上海:上海外国语大学,硕士学位论文.

叶茜茜,2011.影响民间金融利率波动因素分析——以温州为例[J].经济学家(5):66-73.

叶文忠,2007.基于集群式创新优势的区域国际竞争力研究[D].长沙:湖南大学,博士学位论文.

于涛方,顾朝林,2004.论城市竞争与竞争力的基本理论[J].城市规划学刊(6):16-21.

于志达,2006.国际贸易地理[M].北京:清华大学出版社.

余平,2010.基于产业生态视角的产业竞争力分析——以纺织服装产业为例[D].上海:东华大学,博士学位论文.

余翔,2011.武汉工业竞争力评价及提升对策研究[D].武汉:华中科技大学,硕士学位论文.

俞雄,俞光,1995.温州工业简史[M].上海:上海社会科学院出版社.

约瑟夫·熊彼特,1990.经济发展理论[M].北京:商务印书馆.

张超,2002.提升产业竞争力的理论与对策探微[J].宏观经济研究(5):51-54.

张春梅,2006.产业集群增长与西部工业竞争力的提升[J].阴山学刊(4):43-48,114.

张静,姚析佐,2006.产业集群驱动的工业化道路——重新解读"温州模式"[J].特区经济(11):328-329.

张力薇,2007.中国工业竞争力的区域差异及其比较[D].西安:西北大学,硕士学位论文.

张仁寿,1986."温州模式"研究述评[J].浙江学刊(4):56-62.

张仁寿,1986.苏南、温州农村工业化模式的比较[J].经济社会体制比较,(2):22-26.

张笑楠,仲秋雁,买生,2011.企业能力与企业竞争力动态关系研究[J].科技进步与对策28(17):72-76.

张秀芳,蔡兵,顾新,2008.地区工业竞争力评价——基于四川的分析[J].软科学(3):112-115.

张艳,2007.陕西工业竞争力综合评价研究[D].西安:西北大学,硕士学位论文.

张震雄,2008.江西省工业竞争力研究[D].南昌:江西师范大学,硕士学位论文.

曾鹏,熊文,2005.我国31个省市区工业综合竞争力水平的评估[J].生产力研究(2):101-103.

曾忠碌,1997.产业群集与区域经济发展[J].南开经济研究(1):69-73.

赵建成,2004.中国烟草工业竞争力研究[D].武汉:华中科技大学,博士学位论文.

赵玲玲,马行裕,2003.广东工业产业竞争力综合评价指标体系设计研究[J].南方经济(6):33-36.

赵树宽,姜红,陈丹,2005.吉林老工业基地区域科技创新体系研究[J],吉林大学社会科学学报(1):109-115.

赵树宽,石涛,鞠晓伟,2008.区际市场分割对区域产业竞争力的作用机理分析[J].管理世界(6):176-177.

赵伟,2002.温州模式:作为区域工业化范式的一种理解[J].社会科学战线(1):15-22.

赵修卫,2001.关于发展区域核心竞争力的探讨[J].中国软科学(10):95-99.

赵玉林,2008.产业经济学[M].武汉:武汉理工大学出版社.

郑胜利,周丽群,朱有国,2004.论产业集群的竞争优势[J].当代经济研究(3):32-36.

中国人民大学竞争力与评价研究中心,2003.2002年中国国际竞争力评价报告[J].经济理论与经济管理(3):5-14.

中国社会科学院工业经济研究所,2014.中国工业发展报告(2014) [M].北京:经济管理出版社.

周京,2005.温州集群经济发展之路[J].经济论坛(2):28-30.

朱传耿,赵振斌,2002.论区域产业竞争力[J].经济地理(1):18-22.

朱红恒,2005.熊彼特的创新理论及启示[J].社会科学家(1):59-61,70.

朱华晟,盖文启,2001.产业的柔性集聚及其区域竞争力实证分析——以浙江大唐袜业柔性集聚体为例[J].经济理论与经济管理(11):70-74.

朱康对,1999.经济转型期的产业群落演进——温州区域经济发展初探[J].中国农村观察(3):37-43.

邹莉娜,鲁皓,赵梅链,2006.西部地区工业竞争力非均衡差异分析[J].经济与管理(5):28-30.

邹庆,2008.产业集群与区域竞争力关系研究[D].重庆:重庆大学,硕士学位论文.

AITKEN B,HANSON G H,HARRISON A E,1997. Spillovers, foreign investment and export behavior [J]. Journal of International Economics,43(1): 103-132.

ASHEIM B.2000.Industrial Districts[C]// CLARK G,FELDMAN M,GERTLER M.The Oxford Handbook of Economic Geography[M].Oxford:Oxford University Press.

ASHEIM B T.2002.Temporary organisations and spatial embeddedness of learning and knowledge creation[J]. Geografiska Annaler,84(2):111-124.

ASHEIM B T,ISAKSEN A,1997. Location,agglomeration and innovation: towards regional innovation systems in Norway[J] .European Planning Studies,5(3):299-333.

ASHEIM B, COOKE P,MARTIN R,2006. Clusters and Regional Development: Critical Reflections and Explorations [J]. Economic Geography,84 (1) :109-112.

AUTY R,1994. Industrial Policy Reform in Countries: The Resource Curse Six Large Newly Industrializing Thesis[J]. World Development,(22):11-26.

BAGNASCO A,1977. Tre italie: La problematica territoriale dellosviluppo italiano[M]. Bologna:II Mulino, 1-6.

BECATTINI G. The Marshallian industrial district as a socioeconomic notion[A]. // PYKE F, BECATTINI G, SENGENBERGER W, 1990. Industrial districts and interfirm cooperation in Italy[C]. Geneva: International institute forlabour studies,31-57.

BRANDER T, HELLVIN L,1996. Vertical intraindustry trade between China and OECD countries [R]. OECD Development Center, Working paper.

CHENERY H B ,ROBINSON S, SYRQUIN M,1986.Industrialization and Growth ［M］. Washington D C: World Bank.

CHIARVESIO M, ELEONORA DI MARIA ED, MICELLI S,2010. Global Value Chains and Open Networks: The Case of Italian Industrial Districts[J]. European Planning Studies, 18(3):333-350.

CRUZ J R D,RUGMAN A M,1993.Developing international competitiveness: The five partners model[J]. Business Quarterly, 58 (2):60.

CORDEN W M,NEARY J P,1982. Booming Sector and De-Industrialization in a Small Open Economy[J]. Economic Journal, (92):825-848.

DAVIS G A,TILTON J E,2005. The Resource Curse[J]. Natural Resources Forum, (29):233-242.

DIMOU M,1994.The industrial district:A stage of a diffuse industrialization process: the case of Roanne[J].European Planning Studies,2(1):23-38.

DONG-SUNG C,1994. A dynamic approach to international competitiveness: the case of Korea[J]. Journal of Far Eastern Business,(1):17-36.

DONG-SUNG C, 2013. From Adam Smith to Michael Porter : Evolution of Competitiveness Theory[J]. world scientific,(7):i.

DUNING J H,1992. The Competitive Advantage of Countries and the Activities of Transnational Corporations[J]. Transnational Corporations, (1):135-168.

DUNNING J H,1993.Internationalizing Porter's Diamond[J]. Management International Review,(2):7-15.

ECKHARDT S,2001. India's Trade Policy Reforms and Industry Competitiveness in the1980s[J]. The World Economy,(2):159-183.

FIORENZA B,2007.Local systems, industrial districts and institutional networks: Towards a new evolutionary paradigm of industrial economics? [J]. European Planning Studies, 4 (1): 5-26.

FRIEDMANN J,1966. Regional development policy:a case study of Venezuela / John Friedmann[J]. Urban Studies, 4(3):309-311.

GEORGE S D,1997. Wharton on Dynamic Competitive Strategy[J]. John Wiley, 11 (11) :1475.

GOMES-CASSERES B, HAGEDOORN J, JAFFE A B,2006. Do alliance promote knowledge flows? [J]. 80(1):5-33.

GYLFASON T, HERBERTSSON T, ZOEGA G,1999. A Mixed Blessing: Natural Resources and Economic Growth[J]. Macroeconomic Dnamics, (3):204-225.

GYLFASON T,2001. Natural Resources, Education, and Economic Development[J]. European Economic Review,(45)847-859.

HARRISON B,1992.Industrial districts:Old wine in new bottles[J].Regional Studies(26):469-483.

HARROD R F,1948. Towards a Dynamic Theory[J]. Economic Journal, 49:14-33.

LEAVY B,1999. Organization and Competitiveness-towards a New Perspective[J]. Journal of General Management, 24(3):13-52.

MARIA C,ELEONORA D M,STEFANO M,2010.Global Value Chains and Open Networks: The Case of Italian Industrial Districts [J].European Planning Studies, 18 (3):333-350.

MARTIN A,JIM T,1978. Regional economic policy and its analysis[M]. USA:Wiley-Blackwell.

MICHAEL S,1997. The City: Centre of Economic Reflexivity[J]. Service Industries Journal, 17(1):1-27.

MONICA C,1996.the Evolution of the competitive advantage concept in strategic management studies [J]. Economic and Management, (9).

NORTON R D,1979.City life cycles and American urban policy[M].New York:Academic Press.

PORTER M E,1980. Competitive Strategy [M]. USA: The Free Press.

PORTER M E,1990. Competitive Advantage of Nations [M]. USA:The Free Press.

POTER M E,1998. Clusters and the New Economics of Competion[J]. Harvard Business Review,76(6) :77-91.

PRAHALAD C K, HAMEL G,1990. The core competencies of the firm[J]. Harvard Business Reviews,(66):79-91.

RICHARD M A, 2001. Resource Abundance and Economic Development[M]. Oxford:Oxford University Press.

RUGMAN A M,1991.Diamond in the Rough[J]. Business Quarterly ,55(3):61-64.

RUGMAN A M,DCRUZ J R,1993. The doubles Diamond Model of International Competitiveness: Canada's Experience[J]. Management International Review,33(2):17-39.

SACHS J D,WARNER A M,1997. Fundamental Sources of Long-run Growth[J]. American Economic Review, (87):184-188.

SACHS J D,WARNER A M,2001. The Curse of Natural Resources[J]. European Economic Review,(45):827-838.

STORPER M,WALKER R,1989.The Capitalist Imperative:Territory,Technology and Industrial Growth[M].New York:Basil Blackwell.

TAYLOR M,ASHEIM B,2001. The Concept of the Firm in Economic Geography[J]. Economic Geography, (4): 315-328.

WEI Y H D,LI W M,WANG C B,2007.Restructuring industrial districts,scaling up regionnal development:A study of the Wenzhou Model,China[J].Economic Geography,83(4):421-444.

VERON R,1966. International Investment and International Trade in the Product Cycle[J]. Quarterly Journal of Economics, (80):190-207.

XINYUEY,YEHUA D W,2005. Geospatial Analysis of Regional Development in China: The Case of Zhejiang Province and the Wenzhou Model [J]. Eurasian Geography and Economics, (6): 445-464.

后 记

　　工业是实体经济主要的物质生产和服务部门。温州自改革开放之初，就通过工业产业发展积累大量财富。温州以其低劳动力成本、低土地成本、低环境成本和较好的产业配套体系克服了资本边际收益递减的规律，成为我国资本获取价值的洼地，一跃成为我国区域实体经济发展的典范，工业总产值在浙江省内稳居前三。但这片曾经的实体经济发展热土，却因为对高杠杆融资的依赖，加之制度先发优势的逐渐丧失，经济脱实向虚严重。2011年受宏观经济政策调整和微观经济增长周期性回落双重影响，温州高利贷崩盘、楼市腰斩，资金链担保链断裂，实体经济深陷泥潭，金融机构也无法独善其身。温州已由我国区域经济发展的优等生、标兵生，变为后进生。目前，由于先发优势的弱化，国内学术界对温州的关注已从"学习经验"转向"诊断问题"。国内（特别是浙江）学术界甚至对"温州模式"的困境及其"是否过时"展开了大讨论。温州正在积极探索破题之道。但面对制度先发优势的弱化，温州经济社会发展的差距和短板究竟在哪里，这需要全面深入的分析。温州需要在与兄弟城市对标比较中找准短板、开准药方，最终实现赶超发展。本书的研究目的就在于围绕工业经济竞争力这一主线，实现对温州实体短板的全面认识，推动温州经济社会发展的再出发。

　　温州经济的发展经历了不同阶段，尽管时下的温州经济从数据上看没有以前那样养眼，温州经济的发展也风雨不断，一些人甚至以温州经济发展过程中出现的产业"低小散"、实业"空心化"、资金"热钱化"等现象和问题为依据，来否定温州经验和"温州模式"，但纵观改革开放之后温州经济的发展过程，可发现其具有强大的生命力，这种生命力在于温州经济那种与生俱来的化危机为契机的发展韧力。凤凰涅槃，浴火重生，温州经济虽多次陷入困境，但都一次次突围成功。

今年是改革开放40周年。40年的风雨兼程，对温州工业发展而言，有超越，也有止步；有高潮，也有低谷；有辉煌，也有迷茫。面对当前出现的实体经济发展疲软问题，温州需要抓住促进工业经济发展的"牛鼻子"，止住区域经济发展出现的"脱实向虚"趋势，撑起支撑温州发展的实体脊梁。总体而言，温州工业目前正处在爬坡过坎、重拾信心、重塑形象、重振雄风的关键时期。温州正以翻篇归零的勇气，努力再造改革开放新优势。

本书的研究目的就在于肯定"温州模式"与时俱进的发展本质，将研究的关注点主要放在对温州工业发展问题的比较分析及促进政策分析上，而不是放在对"温州模式"是否过时的问题争论上。

本书的出版需要感谢温州市委政策研究室及温州市社科联的大力支持。本书的研究成果先后获得温州市委政策研究室及温州市哲学社会科学规划课题支持。在课题研究期间，温州市委政策研究室多次组织召开课题研讨会，联系调研企业，给课题以研究启迪。本书一些重要观点的形成直接来源于温州市委政策研究室及温州市社科联安排的课题调研。由温州市委政策研究室呈阅，时任浙江省委常委、温州市委书记周江勇对本书的课题研究成果表示了肯定，批示相关部门将本书的研究成果细化、落实到具体的工作抓手中。本书是在完成温州市委政研室委托的地方决策咨询课题及温州市哲学社会科学规划课题的基础上，进一步修缮而成的。

祝温州工业经济发展的明天更美好！

张战仁　徐剑光

2018年8月